Thomas Künne

Die Schwingung der Archetypen

Die Resonanz der Planetentöne in Astrologie, Mythologie und Klangarbeit

Mit einem Vorwort von Dr. Ruediger Dahlke

*Traumzeit-
Verlag der Neuen Klangkultur*

Die Schwingung der Archetypen
ISBN 978-3-933825-87-2

Bibliografische Information der Deutschen Bibliothek:

Die Deutsche Bibliothek verzeichnet diese Publikation in der Deutschen Nationalbiografie: detaillierte bibliografische Daten sind im Internet über http://dnb.ddb.de abrufbar

Umschlaggestaltung, Layout und Satz: Ansgar-M. Stein, Wien
Überarbeitung: David Lindner, Ansgar-M. Stein, Petra Zwerenz
Korrektorat: Petra Zwerenz, Reutlingen

Wichtiger Hinweis

Das vorliegende Buch ist sorgfältig erarbeitet worden. Dennoch erfolgen alle Angaben ohne Gewähr. Weder Autoren noch Verlag können für eventuelle Nachteile oder Schäden, die aus den im Buch gemachten praktischen Hinweisen resultieren, eine Haftung übernehmen.
Weder ein Buch, noch die vorgestellten Therapievorschläge, noch der Besuch bei einem Klangpraktiker dienen als Ersatz für den Besuch eines Arztes bei einer Krankheit oder einem Krankheitsverdacht. Klanggestützte Therapien, wie sie in Büchern von Traumzeit dargestellt, und beschrieben werden, sehen sich ausdrücklich nicht als Therapieersatz, sondern als Ergänzung zur Heilunterstützung bei Menschen in ärztlicher oder therapeutischer Behandlung.
Bitte seien Sie, wenn Sie sich für eine Klangbehandlung interessieren, achtsam in der Auswahl ihres Behandlers.

Besuchen Sie uns auch im Internet:
www.traumzeit-verlag.de

Inhalt

Vorwort von Ruediger Dahlke

In den über 20 Jahren meiner Ausbildungen zur »Archetypischen Medizin« hat keiner der Teilnehmer anschließend das Wissen der Archetypen so konsequent umgesetzt wie Thomas Künne. Systematisch hat er sich die Welt der Urprinzipien und ihrer Schwingungen erschlossen und in atemberaubender Geschwindigkeit darauf seinen Lebensweg gegründet. Als ich ihn vor vielen Jahren auf einer Kreuzfahrt kennenlernte, war er noch Manager in einem bekannten Konzern. Er hat nicht nur unsere Ausbildungen rasch durchlaufen und abgeschlossen, sondern auch das erworbene Wissen fruchtbar umgesetzt, sein altes Berufsleben hinter sich gelassen und ein neues erfolgreiches aufgebaut. Sein Weg ist von bemerkenswerten Büchern markiert, die ich oft mittels Vorwort ins Leben begleiten durfte. So ist es naheliegend auch diesem, sein Engagement im Schwingungsbereich gleichsam zusammenfassenden und auf den Punkt bringenden Werk einige Worte zum Geleit voranzuschicken.

Heute ist es schon fast eine Binsenweisheit, dass alles schwingt, denn nach Heraklit (»panta rei - alles fließt«), Rudolf Steiner (»alles Leben ist Schwingung«) und Goethe bestätigt es längst auch die moderne Atomphysik. Alles Materielle in dieser Schöpfung besteht aus Atomen, und diese schwingen in sich und miteinander – mehr oder weniger. Der Autor bereichert dieses schwingende Universum noch durch eine Theorie über die Neutrinos, die neuesten Teilchen aus dem wachsenden Teilchenzoo der Atomphysiker, die diese in Winzlinge unglaublicher Zahl zum verbindenden »Stoff« des Universums macht.

An sich weiß jeder aus Erfahrung, dass alle Menschen und lebendigen Wesen irgendwie miteinander schwingen, und dazu braucht es gar keine bewussten Anstrengungen wie bei der La-Ola-Welle in Sportstadien. Wenn zwei Menschen schlecht miteinander schwingen, heißt das, »mit dem kann ich nicht«. Die Frage ist, was kann ich nicht. Die Antwort ist klar: schwingen. Kommunikation ist nichts anderes als miteinander schwingen, wie der US-amerikanische Forscher William Conden sogar mittels eindrucksvoller Superslowmotion-Bilder zeigen konnte. Von Paul Watzlawick stammt die Erkenntnis, dass Nicht-kommunizieren nicht möglich ist. Wir kommunizieren also dauernd, d.h. wir schwingen ständig miteinander und verraten uns auch schon sprachlich: Einen Draht zu jemandem haben, eine Antenne für jemanden haben, auf derselben Wellenlänge sein, auf Empfang für jemanden geschaltet sein, sich auf jemanden einstellen, mit jemandem einen Kontakt aufbauen, mit jemandem fühlen, mit dem die Chemie stimmt. All das sind nichts anderes als Beschreibungen des Miteinanderschwingens.

Die Erkenntnis von der Welt als Schwingung ist also keine Sensation mehr, aber sie wird in diesem neuen Buch des Autors von den Uranfängen bis zu modernsten Ergebnissen der Naturwissenschaft und sogar darüber hinaus verfolgt und nachvollziehbar gemacht. Es macht wirklich Freude zu erkennen, wie dieses Wort von der alles erfüllenden Schwingung in und zwischen den Zeilen des Buches lebendig wird. Vieles wird klar, denn der Autor sammelt aus allen möglichen Bereichen der alten Weisheitslehre und der modernen Wirklichkeit Hinweise, die unser Universum als eines der Schwingungen zeigen, ebenso wie unser kleines Universum, den Körper. Er spannt den Bogen von der Homöopathie über die Urton-Lehre bis zur Astrologie und lässt alles in die Schwingungstherapie mit Stimmgabeln münden, den praktischen Aspekt seiner theoretischen Überlegungen.

Es macht Lust, diese schwingende Welt zu erleben und bewusster mit den vielfältigen Schwingungen in Einklang zu leben. Über die Urprinzipien, die ein noch umfassenderes System darstellen als das Periodensystem der Elemente, wird Mitschwingen selbst für Intellektuelle möglich, wie ich aus vielen Ausbildungen weiß.

Auch meine Krankheitsbilder-Deutungsbücher kommen über die Archetypen zu ihren Deutungen. Im Nachschlagewerk »Krankheit als Symbol« sind sie sogar am Ende jeden Symptomabschnittes angegeben. Hieraus ergäbe sich ein weiterführender praktischer Einsatz der Schwingungs-Therapie. Je nach Krankheitsbild ließe sich die entsprechende archetypische Qualität einschwingen und der Patient wirklich mit dem (Prinzip) versorgen, das ihm fehlt.

Thomas Künnes Zugang, den er mit »Schwingung als Weg« umschreibt, bietet neben grundlegenden Einsichten in den Bereich von Krankheit und Schwingung auch spezielle Therapien zu einzelnen Krankheitsbildern an, die - mit Fallbeispielen illustriert - zeigen, wie die Wirkungen von Urprinzipien-Schwingungs-Feldern Leben beeinflussen und zum Positiven verändern können.

Ruediger Dahlke *Schladming, am 7. April 2009*
(www.dahlke.at)

Ein-Schwingung

Wer Auto fahren möchte, sollte wissen, wie das funktioniert. Die korrekte und bewusste Anwendung von Gas und Bremse (zum richtigen Zeitpunkt) erspart unnötige Blockaden und Blessuren. Ja, mehr noch: Sie ist eine Grundvoraussetzung für ein harmonisches Miteinander aller Menschen und der Umwelt.

Wer Klavier spielen möchte, tut gut daran, sein Talent und sein Können in wohltemperierte Bahnen zu lenken. Das erspart den aktiven und passiven Zuhörern mögliche Ver-Stimmungen. Der Weg dorthin führt immer über das Erlernen des theoretischen Wissens wie auch der praktisch-handwerklichen Fertigkeiten.

Vielleicht ist ja unser gesamtes Leben nichts anderes als ein andauernder Lernprozess. Ein Erkenntnisweg vom ersten bis zum letzten Atemzug. Und auf diesem Weg geht unsere Innenwelt pausenlos in Resonanz mit der gesamten Außenwelt um uns herum und diese mit uns. Denn nichts anderes besagt das kosmische Gesetz der Resonanz.

Dabei gilt: »Alles ist in allem und alles ist in mir«.

Der Mikrokosmos Mensch ist ständig verbunden mit dem Makrokosmos Universum.

Allerdings haben wir verlernt, (auf) die Sprache des Universums zu hören. Der heutige Mensch ist meist ein kosmischer Analphabet. Analphabeten tun sich bekanntlich schwer im Leben. Sie haben immense Schwierigkeiten, das Leben um sich herum richtig zu deuten. Häufig führen ja erst massive Widerstände oder Blockaden dazu, sich für Neues zu öffnen und den eigenen Horizont bewusst zu erweitern. Dabei ist es ganz einfach, wenn wir die Grundbausteinsteine des Lebens verstehen und harmonisch zusammensetzen. Passend zu unserem individuellen Schwingungsmuster: Gemeint sind die Archetypen, die Urprinzipien.

Ihre Kenntnis und vor allem deren bewusste Anwendung kann unser Leben in allen Bereichen angenehmer und harmonischer machen. Wir können in Resonanz gehen mit den Urschwingungen der gesamten Schöpfung.

Wir Menschen als Mikrokosmos entsprechen dem Makrokosmos Universum und umgekehrt. Die gesamten Schwingungen des Universums finden sich in unserem Körperland wieder: Alles ist Schwingung, alles ist Energie und steht mit allem in Verbindung. Diese Weisheit unserer Ahnen kann die heutige Quantenphysik mit ihren unglaublichen Erkenntnissen nur bestätigen und wissenschaftlich untermauern.

Und hier möchte dieses Buch ansetzen: Es nimmt den Leser behutsam an die Hand und erläutert in bildhafter Sprache und sprechenden Bildern unser derzeitiges Menschheitswissen über Schwingungsphänomene und Planetentöne. Denn schon in der Bibel steht es: »Der Geist steht über der Materie«. Was wir verstehen, können wir bewusst anwenden, zu unserem eigenen Wohlbefinden und dem der anderen.

Als Bindeglied hierbei steht das persönliche Erleben der archetypischen Schwingung. Sie harmonisiert Körper, Geist und Seele, verbindet Mikrokosmos mit Makrokosmos (und umgekehrt), Innen und Außen. Dann ist das Leben im Fluss: »Unten »schwingt mit, was »oben »schwingt.

Diese Erfahrung möchte das Buch dem Leser vermitteln. Es ist für alle an Schwingung Interessierten geschrieben, Vorkenntnisse sind nicht erforderlich. Die Inhalte erklären sich wie von selbst, denn sie sind seit Urzeiten Bestandteile allen Lebens. Dem Laien erschließen sich dabei die wunderbaren Möglichkeiten der Planetenschwingung ebenso wie dem Fortgeschrittenen, der sich bereits damit beschäftigt. Es ist als Info- und Nachschlagewerk für den persönlichen Gebrauch sowie für den therapeutischen Einsatz gedacht. Aus diesem Grunde ist es entstanden.

Dabei sagt dieses Buch nicht: So ist es! Vielmehr möchte es viele Mosaiksteinchen aus der Weisheit der Alten mit dem Wissen von heute zu einem stimmigen ganzheitlichen Erlebnis der Schwingung der Archetypen zusammentragen.

Der Autor selbst sieht sich hier als Vermittler, als eine Art »Pontifex »(lat.: Brückenbauer) zwischen vermeintlich gegensätzlichen Weltbildern, die bei näherem Betrachten nichts anderes sind als unterschiedliche Seiten derselben Medaille.

Dieses Buch verzichtet zudem auf Wertungen wie richtig oder falsch. Bewertung trennt und schafft Gräben, wo naturgemäß in der Einheit und Ganzheit gar keine existieren. Es ist geschrieben voller Ehrfurcht und Demut für diese wunderbare Welt, in der wir leben und in der wahres Wachstum immer von innen nach außen geschieht und niemals umgekehrt.

Die Schwingungen der Archetypen liefern dabei einen verblüffend einfachen und geradezu genialen Zugang zur Erkenntnis Mikrokosmos Mensch = Makrokosmos Universum.

Die Archetypen machen seit allen Zeiten bekanntes Urwissen der Menschheit konkret fühlbar und fügen einen unmittelbar erlebbaren Erfahrungsraum hinzu. Die Resonanz auf die Schwingung der Archetypen möchte einzig und allein den inneren Heiler und die Selbstheilungskräfte des Menschen aktivieren.

Das Bibelzitat »Lasset uns werden wie die Kinder«(1) hilft uns dabei als hilfreiche innere Einstellung, um staunend teilzuhaben an uns selbst als Bestandteil des großen Ganzen der Schöpfung, in dem alles mit allem schwingt und irgendwie zusammenhängt.

Machen wir uns gemeinsam auf den Weg! Der Weg ist das Ziel …

A

Das Phänomen Schwingung

1) »Alles ist Schwingung« und »Alles schwingt«

»Nichts ruht; alles bewegt sich; alles schwingt.«

Kybalion

Aus historischer Sicht ist die Person des *Hermes Trismegistos* (des Dreifach Großen Hermes) durch die Verschmelzung des ägyptischen Gottes *Thot* (dem zweifach Größten) mit dem griechischen Gott *Hermes* (dem Götterboten) entstanden. Das war weit vor der Zeitenwende, vor Christi Geburt. In der berühmtesten hermetischen Schrift, dem Kybalion, lesen wir über *Schwingung*:

»*Das All schwingt ständig auf einer sehr hohen Frequenz. Die niedrigste Schwingungsfrequenz bildet die Materie. Die anderen analogen Ebenen schwingen zwischen diesen beiden Extremen.*

Die materielle Ebene besteht aus schwingenden Atomen. Wenn sich ein materielles Objekt schnell genug dreht (oder eben schwingt), wird es für die menschlichen Sinne unsichtbar oder unhörbar. Es verlässt sozusagen die materielle Ebene und schwingt sich auf die geistige oder spirituelle Ebene hinauf. Genauso könnt ihr auch die Schwingung von Dingen und Gedanken erhöhen und so auf die höheren Ebenen der Existenz heben.

Jeder Gedanke, jedes Gefühl und jeder geistige Zustand schwingt auf einer anderen Frequenz, ähnlich wie Töne der Musik. Und genauso, wie man absichtsvoll einen bestimmten Ton erzeugen kann, kann man sich auch entscheiden, Gedanken, Emotionen oder geistige Zustände auf einer bestimmten Schwingung zu halten«.
Diese Gedankengänge entstammen dem Dritten Hermetischen Prinzip (2).

Blicken wir in die bedeutenden philosophischen Strömungen der Welt, so stoßen wir in verschiedenen Kulturkreisen doch immer auf dasselbe Phänomen: So kennt man in der *Kabbala*, der mystischen Tradition des Judentums, neben der Bezeichnung »Ur-Licht« den »Ur-Ton« Sie werden der Welt »Olam Jezira« zugeordnet. *Olam* heißt im Hebräischen Welt, *Jezira* bedeutet sinngemäß: *allerhöchste Macht*, der Ursprung ist formgebend. So enthält die Schrift »Sefer Jezira«, das Buch der Formung, auch den Gedanken von der schöpferischen Macht der Ur-Laute.

Mit Hilfe der *Urschwingung* Om entwickelte sich einst der gesamte Kosmos, so lehrt es zumindest der *tantrische Buddhismus*. Diese formte zunächst die *feinstoff-*

lichen Welten und mit zunehmender Verdichtung der Schwingungen in der Folge die *Welt der Materie.*

Für die orientalischen Weisen, die indischen Yogis ist das gesamte Universum, welches mit unseren Sinnen sichtbar, fühlbar, hörbar und riechbar ist und somit für uns real, lediglich ein *Traum des Schöpfers.* Dagegen ist eine Tatsache für sie unumstößlich: *Alles ist Schwingung.*

Schon der Vorsokratiker Heraklit wusste es und drückte es mit seinem berühmten »Panta rhei« aus: Alles fließt. Rudolf Steiner ging davon aus, dass alles Leben Rhythmus ist, und der Harvardprofessor Richard Alpert, später als spiritueller Lehrer Ram Dass bekannt, schrieb es: »Alles Leben ist Tanz«. Moderne Quantenphysiker können es nur wiederholen: »Alles in diesem Universum ist Schwingung«. (3)

Am *Anfang* gab es wohl eine gewaltige Explosion, den sogenannten Urknall (»Big Bang«). Heute lebende Wissenschaftler sind sich ziemlich einig darüber, dass dies vor über 14,5 Milliarden Jahren (1 Milliarde sind 1.000 Millionen) geschehen ist: Eine unvorstellbare Energie wird frei und ins All geschleudert, wo sie sich im Laufe der Zeit an manchen Stellen zu Materie verdichtet. Das sind unter anderem die unzähligen Galaxien, unser Sonnensystem und auch Mutter Erde, unser Heimatplanet.

Übertragen wir dieses Wissen auf uns Menschen, so drängt sich eine Erkenntnis geradezu auf:

»Wir wissen heute sehr genau, dass im Universum ständig und ununterbrochen energetische Schwingungen zu verzeichnen sind. In einer Sphäre und Umgebung, die durch Energieschwingung »erschaffen« wurde, kann kein Lebewesen existieren, das nicht dieselben Eigenschaften und »Energiekanäle« wie die Außenwelt hat. Ähnlich wie das Universum besitzen deshalb auch andere Lebewesen sowie der menschliche Körper einen »Energiefluss«, der ununterbrochen schwingt und die Frequenzen der Energie zum Leben braucht »wie das täglich Brot«. (4)

Einerseits kann unsere moderne Quantenphysik heute in unvorstellbar kleine Teilchen hineinschauen. Es ist die Welt des *Mikrokosmos.*

Auch ist *Schwingung* aus der modernen Medizin von heute nicht mehr wegzudenken. Die Kernspintomographie bis hin zur Magnetresonanztechnik, mit deren Hilfe wir praktisch alle Bereiche des inneren Menschen dreidimensional wahrnehmen können, bedienen sich des Schwingens von Atomen, Strahlen, Feldern und Molekülen. Das Resultat sind fast unglaubliche »Bilder« aus unserem Körperinneren.

Andererseits können wir mit den heutigen gigantischen Teleskopen schon sehr weit ins Universum hinausschauen (in den *Makrokosmos*). Das Faszinierende dabei ist: Mit unserem heutigen Wissen können wir *im Grunde nur beweisen, was unsere Ahnen in ihrer Weisheit schon immer wussten.*

Einer davon ist sicher Philippus Aureolus Theophrastus Bombastus von Hohenheim. Wir kennen ihn besser unter dem Namen Paracelsus (5), diesen genialen Arzt, Alchemisten, Mystiker und Philosophen, der seiner Zeit so weit voraus war. Ihm verdanken wir letztlich auch die Gleichung

Mikrokosmos = Makrokosmos,

die auch heute, fast 500 Jahre nach seinem Tod, fortwährend gilt. Seine immer Bestand habende einfache Formel für Schwingung lautet also: *Was oben schwingt, schwingt unten mit und umgekehrt*, das ist eine ganz wesentliche Folgerung obiger Gleichung.

Dasselbe besagen übrigens die hermetischen (6) Gesetze:

»Wie oben, so unten - wie innen, so außen (7)«.

Und von da ist es nicht mehr weit zu Johann Wolfgang von Goethe (8), der diese Erkenntnisse (zur Gleichung *Mikrokosmos = Makrokosmos*) in so ausdrucksstarke Worte und Gleichnisse fassen konnte wie kaum ein Zweiter:

Natur hat weder Kern
Noch Schale,
Alles *ist sie mit einem Male.*

Denn das ist der Natur Gestalt,
Dass innen *gilt, was* außen *galt.*

Müsset im Naturbetrachten
Immer Eins wie Alles achten,
Nichts ist drinnen, nichts ist draußen,
Denn was innen, das ist außen.

An dieser Stelle passt sehr gut ein Zitat von Max Planck, dem bedeutenden deutschen Physiker (1858-1947) und Nobelpreisträger:

»Als Physiker, als Mann, der für sein ganzes Leben der nüchternen Wissenschaft, der Erforschung der Materie gedient hat, bin ich sicher von dem Verdacht frei, für einen Schwarmgeist gehalten zu werden.

*Und so sage ich nach meinen Erfahrungen des Atoms Folgendes: Es gibt keine Materie an sich.**
Alle Materie entsteht und besteht nur durch eine Kraft, welche die Atomteilchen in Schwingung bringt, und sie zu dem winzigen Sonnensystem des Atoms zusammenhält.«

Durch die Schwingung der Archetypen können wir am eigenen Leibe die Lehren von Hermes Trismegistos, Paracelsus oder auch Goethe erfahren und ganzheitlich genießen.

* *»Sollten vielleicht alle sichtbaren Formen der Welt Ausdruck geronnener Bewegungen, zur Ruhe gekommenen Schwingungen oder erstarrter Klänge sein?«* Alexander Lauterwasser

2) Von der Ur-Schwingung OM bis hin zu Global Scaling

Om verkörpert das bedeutendste Symbol der hinduistischen Metaphysik. Als mantrische Silbe bezeichnet *Om* sowohl ein Symbol der *Form* als auch des *Klanges*. Om steht für die Gegenwart des Absoluten. Der Klang verweist hierbei auf den transzendenten Urklang, für die Urschwingung, aus dessen Vibrationen nach hinduistischem Verständnis das gesamte Universum erst entstanden ist. Das heißt: *Am Anfang war die Schwingung*, aus der in der Folge im nächsten Schritt die Materie entstanden ist. Der Klang, also die Schwingung von Om, bezeichnet dabei die höchste Gottesvorstellung. Diese umfasst sowohl das Reich der sichtbaren Erscheinungen als auch das Reich des Transzendenten. *Om* ist folglich eine heilige Silbe, das bekannteste Mantra hierzu lautet:

»Om mani padme hum«

Wir alle kennen Mantren als Silben- beziehungsweise Lautformeln. Ihre Schwingung geht während der (häufig) wiederkehrenden Rezitation auf den Praktizierenden über, *er schwingt mit*. Mantren werden gebetsmühlenartig so lange wiederholt, bis sie »in Fleisch und Blut« übergegangen sind. Nicht nur im tibetischen Buddhismus dienen sie dank ihrer energetischen Wirkung auch als Medium für die bewusste geistige Entwicklung des Menschen.

Joachim-Ernst Berendt (9) sieht übrigens im Amen der christlichen Welt eine Parallele zu *Om* der östlichen Tradition. Das hebräische Wort Amen heißt übersetzt: »Wahrlich; es geschehe«.

Blicken wir nun einmal gemeinsam hinein in die Grundlagen der vedischen Kosmologie, dieser jahrtausendealten indischen Hochkultur. Dabei werden wir feststellen, dass sie auffällige Ähnlichkeiten zu heutigen modernen naturwissenschaftlichen Ansätzen besitzt, die wir im Anschluss an dieses Zitat betrachten wollen: »Schwingung wird als Wirkung der Zeit (kala) angesehen, die in der Manifestation von Ursachen-Wirkungs-Ketten (sat-asat) in Erscheinung tritt. Durch die Wirkung der Zeit wird der ursprüngliche spannungsfreie und ausgeglichene Zustand des Schöpfungsfeldes (Pradhana) angeregt, so dass drei verschiedene Wirkungsformen (gunas) in Erscheinung treten, die – von diesem Punkt ausgehend – zeitlich periodisch um Vorherrschaft kämpfen beziehungsweise schwingen. Alle materiellen, geistigen und feinstofflichen Objekte in dieser Welt werden darauf aufbauend als ein komplexes dynamisches Wechselspiel dieser drei Wirkungsweisen der materiellen Urschwingung betrachtet. Die drei ursprünglichen Wirkungsweisen werden als erhaltendes Prinzip (satva), schöpferisches Prinzip (rajas) und auflösendes Prinzip (tamas) bezeichnet. Aus den unzähligen Kombinationen und Permutationen dieser drei Wirkungsweisen entsteht die ganze Vielfalt der Schöpfung und findet letztlich in ihrem Gleichgewicht wieder ihre Auflösung.

Das absolute Gleichgewicht dieser drei Wirkungsweisen bedeutet als Stillstand der Schwingung daher notwendigerweise die Auflösung allen manifestierten Seins.«(10)

Wie bereits an anderer Stelle vermerkt: Heute lebende Wissenschaftler können mit ihren technischen Möglichkeiten und ausgeklügelten Messinstrumenten oft nur bestätigen, was die Weisen vor Jahrtausenden bereits »wussten«.

Auch im Falle des obigen dreiteiligen vedischen Schwingungsmodells des Universums finden sich Zusammenhänge zum Beispiel mit der bahnbrechenden Theorie von Global Scaling, um die sich vor allem Dr. Hartmut Müller verdient gemacht hat.

Was ist eigentlich Global Scaling?

Der Grundgedanke dieser ganzheitlichen Betrachtung geht davon aus, dass alle Prozesse und Gegebenheiten im Kosmos wie zum Beispiel Länge, Masse, Frequenz und auch Zeit von einer stehenden globalen Hintergrundwelle determiniert werden.

Und nur, was diese Welle zulässt, hat längerfristig Bestand und wird eindeutig durch diese stehende globale Hintergrundwelle gestaltet (weitere Infos: www.global-scaling.de).

Im Gegensatz zu der heute noch oft in der Naturwissenschaft verwendeten linearen Sichtweise für alle physikalischen Vorgänge geht Global Scaling von einer logarithmischen Struktur aus, die sich bei näherer Betrachtung zusätzlich fraktal hyperbolisch unterteilt. Wichtige Beobachtung: Diese Welle wird an den kleinsten und größten Maßstabsverhältnissen überall im Kosmos reflektiert, sie ist sozusagen all-gegenwärtig. Und dies wiederum bedeutet, dass sich ähnliche Strukturen im Universum allerorts wiederholen, wobei die Eulersche Zahl (11) mit der Abkürzung e die Basis dieser logarithmischen Verteilung bildet.

Zurück zur jahrtausendealten Weisheit der Alten: Das zuvor beschriebene vedische Modell des Universums gründet sich ja wie beschrieben auf einen dreiteiligen Schwingungsprozess.

Und wie sieht es mit dem Wissen von heute aus? »*Auch Global Scaling geht davon aus, dass alle Strukturen im Universum auf allen maßstäblichen Ebenen aus einem überräumlichen Schwingungsprozess hervorgehen, der durch die natürliche Dreiteilung eines Schwingungsprozesses in die Kompressions-, Dekompressions- und Stabilitätsphase eine auf der Zahl drei aufbauende Oberschwingungsstruktur erzeugt.*« (10)

Ein Sprichwort besagt: »Viele Wege führen nach Rom«. Sicher sind die Wege der Forschung in der vedischen Kosmologie extrem unterschiedlich zu den Messmethoden von Global Scaling. Das kann auch überhaupt nicht anders sein bei diesem enormen zeitlichen Abstand! Und doch verblüfft die Ähnlichkeit der Ergebnisse immer wieder und immer mehr. Hierin liegt eine historische Chance, denn: Die Menschheit hat zu Beginn dieses soeben aufkeimenden Wassermann-Zeitalters die historische und zugleich wunderbare Möglichkeit, die Weisheit früherer Kulturen mit den faszinierenden technischen Möglichkeiten und dem Wissen von heute zu verbinden. Dann reichen sich Vergangenheit und Zukunft die Hand im »Hier und Jetzt«.

Die Weisheit ist zeitlos. Und sie ist abgespeichert in der Schwingung der Archetypen. Von Ewigkeit zu Ewigkeit. Sie erschließt sich jeder Generation aufs Neue, jedem einzelnen Individuum, immer und immer wieder. Das Einzige, was wir tun müssen, ist: in Resonanz gehen.

3) Vom Sender zum Empfänger und umgekehrt

»Man kann nicht nicht kommunizieren«

Dieses Axiom des genialen Paul Watzlawick (1921-2007), seines Zeichens Kommunikationswissenschaftler, Psychoanalytiker, Philosoph et cetera, besagt, dass wir *immer* in Kommunikation treten, ob wir wollen oder auch nicht: Es ist vollkommen unmöglich, Kommunikation zu verhindern.

Kommunikation (lat. communicatio) bedeutet neben Verständigung auch Verbindung und Teilhabe. Und in Verbindung sind wir unentwegt, bewusst oder auch unbewusst.

Stuart Hall setzt für den Erfolg von Kommunikation in seinem *Sender-Empfänger-Modell* (1970) voraus, dass sowohl Sender als auch Empfänger dieselbe Kodierung verwenden. Klingt logisch, vor allem für die technische Seite.

Wie sieht es beim Menschen aus?

Bei uns Menschen spielen in der Kommunikation viele Aspekte hinein, die sich laut Watzlawick nicht nur auf den rein *sachlichen* Informationsgehalt beziehen, sondern vor allem auf den *Beziehungsaspekt,* wobei Letzterer eindeutig den Ersteren bestimmt.

Loriots Sketche bringen diesen Aspekt (vor allem zwischen Mann und Frau) auf genial entlarvende Weise ans Tageslicht. Denn hier befinden wir uns im weiten Feld der Emotionen und des gegenseitigen Verständnisses (und auch überhaupt der Bereitschaft zum `Verstehen wollen´).

Und noch etwas: *Sympathie und Antipathie* fungieren als Katalysator oder Bremsschuh einer ungestörten Kommunikation.

Wie äußert sich dies im normalen Alltag?

Unser Leben lang sind wir mit Resonanz oder Dissonanz konfrontiert, vom ersten bis zum letzten Atemzug. Stellen wir uns nur einmal vor, wir kommen in eine wildfremde Gruppe von Menschen, die wir noch nie zuvor gesehen haben. Von der einer oder der anderen Person fühlen wir uns wie magisch angezogen, mit wieder anderen wollen wir nichts zu tun haben, statt Sympathie spüren wir Antipathie. Offensichtlich finden wir keinen *Draht* zu diesen Menschen, wir sind nicht auf einer *Wellenlänge.*

Nichts anderes geschieht zwischen Rundfunk*sender* und Radio*empfänger*: Bei gleicher Wellenlänge treten beide in Kontakt und wir können teilhaben an dieser gelungenen Verbindung. Erkenntnis:

Sender und Empfänger sind zwar nicht identisch, aber um sich aufeinander einzuschwingen, bedarf es eines verbindenden inneren Programmes oder Musters.

Dies gilt offenbar für das Radio genauso wie für die Liebesbeziehung zwischen zwei Partnern, das *stimmige* Arbeitsverhältnis oder die Beziehung zwischen zunächst wildfremden Menschen:

Das Verbindende ist immer die gemeinsame Schwingung in Resonanz zueinander.

»Mag der Krieg ruhig der Vater aller Dinge bleiben, wie es Heraklit formulierte. Zu jedem Vater gehört eine Mutter: Resonanz (= Miteinander-schwingen) ist die Mutter aller Dinge.« (12)

Im Leben können wir aktiv mitschwingen, in einer gesunden und wohltuenden Resonanz, oder wir können passiv in Dissonanz gehen, in einer meist unbewussten inneren »Blockade-Politik«.

Wie kommuniziert eigentlich das Universum? Das verrät das nächste Kapitel. Es heißt: »Was oben schwingt, schwingt unten mit«.

4) »Was oben schwingt, schwingt unten mit«

Der Titel dieses Kapitels könnte genauso gut lauten: »Neutrinos innen und Neutrinos außen«, denn: Sie sind wirklich *überall*! In jeder *Sekunde* rasen Milliarden von Neutrinos durch jeden Quadratzentimeter unseres Körpers hindurch. Zählen wir mal zwei Sekunden ab: Einundzwanzig-zweiundzwanzig ... ja richtig, so viele Milliarden, falls wir uns nicht verzählt haben.

Spaß beiseite, schauen wir uns diese »fleißigen Bienchen« einmal genauer an: Neutrinos entstehen in Sternen wie unserer Sonne und sind das moderne Äquivalent zu dem was bereits im Altertum als *Chi* oder *Prana* bezeichnet wurde. Diese *Saat* der Sterne ist heute wissenschaftlich bestätigt. Frederick Reines und Clyde Cowan gelang es 1956 (am Savannah River Reaktor in den USA), Neutrinos nachzuweisen. Frederick Reines erhielt dafür den Nobelpreis für Physik.

»Mit dieser Großtat, die ans Unmögliche zu grenzen schien«, heißt es in der Nobelpreisbegründung, sei es Reines und seinem inzwischen verstorbenen Mitforscher Cowan gelungen, das Neutrino »aus einem *Zustand als Fantasiegebilde* zu befreien und seine Existenz als *real existierendes Teilchen* zu beweisen«. Zunächst wurden Neutrinos noch für *reine Energieteilchen* gehalten. Ende der neunziger Jahre konnte wissenschaftlich belegt werden, dass Neutrinos *Masse* besitzen, auch wenn diese naturgemäß äußerst gering ist. Neutrinos sind offensichtlich elektrisch neutral, so können sie auch riesige Materieschichten ohne einen Zusammenstoß durchdringen: Von den 60 Milliarden Sonnenneutrinos pro Quadratzentimeter und Sekunde etwa, die von der Sonne kommend auf die Erdoberfläche treffen und dann die Erde durchqueren, stoßen im Durchschnitt kaum ein Dutzend mit einem Atom des Erdinneren zusammen.

Und doch sind sie nicht reine Energie, sondern auch eine äußerst feine Form der Materie. Daher wird jedes Neutrino, das durch uns »durchgeht«, irgendwie verändert und übermittelt etwas von dem, was uns ausmacht, hinaus in die Weite des Universums.

Ist es in der Mythologie Merkur/Hermes, der Götterbote, der die *Vermittlung von oben und unten* übernimmt, so sind im Verständnis der heutigen quanten- und makro-kosmischen Physik diese Neutrinos die *merkurialen Vermittler*. Und so erfährt das Sender-Empfänger-Modell, welches wir im vorigen Kapitel beleuchtet haben, eine zeitgemäße Dimension, die das Wissen der heutigen Quantenphysik miteinbezieht. Ein faszinierender Gedanke!

So wie im *menschlichen Körper* sind demnach *alle Zellen des Kosmos* miteinander in Kontakt und Austausch: Sie kommunizieren dem Ganzen ihre Anwesenheit. Auf einer subatomaren Ebene sind wir und alles um uns herum wie die Zellen eines riesigen Körpers verbunden. Dieser riesige Körper heißt *Universum.*

Nichts anderes besagt die Gleichung des Paracelsus *Mikrokosmos = Makrokosmos*: Alles ist *ein* Körper, eine Ganzheit und damit Einheit.

Noch etwas ist beeindruckend und verantwortungsvoll zu gleich: Offensichtlich verändern die Neutrinos uns Menschen und andererseits wir Menschen die Neutrinos. In einem durchschnittlichen Menschenleben legen die Neutrinos, die uns durchdringen, ungefähr 50 bis 70 Lichtjahre in alle Entfernungen des Universums zurück. Es liegt an uns, welche Botschaft wir ihnen mit auf ihre weite Reise in die Unendlichkeit mitgeben: Ist es Liebe und Mitgefühl oder Hass und Ablehnung? Mit unseren Schwingungen sind wir wahrscheinlich auch zugleich Programmierungs-Medium des Universums, auch wenn uns dies nicht immer bewusst ist: Unsere »Ladung« wird weitergetragen, im Guten wie im Bösen (13).

Zitieren wir an dieser Stelle Goethe und des »Pudels Kern« (14) seines Gedichtes »Orphische Urworte«:

»Wie an dem Tag, der dich der Welt verliehen
Die Sonne stand zum Gruße der Planeten
Bist alsobald und fort und fort gediehen,
Nach dem Gesetz, wonach du angetreten«

Was heißt dies für unser Leben nach der Geburt?

In dem Augenblick, in welchem wir zum ersten Mal in unserem Leben das Licht der *Welt* erblicken, wird offensichtlich von der Sonne (und dem Stand der Planeten) weit mehr belichtet als unser Sinnesorgan Auge.

Mit unserem Wissen über die Neutrinos dürfen wir an dieser Stelle annehmen, dass in die bestehende *Hardware* (unser fertiger Körper aus der Baureihe *homo sapiens*) eine einzigartige *Software* (die individuell geprägte Form unseres Geburtshoroskopes) »eingebrannt« wird.

Wie können wir uns das bildlich vorstellen?

Die Analogien *Belichtung* und *Bild* führen uns auf direktem Wege zu *Louis Daguerre* (1739-1851) und der Erfindung der Fotografie. Hierbei wird eine noch jungfräulich unbelichtete Silber- oder Kupferplatte mit lichtempfindlicher Schicht »belichtet«. So entsteht eine zweidimensionale Abbildung eines dreidimensionalen Arrangements.

Wir brauchen nicht viel Fantasie, um nun Goethe, Daguerre und die Neutrinos unter einen Hut zu bekommen. So könnte es sein: Sonne und Planeten prägen also die Form unseres Lebensbildes, welches aus dieser Belichtung, wie Goethe meint, *»lebend sich entwickelt«.*

Mit der Entdeckung der Neutrinos wurde folglich indirekt auch die *klassische Astrologie* bewiesen. Nicht, dass sie dies nötig hätte, diese ursprüngliche *Königin der Wissenschaften.* Vielleicht führt aber gerade dieses Wissen um Neutrinos und deren Auswirkung auf unser Geburtsmuster (Radix) zu einer wissenschaftlich fundierten Wiedergeburt der Astrologie, dieser wunderbaren *Lebenshilfe* (15).

Dabei gilt: *Wir können im Außen nur ernten, was im Inneren gewachsen ist.* (16)

P.S. Im Kapitel *Ein-Schwingung* ist zu lesen: »Dieses Buch sagt nicht: So ist es«. Das kann es auch nicht. Denn wer die Zeilen bis hierher aufmerksam gelesen hat, der weiß auch: Alles ist im Fluss, alles verändert sich ständig, alles schwingt. Soll heißen: Im Moment können wir mit dem Wort *Neutrinos* Phänomene benennen, die schon längst in der Weisheitslehre unserer Ahnen in der Erkenntnis verankert sind. »Was oben schwingt, schwingt unten mit«.

Namen sind Schall und Rauch. Auch die Forschung fließt ständig weiter zu neuen Erkenntnissen und Beweisen, die unsere Welt braucht. Vielleicht heißt das Neutrino der Zukunft eines Tages Fitzliputzli oder Hildegard, wer weiß? Schon heute haben die quirligen Teilchen lustige Namen. So heißen zum Beispiel die Quarks: *Up, Down, Charm, Strange, Top oder Bottom.*

Bezeichnungen ändern nichts an der *symbolischen* Sichtweise im Verständnis des senkrechten Weltbildes, das mehr mit plausiblen Analogien als mit Namen arbeitet. Natürlich hilft die Symbolik hinter vielen Namen auch dabei, das Netzwerk des Verständnisses noch mehr zu intensivieren. An dem Credo der Weisen wird sich dadurch nichts ändern: »*Was oben schwingt, schwingt unten mit.*«

5) Mikrokosmos Mensch = Makrokosmos Universum

Der Mensch ist ein Teil des Ganzen, das von uns Universum genannt wird, ein Teil, das in Raum und Zeit begrenzt ist. Seine Gedanken und Gefühle scheinen ihm getrennt vom restlichen Universum – eine Art optische Täuschung seines Seins.
Albert Einstein

Nichts in der Natur ist zufällig …
Etwas erscheint nur zufällig
aufgrund der Unvollständigkeit
unseres Wissens.
Spinoza

Was wir wissen, ist ein Tropfen.
Was wir nicht wissen, ist ein Ozean.
Isaac Newton

Die gesamte Schöpfung existiert in Dir, und alles, was in Dir ist, existiert auch in der Schöpfung. Es gibt keine Grenze zwischen Dir und einem Gegenstand, der Dir ganz nahe ist, genauso wie es keine Entfernung zwischen Dir und sehr weit entfernten Gegenständen gibt.
Khalil Gibran

Es wird überliefert, dass Hermes Trismegistos auf einer Smaragd-Tafel, der *Tabula Smaragdina*, in fünfzehn Thesen die Quintessenz aller Weisheit dieses Universums verewigt hat.

Die zweite dieser Thesen ist zugleich der Schlüssel zum Kern aller hermetischer Philosophie, sie führt uns direkt zum *Gesetz der Analogie*. Jeder kennt dieses in der Kurzformel: »Wie oben, so unten«.

Die wörtliche und ausführliche Übersetzung lautet: »Dasjenige, welches unten ist, ist gleich demjenigen, welches oben ist. Und dasjenige, welches oben ist, ist gleich demjenigen, welches unten ist, *um zu vollbringen die Wunderwerke eines einzigen Dinges*«.

Was bedeutet dies nun konkret?

Nun, wenn uns die hermetische Lehre für unser Bild des Lebens und unsere Weltanschauung logisch und wahrhaftig erscheint, dann können wir auch nur zustimmend bei der daraus folgernden Tatsache nicken: *Überall in diesem Uni-*

versum gelten dieselben Gesetze, also »im Himmel wie auf Erden«, im Mikrokosmos ebenso wie im Makrokosmos, unten wie oben und umgekehrt.

Das kann auch gar nicht anders sein, denn: Wenn wir ganz an den von uns vermuteten Anfang zurückgehen, so stellen wir fest, dass aus einer Einheit durch den Urknall unendlich viele Teile ins All hinausgeschleudert wurden. Seitdem sind diese Puzzle-Teile des ursprünglich Ganzen auf der Suche nach Einheit, jeder an seinem Platz und unendlich weit verstreut. Oder wie es Hermes Trismegistos ausdrückt: … *um zu vollbringen die Wunderwerke eines einzigen Dinges.*

Wir Menschen tragen auch diese Sehnsucht nach Einheit in uns. Hinter der unglaublichen Vielheit können wir manchmal diese Einheit erahnen oder auch spüren. Alle Philosophien dieser Welt handeln auch von dieser (Suche nach) Einheit.

Eine gute Nachricht vorweg: **Beim Einschwingen der archetypischen Planetenfrequenzen in sämtlicher Klangarbeit werden wir ebenfalls an dieses Einheitsgefühl (beschwingt) herangeführt**.

Zurück zum roten Faden dieses Kapitels: Wenn der Kosmos also eigentlich eine Einheit ist, oben wie unten, innen wie außen, »wie im Himmel, so auf Erden«, dann können wir auch leicht verstehen, dass *Paracelsus* (1493 – 1541) die Analogie gefunden hat, den Menschen als Mikrokosmos dem Makrokosmos Universum gleichzustellen. Hieraus resultiert, dass auch einzelne Körperregionen und Organe des Menschen ihr Pendent im großen Körper Universum haben *müssen.* Das war den Weisen immer bekannt und ist es auch heute noch. So deutet die »Archetypische Medizin« (17) ganz im Sinne dieser jahrtausendealten Tradition menschliche Blockaden und Krankheitsbilder.

Historische Dokumente zeigen uns diese Zuordnung der Organe zum entsprechenden Tierkreiszeichen in (sogenannten iatromedizinischen) Tabellen oder Zeichnungen. Wer sich hier auf die Suche machen möchte, findet bei Gregor Reich lohnenswertes Anschauungsmaterial (in seiner Margarita Philosophica von 1503). Du findest sie z.B. in der Wikipedia (wikipedia.org).

In alten Kalendern wurden für den einfachen, eher ungebildeten Menschen, diese iatromedizinischen Beziehungen zwischen Mensch und Himmel, also Mikrokosmos und Makrokosmos, *bildlich* dargestellt. Es galt schon damals: Ein Bild sagt mehr als tausend Worte.

Abschließen wollen wir dieses Kapitel mit der bildlichen Darstellung und schriftlichen Erläuterung der Körperregionen und Organe, wie sie die »Archetypische Medizin« derzeit kennt und verwendet.

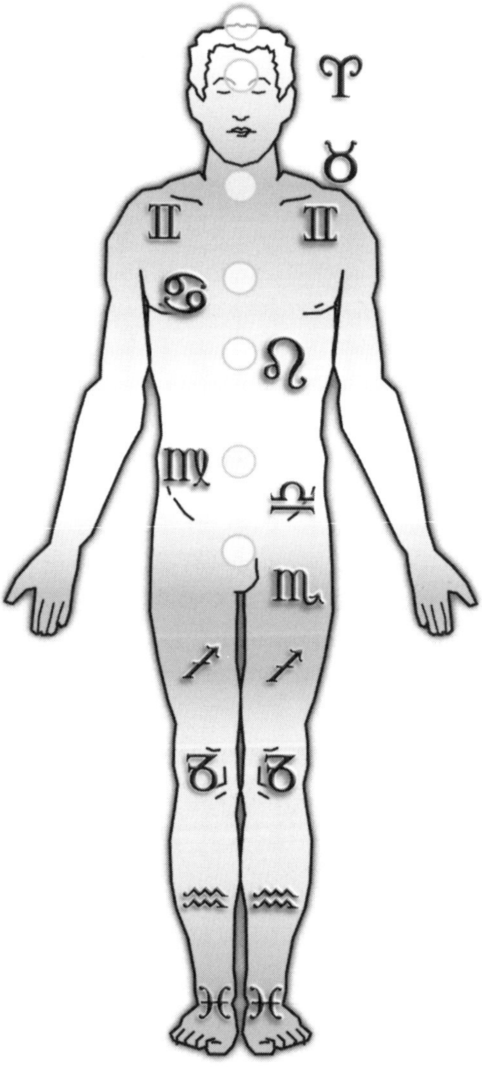

Sternzeichen Widder (Mars):
Kopfbereich, Zähne, Nägel, Galle, quergestreifte Muskulatur

Sternzeichen Stier (Venus):
Hals, Nacken, Rachen, Kehlkopf, Stimmbänder, Mandeln, Schilddrüse, Speiseröhre, Haut

Sternzeichen Zwilling (Merkur):
Arme, Schultern, Rippen, Hände, Brustkorb, Luftröhre, Bronchien, Lunge, Nerven-Bahnen, Lymphsystem (zum »Transport«)

Sternzeichen Krebs (Mond):
Magen, Brustdrüse, Eierstöcke, Hoden, Schleimhaut, Gebärmutter

Sternzeichen Löwe (Sonne):
Herz, Blutkreislauf, 5.-9. Rückenwirbel, Augen

Sternzeichen Jungfrau (Merkur):
Dünndarm, Blinddarm, Dickdarm bis Mastdarm, Bauchspeicheldrüse (exkret. Anteil)

Sternzeichen Waage (Venus):
Nieren, Lenden, Harnleiter, Venen, Bauchspeicheldrüse (innersekret. Anteil), empfindsame Haut

Sternzeichen Skorpion (Pluto):
Harnblase, Mastdarm, Enddarm, Prostata, After, Genitalien

Sternzeichen Schütze (Jupiter):
Leber, (glatte) Muskulatur, Oberschenkel, Kreuzbein, Hüfte

Sternzeichen Steinbock (Saturn):
Knochen, Skelett, Knie, Sehnen, Bänder, Zahnschmelz, Hornhaut, Milz

Sternzeichen Wassermann (Uranus):
Zentralnervensystem, Unterschenkelknochen, Waden, Knöchel, Schienbein

Sternzeichen Fische (Neptun):
Hinausgehend in Ätherkörper, Zehenknochen, Füße, Fußgewölbe

B

Mitschwingen in Resonanz und Ein-Klang

1) Der gesunde Fluss des Lebens

»Gesundheit hängt damit zusammen, wie gut wir mitschwingen, wie leicht wir in den Rhythmus unseres Lebens, aber auch unserer Umgebung, hineinfinden« (18). Gesundheit ist weit mehr als die Abwesenheit von Krankheit. In einem gesunden Feld entwickeln sich Harmonie, Wohlbefinden und Glück.

Unsere westliche Medizin kann in der »Reparatur« des Menschen heute nahezu unglaubliche Kunststücke vollbringen. Wer das Geld dazu hat, der kann bis ins hohe Alter lebensverlängernde Maßnahmen in Anspruch nehmen. Die Bandbreite reicht vom Einsetzen eines Herzschrittmachers bis hin zum künstlichen Hüftgelenk, vom Austausch lebensmüder Nieren bis zur vollkommenen Herztransplantation.

Auch mussten noch vor gar nicht so langer Zeit Patienten mit Diabetes, der »Zuckerkrankheit«, einen meist qualvollen Tod erleiden. Erst mit Entdeckung des Insulins (1921) verlor diese lebensbedrohende Krankheit ihren furchtbaren Schrecken.

Bei allen Verdiensten, die es sich zweifelsohne zuschreiben darf, unterscheidet sich unserer westliches Medizin-Modell im zugrunde liegenden Denkansatz von *Krankheit* (und vor allem Gesundheit) gravierend von östlichen Ansätzen (wie zum Beispiel der TCM, der Traditionellen Chinesischen Medizin):

»Die westliche Medizin, die hier und da die zum Teil starren und recht inflexiblen Regeln der Wissenschaftsgläubigkeit übernommen hat, sieht den menschlichen Körper bisweilen als eine von Menschenhand veränderbare »Maschine«, analysiert und behandelt somit auch die »Einzelteile« dieser Mensch-Maschine, indem statt einer Aufdeckung (also Symptombearbeitung auf der Suche nach der ganzheitlichen, tiefer liegenden, ursächlichen Erkrankungsursache und kosmischen Zusammenhängen) im großen Stil Überholung (das Zudecken der Symptome), der Austausch oder die Rehabilitation einzelner defekter »Teile« (Organe) betrieben werden.« (19)

Vereinfacht ausgedrückt beschäftigt sich die westliche Medizin fast ausschließlich mit Theorien, die sich nur um *krankmachende* Faktoren drehen. Das Interesse und die Energie fließen in die Krankheit und deren Beseitigung. Dieses Modell, welches sich nur um die Entstehung kümmert, hört auf den Namen *Pathogenese.*

Wer die kosmischen Gesetze kennt, und dies tun seit Bestsellern wie »The Secret«, »The law of attraction - Das Gesetz der Anziehung« et cetera bekanntlich immer mehr Menschen, dem ist auch bekannt, dass er seine Schulden nicht dadurch los wird, indem er immer (fast »krankhaft«) an diese Schulden denkt.

Im Gegenteil, seine Botschaft an das Universum lautet: Schulden, Schulden und nochmals Schulden. Indem er fast seine gesamte geistige Energie auf diesen Mangel lenkt, zieht er (dem *Gesetz der Anziehung* zufolge) Schulden geradezu an.

Erst wenn wir uns Wohlstand, ein Leben in Fülle und Reichtum vorstellen und die Kraft unserer Visualisierungen als Botschaft ins Universum entsenden, erst dann kann sich unser Wunsch realisieren und greifbare Wirklichkeit werden. So lautet die Botschaft *des kosmischen Resonanzprinzips.*

Übertragen wir dieses (plausible) Beispiel auf unsere westliche Sichtweise von Krankheit und Gesundheit: Eigentlich jede/r ist Mitglied in irgendeiner *Kranken*kasse und muss wahrscheinlich einmal oder auch mehrmals ins *Kranken*haus. Für viele beginnt das Leben an diesem Ort mit der Geburt, oder es endet auch dort.

Wenn wir den Zahlen der Pharmaindustrie trauen (und das tun wir natürlich), dann haben sie heute etwa 30.000 Feinde, und täglich werden es in ihrer Einschätzung mehr. Als Feinde bezeichnen sie die *Krankheiten*, die in dieser (westlichen) Welt offensichtlich auf dem Vormarsch sind.

Auch wenn dieses Buch auf Wertung verzichten möchte, bleibt doch als Tatsache festzuhalten, dass sich mit der *Krankheit* viel, ja sehr viel Geld verdienen lässt. Dabei ist Gesundheit eigentlich *kostenlos.* Schlimmer noch, sie ist *umsonst,* mit ihr lässt sich nichts verdienen. (20)

Wenden wir nun wieder unser Augenmerk in den Osten, hin zur östlichen Medizin. Dort begegnen wir einem zu unserem Westen diametral entgegengesetzten Ansatz. Diese Polarität zwischen Ost und West erleben wir oft und sie wird uns auch in diesem Buch mehrmals begegnen. Und doch liegt in diesen konträren Sichtweisen ein Schatz verborgen. Denn in diesem Zeitalter haben wir auch die große historische Chance zur Integration der vermeintlichen Gegensätze zu einem sinnvollen Ganzen.

Zurück zur TCM, zurück zur Traditionellen Chinesischen Medizin: Ihre Hauptaufgabe bestand (und besteht) im Reich der Mitte nicht darin, zu heilen und Krankheiten auszumerzen, sondern vor allem dafür zu sorgen, dass Menschen erst gar nicht krank wurden. Denn nur dafür wurde ursprünglich auch bezahlt. Wer als Mediziner *Kranke* behandelte, besaß kaum Ansehen in der Bevölkerung. Hohe Wertschätzung galt dagegen den Diagnostikern, die eine drohende Krankheit bereits erkennen konnten, bevor diese ausbrach. Den besten Ruf genossen die Ärzte, deren Klientel erst gar nicht krank wurde.

Brach trotz aller vorbeugenden Maßnahmen trotzdem eine Krankheit aus, gab es *keinerlei Honorar* für den behandelnden Arzt. Schlimmer noch: Wenn es ihm nicht gelang, den Kranken (wieder) gesund zu machen, musste der Arzt Schmerzensgeld zahlen.

Starb sein Patient an dieser Krankheit, wurde eine auffällige Laterne an seiner Praxistür installiert. Wir können wohl getrost davon ausgehen, dass die Menge seiner Laternen sich reziprok zur Anzahl seiner Patienten entwickelte.

Auch wenn wir vielleicht ein wenig über diese östliche Sichtweise schmunzeln, zeigt sie uns doch oder gerade deswegen ihren Umgang mit »Krankheit« und »Gesundheit«.

Der Begriff Gesundheit ist übrigens in der chinesischen Medizin eigentlich gänzlich unbekannt. Vielmehr geht es nur darum, dass die *Lebensenergie Qi* normal fließt. Innere und äußere Faktoren können das *Qi* negativ beeinflussen und damit vermindern.

Die TCM sieht nun ihre Aufgabe darin, die fehlende *Lebensenergie Qi* wieder aufzufüllen. Das Qi sollte ständig fließen, frei von Blockaden und Widerständen. Als Hilfsmaßnahmen bedient sie sich hierbei zum Beispiel der Akupunktur, der Akupressur oder gezielter ausgewogener Ernährung et cetera. Vor allem auch unterstützt die Aktivierung der *Meridiane* den gesunden Fluss des Lebens.

Wichtig: Der Mensch wird in der TCM immer als Einheit gesehen, bei der Körper und Seele untrennbar zusammengehören. In der westlichen Medizin gibt es offiziell keine Seele, denn sie ist nicht sichtbar, analysierbar, sezierbar und damit auch nicht existent.

Noch ein wesentlicher Unterschied: In der östlichen Medizin gibt es keine Trennung zwischen körperlichen, seelischen oder psychischen Krankheiten. Der Mensch ist eine *Einheit aller Faktoren,* ein Gesamtsystem mit ausgewogenen Funktionskreisläufen (bei ausreichend Qi-Energie im System). Auch die Organe sind Bestandteil dieses großen Ganzen. Diese sieht die westliche Medizin als rein anatomische Form mit physiologischen Funktionen. In der chinesischen Medizin dagegen hat jedes Organ nicht nur physiologische, *sondern auch emotionale, intellektuelle und sogar spirituelle Funktionen.* Unter »*Magen*« verstehen die Chinesen also weit mehr als die westliche Definition des reinen Organs, es ist das »System »Verdauung.

Noch ein Beispiel: Der chinesische Organbegriff *Milz* umfasst nicht nur die Milz in unserem Sinne, sondern auch die Bauchspeicheldrüse sowie alle lymphatischen Gewebe und Organe in unserem Körper. Erst das Zusammenspiel aller einzelnen Bestandteile sorgt für einen gesunden Fluss des Lebens.

Die folgenden »Glaubenssätze« des Autoren passen gut zu dieser östlichen Tradition:

- *Das menschliche Individuum ist weit mehr als ein »Produkt von Menschenhand«.*
- *Jedes menschliche Individuum ist ein kleines Universum.*
- *Dieses kleine Universum (Mikrokosmos Mensch) entspricht dem großen Universum (Makrokosmos) und umgekehrt.*

– Mikrokosmos und Makrokosmos beeinflussen sich gegenseitig – »von Ewigkeit zu Ewigkeit«.

Welche (neuen) Impulse im Hinblick auf eine zeitgemäße *Heilungskultur* kann dieses Buch »Die Schwingung der Archetypen« beisteuern?

Wunsch und erklärtes Ziel ist es, dem Modell zur Entstehung von Krankheit (Pathogenese) wirkungsvoll einen Ansatz gegenüberzustellen, der sich mit der Entstehung (Erhaltung und auch Wiederherstellung) von Gesundheit beschäftigt: der Aktivierung der Selbstheilungskräfte, des inneren Heilers des Menschen durch die Verbindung mit und die Nutzung der Archetypischen Schwingungsmedizin.

Der fundamentale Ansatz dieses Buches steht damit in der Tradition der *Salutogenese* des amerikanisch-israelischen Gesundheitsforschers Aaron Antonovsky. Von ihm erfahren wir viel darüber, wie Gesundheit entsteht. (Salutogenese heißt wörtlich übersetzt: Gesundheitsentstehung). (21)

Als wichtigen Faktor sieht er hierbei das *Kohärenzgefühl* des Menschen. Es ist die Erkenntnis, dass wir nicht hilflos sind, sondern über innere und äußere Hilfsquellen verfügen, um unsere Welt zu verstehen und sie auch beeinflussen zu können. Unser »Unterbewusstsein« weiß offensichtlich genau, was für uns gut ist und was nicht. Eine buddhistische Weisheit besagt folgerichtig: »Jeder trägt sein Heilmittel in sich selbst«.

Das Einschwingen der archetypischen Planetenschwingung in der Klangarbeit ist dabei wie ein Wiedersehen mit Freunden, die man vielleicht eine Zeitlang ignoriert oder aus den Augen verloren hat. Auch eher unsensitive Menschen bemerken während der Schwingungsarbeit augenblicklich deren Auswirkung auf Körper, Geist und Seele und die Chance zur Harmonisierung von Ungleichgewichten. Wenn wir uns verstärkt mit Gesundheit und dem gesunden Fluss des Lebens beschäftigen, dann senden wir »stimmige« Botschaften in unseren Körper hinein wie auch hinaus ins Universum. Wir gehen in Resonanz, schwingen uns harmonisch ein mit dem gesunden Feld.

Wir schwingen mit im Fluss des Lebens - »oben und unten«, »innen und außen« und können im Gefühl der Einheit verschmelzen. So haben wir die Chance, ganz, also »heil« zu werden.

Das ist der gesunde Fluss des Lebens.

2) Von Widerständen und Blockaden

Widerstände und Blockaden sind bei den meisten Menschen ähnlich beliebt wie Fußpilz oder Herpes. Nur die Don Quichotes unter uns scheinen den Kampf gegen die täglichen Windmühlenflügel zu lieben und geradezu zu suchen. Damit wollen aber die meisten am liebsten nichts zu tun haben. Lieber relaxt und cool, alles ist easy und läuft glatt, ohne Blockaden. Die Folge dieser kindlichen Wunschvorstellung: Widerständen wird aus dem Weg gegangen, Entscheidungen und klärende Aussprachen werden so lange verschleppt, bis es gar nicht mehr geht, oder ausgesessen, bis sich das sich das Thema sowieso erledigt hat. Das kennen wir alle. Und meist hat man schnell einen Schuldigen für die Misere gefunden: die Familie, die Eltern, den Chef, Kollegen, Freunde und immer wieder gern genommen: den eigenen Partner. Eine Extremform dieser »Weltanschauung« könnte zum Beispiel in einer Formulierung wie dieser münden: »Ich bin so gut, und diese Welt ist so mies zu mir«.

Dabei könnte jede und jeder sich schnell selbst auf die eigene Schliche kommen, wenn er die kosmischen Gesetze nicht nur für »Bestellungen beim Universum« anwenden würde. Denn wer die vielen bunten Bücher über Resonanzprinzip oder Spiegelgesetz nicht nur konsumiert wie einen (kosmischen) Versandhauskatalog, dem wird bei bewusstem Einbeziehen der eigenen Person schnell klar, dass dies, was da draußen tagtäglich so abläuft, nichts anderes ist als ein *Spiegel des eigenen Inneren.*

Es genügt ganz offensichtlich nicht, zum Beispiel Ruediger Dahlkes Bestseller »Krankheit als Weg« durchzulesen, um wieder gesund zu werden. Auch wer Bestseller wie »The Secret« oder »Bestellungen beim Universum« nur verschlungen hat, ohne sich selbst zu reflektieren, der wird wenige Chancen auf Erfolg haben. Dazu braucht es weit mehr und vor allem die *innere* Einstellung, dass wir selbst aktiv werden müssen, um *unser* (gesundes und »reiches«) Leben zu führen.

Zum besseren Verständnis des Resonanzprinzips (oder Spiegelgesetzes) einige Verständnisbeispiele aus unserer unmittelbaren Lebenswelt: Wenn Menschen in unserem Umfeld *aggressiv* sind oder werden, wäre es eine kluge Entscheidung, innezuhalten und sich konkret zu fragen: »Wo unterdrücke ich selbst meine eigene Aggression, dass sie mir ein anderer Mensch spiegeln und erkennbar machen muss? Eigentlich müsste ich ihm ja dankbar sein, denn er macht dabei einen ›guten Job‹.

Wenn mir in der Außenwelt *Lug und Trug* begegnet, wäre eine erwachsene und klärende Frage beispielsweise: »Wo belüge ich mich eigentlich permanent selbst, dass ich dies immer wieder gespiegelt bekomme?«

Und genauso verhält es sich bei Blockaden und Widerständen in der Außenwelt. Auch hier wären angemessene Fragen an mich selbst: »Wo blockiere ich mich innerlich selbst? Bin ich vielleicht sogar in einem Widerstand zu meiner eigenen Persönlichkeit oder zumindest Anteilen davon? Wobei stehe ich selbst permanent auf der Bremse und sollte mal loslassen oder Gas geben? Oder bremse ich und gebe gleichzeitig Gas? Ich weiß doch von meinem Auto, dass irgendwann die Kupplung oder die Bremse ihren Geist aufgibt.«

Es ist lange her, dass wir im Fruchtwasser der Mutter über die Nabelschnur mit allem versorgt wurden, frei von Widerständen und Blockaden. Ein Zustand wie im Schlaraffenland, in dem Milch und Honig floss bis zum Abwinken. Unsere Konsumgesellschaft verdient gutes Geld daran, indem sie uns rund um die Uhr suggeriert, dass wir bloß die richtigen Rundum-Sorglos-Pakete kaufen müssen, um uns wieder so versorgt zu fühlen wie damals *vor* der Geburt. (20)

Für viele ist dann die Geburt der erste Schock in ihrem Leben, von dem sich manche ein Leben lang nicht erholen. Sie suchen verzweifelt und manchmal auch krankhaft allerorts und überall nach der »*verlängerten* Gebärmutter«, die sie ein Leben lang versorgt. Doch das Leben ist kein Ponyhof, es ist voller Polaritäten: Zum Licht gehört Schatten, zur Ebbe die Flut, zum Tag die Nacht, zum Entstehen das Vergehen, zum Einatmen das Ausatmen et cetera. Beide Pole gehören zusammen wie die beiden Seiten einer Medaille, untrennbar und unkaputtbar.

Nur der Mensch neigt offensichtlich dazu, einen Teil dieser Polaritäten solange zu ignorieren oder gar zu unterdrücken, dass sich dieser ins Schattenreich verabschieden muss. Dieser ignorierte Teil hat ja auch gar keine andere Chance. Und irgendwann, meist dann wenn es gerade überhaupt nicht ins Konzept passt, dann meldet er sich aus dem Schattenreich!

In vorangegangen Kapiteln konnten wir sehen, dass es eigentlich keine Trennung zwischen Oben und Unten, Innen und Außen gibt.

Was wir unter den Teppich kehren wollen, ist ja trotzdem noch existent, vielleicht zunächst erstmal nicht sichtbar. Oder wie es Alfred Adler (1870-1937), der Begründer der Individualpsychologie, sinngemäß treffend formuliert: »Kehricht, den wir unter den Teppich kehren, bleibt immer noch Kehricht.«

Kleine Kinder halten sich manchmal beim Versteckspielen nur die Augen zu, weil sie meinen: »Wenn ich nichts sehe, dann sieht mich auch kein anderer!« Auch wenn wir über so kindliches Verhalten als Erwachsene bisweilen (müde) lächeln, gehen wir doch mit unserer Gesundheit, unserem Leben und dem der anderen manchmal genauso »blind« um. Vieles wollen wir nicht sehen oder verschließen unsere Augen davor. Aber: Wegschauen nützt auf Dauer nichts.

Beziehen wir dieses Wegschauen auf das Thema Gesundheit und Krankheit. Und schon sind wir wieder mitten in der Welt der Blockaden und Widerstände.

Der Schriftsteller Peter Altenberg formuliert es so: »Krankheit ist der Aufschrei einer beleidigten Seele.« Sinngemäß können wir jede Krankheits-Blockade als einen Schattenabdruck unserer verdrängten und nicht gelebten Wesensanteile deuten. Wir sind im wahrsten Sinne des Wortes ver-stimmt. Ruediger Dahlke schreibt: »Von diesem Schattenausdruck des Krankheitsbildes lässt sich der Sinn des Geschehens ablesen, um dann über eine sinnvollere Bearbeitung des Themas den Schritt zu einer Lösung zu finden.« (22)

Das Einschwingen der entsprechenden Archetypen (Planetenfrequenzen) kann nun unserem Körperland dabei helfen, aus der Ver-Stimmung wieder in harmonisches Gleichgewicht von Körper, Geist und Seele (zurück) zu gelangen.

Leben wir den entsprechenden Archetyp bewusst und aktiv in einer *erlösten* Leichtigkeit, so brauchen wir uns um ein Absinken in die Schattenwelt keine Sorgen zu machen.

Das passive Erleben nach konsequenter Verschleierungstaktik oder Ignoranz unsererseits lässt die *unerlöste* Form der Archetypen auftauchen und zu Tage treten. Aus unserer inneren Schattenwelt treten sie als körperliche (oder auch seelische) Widerstände und Blockaden hervor, um sich *so* bemerkbar zu machen. Nicht etwa, um uns Schlechtes zu wollen. Denn Archetypen sind *vollkommen wertfrei.* Erst wir Menschen »entscheiden«, ob das Glas unseres Lebens immer halbvoll ist oder halbleer. Und ob wir die Archetypen bewusst (= *erlöst*) wahrnehmen und leben oder ob wir sie lieber unerlöst ins Unbewusste abschieben.

Erst durch die Integration unserer Schattenanteile werden wir zum ganzen Menschen. Sonst wären wir nur ein halber Mensch auf nur einem Bein. Dies macht die Fortbewegung im Leben nicht einfacher, im Gegenteil: Die Schritte sind eher mühsam.

Zum Schluss noch eine gute Nachricht: *Licht* ist auf seinem Weg von der Sonne zu uns im Weltall gänzlich unsichtbar. Wir können es erst dann sehen, wenn es auf einen Widerstand fällt. Also sind Widerstände absolut notwendig, um Licht von Schatten unterscheiden zu können.

Wie sagte nochmals Goethe?

Müsset im Naturbetrachten
Immer Eins wie Alles achten,
Nichts ist drinnen, nichts ist draußen,
Denn was innen, Das ist außen.

Die Natur macht es uns vor: Tag und Nacht, Ebbe und Flut, und: Licht und Schatten.

Wir sind ein Teil dieser Natur! Und: Wir »funktionieren« nach denselben Gesetzmäßigkeiten, wie das nächste Kapitel »Von Stauseen und Thrombosen« bildhaft verdeutlichen will.

3) Von Stauseen und Thrombosen

Wenn in vielen Regionen und Landschaften unserer Mutter Erde anmutige Bächlein und Flüsse ungezwungen dahinplätschern, dann kann man diese sicherlich auch stauen, um davon Nutzen zu ziehen. Natürlich zum Wohle aller, denkt sich der Mensch, und wie die unzähligen Stauseen weltweit glaubhaft dokumentieren, macht er das auch. Die konzentrierte und eingeschlossene Wasserkraft wird benutzt zur Stromerzeugung, zur Speisung von Bewässerungsanlagen oder auch als Wasserreservoir für Trinkwasser.

Wer die zunehmende Anzahl von Naturkatastrophen richtig zu deuten vermag, kann daran ablesen, dass Mutter Erde *not amused* ist von den unzähligen und zum Teil hinterlistigen Eingriffen in ihr fragiles Ökosystem. Im Falle der Stauseen wachen ausgebildete »Köpfe« darüber, dass Zu-und Abfluss der Wassermengen in einem vernünftigen und vor allem ausgewogenen Verhältnis stehen. Ein *Zuwenig* an Wasser hinter den Mauern kann Mangel nach sich ziehen, ein *Zuviel* Gefahr: Wird der Wasserdruck zu groß, kann der Damm brechen. In der Folge ergießt sich das Gestaute schlagartig und unerbittlich in einem Korridor der Verwüstung.

Wir kennen die Urkraft des Wassers aus den Schilderungen zur Sintflut in der Bibel oder den Bildern und Reportagen zur Tsunami-Katastrophe in jüngster Vergangenheit, bei der viele Hunderttausend Menschen in den »unbarmherzigen« Wassermassen ertranken.

Nun sind Menschen auf den ersten Blick keine Stauseen, zumindest sehen die meisten nicht so aus. Und doch ist bei vielen irgendwann aus heiterem Himmel »das Maß voll«. Dann genügt der berühmte *eine* Tropfen, um das Fass zum Überlaufen zu bringen. Und plötzlich brechen alle Mauern, dann rasten Menschen aus und können ebenfalls alles in ihrem Umfeld vernichten (meist inklusive sich selbst).

Die besorgte Presse ist schnell zur Stelle und befragt die fassungslose Nachbarschaft, die meist *unisono* Sätze in die hingehaltenen Mikrofone sagt wie: »Der oder die war immer nett und freundlich, eher zurückgezogen und zurückhaltend. Wir können uns das absolut nicht erklären.«

Beim Stausee ist es ja bekanntlich so: Irgendwann ist auch hier »das Maß voll«, der Druck wird übermächtig, es gibt kein Halten mehr: Die Mauer bricht, der Damm reißt. Wer nun als Mensch nicht selbst dafür sorgt, dass sein (Seelen-) Wasser abfließen kann, der handelt im Grunde ebenso fahrlässig wie der Betreiber eines Stausees, der sagt: »Immer rein mit dem Zeug, das halten die Mauern schon aus!«

Bleiben wir in der Analogie des Reinstopfens beim Menschen auf dieser symbolischen Ebene, so fällt auf, dass Menschen in unserer modernen Arbeitswelt auch viel in sich rein fressen: Ärger mit dem Chef, Frust mit Kunden und Kollegen. Und vor allem auch die eigene *natürliche* Aggression. Die Gründe dafür liegen auf der Hand: Existenzangst, Angst um den Arbeitsplatz, Angst vor der Zukunft, um nur einige zu nennen.

Wie wir oft aus den Nachrichten entnehmen können, kann daraus ein explosiver Cocktail im Innern des Menschen entstehen, der sich dann schlagartig nach außen entlädt.

Szenenwechsel: »Wie innen, so außen, wie oben so unten«

Wenn wir diese hermetische Weisheit *symbolisch* einsetzen, dann haben wir sofort den Schlüssel dazu, eine Analogie zwischen Vorgängen im Außen (Natur) und Innen (Mensch) herstellen zu können. Im Grunde wechseln wir lediglich die Lebensbühne oder die Ebene, die dahinterliegenden Themen bleiben dieselben.

Hierzu ein Beispiel zum besseren Verständnis: *Außen/Natur/Makrokosmos:*

Fast jedem Jungen (und auch vielen Mädchen) macht es einen Heidenspaß, natürliche Bachläufe mit allerlei gesammeltem Material zum Stocken zu bringen. Und plötzlich ist der natürliche Fluss des Wassers gestört und unterbrochen.

Wechseln wir nun gemeinsam einfach die Ebene zu *Innen/Mensch/Mikrokosmos:*

Wenn wir nun unsere inneren Flüsse, zum Beispiel die Blutgefäße, betrachten, so sorgt auch ein Hindernis schlagartig für ein Stocken des Lebensflusses dieses Menschen. Wir nennen diese Blockade *Thrombose* oder Blutgerinnsel.

Wer diesem Gedankengang folgen kann, der hat hiermit auch schon eine wichtige Grundlage der *Archetypischen Medizin* verstanden. Und mit diesem symbolischen Verständnis, dem analogen Denken auf verschiedenen Lebensbühnen (innen-außen und umgekehrt) ist der Weg frei zur Deutung des dahinterliegenden Archetyps. Dieser möchte sich ja in der Blockade dem betroffenen Menschen bewusst machen, indem er ihn auf seine Schattenseite verweist.

So deutet Ruediger Dahlke die Thrombose:

Körperebene: Blut (Lebenskraft), Blutgefäße (Verkehrswege der Lebenskraft), Bindegewebe (Verbindung, Halt, Verbindlichkeit).

Symptomebene: Lebensenergie stockt auf dem Rückweg zur Mitte: nicht zurückbekommen, was man ausgesandt hat; *Halt* und Sicherheit höher schätzen als das Fließen der Lebensenergie; Mangel an Vertrauen in den Lebensfluss und seine Dynamik, ihn zum Stillstand bringen mittels geronnener, erstarrter Lebensenergie; Blockade der Lebensenergie und des inneren Im-Fluss-Seins; steckengeblieben, festgefahren, verklemmt sein; ... Zustand des Nichtlebens bei lebendigem Leib ... (23) ... – Genug gestaut!

4) Was ist eigentlich Harmonie?

»Unsichtbare Harmonie ist stärker als sichtbare.«

Heraklit

Nachdem wir uns in den beiden vergangenen Kapiteln eher mit unharmonischen Themen und Situationen befasst haben, ist es an der Zeit, auf die andere Seite der Polarität zu wechseln und dem Phänomen *Harmonie* die Ehre zu erweisen.

Eine Spur hierbei führt zunächst in die griechische Mythologie, hin zu *Venus/Aphrodite*, also der Göttin der Liebe, der Schönheit wie auch der sinnlichen Begierde. Verheiratet war sie offiziell mit Hephaistos, dem Gott des Feuers und der Schmiedekunst, den sie aber ständig mit allerlei Sterblichen wie auch Unsterblichen hinterging. Vor allem vom Kriegsgott Mars konnte sie nicht ihre Finger lassen. Und offensichtlich auch nicht weitere Organe und Körperpartien, denn aus der leidenschaftlichen Beziehung gingen Kinder hervor, deren Namen uns direkt zum Thema dieses Kapitels geleiten.

Denn in ruhigen Zeiten dieser Liebesbeziehung entstanden *Eros* (die Erotik/Liebe) und *Harmonia* (also die Ausgeglichenheit/Harmonie). In stürmischen Zeiten mit Gegenwind wurde *Phobos* (die Angst, Furcht) und *Deimos* (der Schrecken, das Grauen) gezeugt.

Wörtlich übersetzt bedeutet *Harmonie* (griech./lat. *harmonia*, mit der indogermanischen Vorsilbe har = Vereinigung von Entgegengesetztem zu einem Ganzen): *Übereinstimmung, Einklang, Ausgleich, Ausgewogenheit.*

Ursprünglich bezog sich der Begriff *Harmonie* in der Antike auf Erscheinungen der Symmetrie. Bereits in der Gruppe um *Pythagoras* (ca. 570-480 v. Chr.) wurde die Harmonie auch in den Mittelpunkt philosophischer Betrachtungen gestellt. In ihrer schönen Proportion sah man dabei die Harmonie als Einheit von Maß und Wert. Wir alle kennen und schätzen auch noch heute den *Goldenen Schnitt* als Inbegriff von Ästhetik, von idealer Proportion und Harmonie, in der Natur ebenso wie in der Kunst.

In der antiken Medizin galt Gesundheit als Folge eines *harmonischen* Mischungsverhältnisses aller Körpersäfte des Menschen. Ein Ungleichgewicht dieses gesunden und harmonischen Verhältnisses bedeutete Blockade und Krankheit. Wie wir bereits im Kapitel »Der gesunde Fluss des Lebens« sehen konnten, bestand die Hauptaufgabe der östlichen Medizin nicht darin, zu heilen und Krankheiten auszumerzen, sondern durch *Harmonisierung* von Körper, Geist und Seele dafür zu sorgen, dass Menschen erst gar nicht krank wurden.

Auch die Bewegungen der Himmelskörper unterliegen harmonischen Zahlenverhältnissen; mit diesen und der daraus resultierenden *Sphärenharmonie* werden wir uns im Kapitel »Die himmlischen Klänge der Planeten« vertraut machen.

Heraklit (um 544-483 v. Chr.) schließlich sah in der Harmonie *die Einheit der Gegensätze*, das Widerstrebende vereinigt sich aus seinem Gegensatz zur schönsten Harmonie.

Eine »menschliche« Beobachtung zum Phänomen »*In Harmonie sein*«: Zwischen zwei gegensätzlichen Polen befindet sich die Mitte. Auch wir kennen diesen Ausdruck gut: »In seiner Mitte sein«

Allerdings ist er für den Einzelnen schwer zu beschreiben. Die meisten wissen eher, wie es anfühlt, *nicht* in ihrer Mitte zu sein.

Harmonie und »In der eigenen Mitte sein« beschreiben dasselbe Phänomen und mithilfe der *Schwingung der Archetypen* können wir uns selbst und andere harmonisieren. Sie machen diese himmlische Harmonie in uns erfahrbar und fühlbar. **Das heißt, sie harmonisieren unseren Mikrokosmos mit der himmlischen Sphärenharmonie im Makrokosmos.** Denn Harmonie ist offensichtlich ein ehernes Grundgesetz in diesem Universum.

5) Ein Besuch im Uhrenladen

In unserer Gegenwart wird die Zeit hauptsächlich *digital* gemessen. Wir leben im digitalen Zeitalter und dazu gehören elektronische Quarz- und Funkuhren, für möglichst viele Wände zu Hause, meist auch für den Nachttisch oder für das Armgelenk.

Frühere Generationen besaßen in ihrer guten Stube (je nach persönlichem Wohlstand) meist eine edle Pendeluhr, die mit ihrem Takt das Tagwerk begleitete. Viele von uns kennen diese Art von Uhren auch von Trödel- oder Antiquitätenmärkten.

Wir wollen zunächst einen antiken Uhrenladen besuchen, an dessen Wände Pendeluhren hängen. Schenken wir einmal den Pendeln unsere volle Aufmerksamkeit und wir stellen verblüfft fest: Sie schwingen im *gleichen* Rhythmus, tic-tac, tac-tic, ganz von alleine und ohne menschliches Zutun. Im Laufe der Zeit pendeln sie sich auf ein harmonisches Miteinander ein.

Gehen wir weiter in ein Musikgeschäft und dort in die Gitarrenabteilung. Hier schlagen wir eine oder mehrere Stimmgabeln an und siehe da: Entsprechende Gitarrensaiten schwingen mit, »wie von Geisterhand« und ohne unsere Berührung.

Anschließend besuchen wir noch die Proben im Opernhaus, in der heute Abend ein Symphoniekonzert gegeben wird: Mozarts Symphonie Nr. 41 in C-Dur, die sogenannte »Jupiter-Symphonie«: Alle Instrumente werden aufeinander eingestimmt, so entsteht Ein-Klang im Orchester und im gesamten Klangkörper des Opernhauses. Jede Verstimmung auch nur eines Instrumentes könnte die Harmonie nachhaltig und unangenehm stören.

Am späteren Abend sind wir noch zu einer Gesellschaft eingeladen, auf der wir uns schon bald langweilen. Wir fangen plötzlich an zu gähnen und lösen damit ein kollektives Gähnen aus. Gleiches würde auch mit Lachen oder schlechter Laune funktionieren: Das wirkt scheinbar ansteckend.

Schlafen wir zu Hause entspannt neben unserer Partnerin oder Partner ein, so würde eine beobachtende Person im Laufe der Nacht feststellen, wie sich unser Atemrhythmus allmählich angleicht, so wie das gleichzeitige Schwingen obiger Pendeluhren. Übrigens: Auch die Taktfrequenz unseres Herzschlages wird sich parallel zum Atemrhythmus angleichen.

Ganz offensichtlich haben wir es bei allen Beobachtungen mit einem einzigen Phänomen zu tun. Dieses Phänomen heißt *Resonanzprinzip*. Resonanz (von lat. *resonare* = widerhallen, mitschwingen) bezeichnet das harmonische und gemeinsame Schwingen in Ein-Klang. Dies gilt für alles Lebendige wie auch für alles Unlebendige, die sogenannte »tote« Materie. Die Beispiele in diesem Kapitel stehen symbolisch für diese Kernaussagen, die wie das Credo für sämtliche Klangarbeit klingen.

Das Leben in uns und um uns herum neigt dazu, sowohl mit harmonischen wie unharmonischen Schwingungen in unserer Umwelt in Resonanz zu gehen.

Und: *»Die Fähigkeit zur Resonanz bildet eine der Grundlagenbedingungen für die menschliche Gesundheit oder für das Zustandekommen von Heilungsprozessen.«* Wolfgang Bossinger/Raimund Eckle (24)

Abschließend noch etwas Entscheidendes: Wie wir heutzutage aufgrund unserer raffinierten technischen Messinstrumente exakt nachweisen können, *wird in resonanten Beziehungen weit weniger Energie verbraucht als in nicht-resonanten.* Das wundert nun auch wirklich niemanden, wenn wir in den zwischenmenschlichen Bereich hineinschauen: Harmonische und stimmige Beziehungen geben Kraft und Geborgenheit, unharmonische gehen auseinander oder treffen sich bisweilen auch vor Gericht zur letzten gemeinsamen Feststellung: »Scheiden tut weh!«

Wir alle wissen es und spüren es tagtäglich: Harmonie ist etwas Gesundes und Disharmonie macht krank. Oder: Mitschwingen in Resonanz hält uns gesund und vital, es bringt uns in Harmonie und unsere Mitte.

6) Mitschwingen in Resonanz

»Was die Welt in ihrem Innern zusammenhält«

In Anlehnung an Goethes obiges Zitat aus dem »Faust« könnte man der *Resonanz* diese Wirkung zuschreiben, denn sie verbindet die innere mit der äußeren Welt, oben mit unten und umgekehrt. Sie verbindet weiterhin auch Anteile unserer selbst, denn zum Ein-Klang von Körper, Geist und Seele braucht es auch eine resonante Beziehung untereinander. Sie verbindet einfach alles.

Im vorherigen Kapitel konnten wir bereits einige Phänomene der Resonanz aus unserer unmittelbaren Erlebniswelt anschauen. Ergänzen wir an dieser Stelle unsere »Sammlung« um weitere Beispiele, um die einzelnen Aspekte noch besser zu verstehen. In der Physik ist resonantes Verhalten weit verbreitet: Jeder kennt das Phänomen des resonanten Aufschaukelns, zumindest aus Berichten. Damit meint man unter anderem das Aufschaukeln einer Brücke, wenn eine Marschkolonne im Gleichschritt über sie hinweg läuft, vielleicht noch mit einem rhythmischen Lied auf den Lippen, um den Bewegungsablauf noch gleichförmiger zu gestalten. Das kann gefährlich werden und die Brücke zum Einsturz bringen! Wie kann dies geschehen?

Wenn einem System wie diesem von außen Schwingungen aufgezwungen werden, deren Frequenz mit der Eigenfrequenz übereinstimmt, reagiert das System mit besonders großen *Amplituden*. In der Physik spricht man hier von einer *Resonanzkatastrophe*. In der Folge kann es zu gravierenden Ereignissen kommen.

Wohl jede/r Autofahrer/in kennt und fürchtet es als Dröhnen oder starkes Vibrieren der Karosserie bei ganz bestimmten Motordrehzahlen, die in Resonanz gehen.

In der Atomphysik (er-)kennen die Wissenschaftler die *Resonanz*fluoreszenz eines Atoms oder Moleküls bei dessen Anregung im Lichtfeld.

In der Kernphysik wird mit der *Kernspinresonanz* des Kernspins gearbeitet.

Auch Elektrotechnik und Hydromechanik verwenden resonante Erscheinungen in ihren Abläufen.

Der Bereich der Physik, der uns im Zusammenhang mit Schwingungen hier am meisten interessiert, ist die Akustik.

Schon Pythagoras (ca. 570-480 v. Chr.) hat das Schwingungsverhalten in Oktaven, Quinten und Terzen et cetera physikalisch exakt beschrieben. Bei der Gitarre kennen wir den *Resonanzkörper* und sehen ihn auch deutlich, denn der ganze Korpus bildet diesen. Beim Konzertflügel oder Klavier gibt es einen *Resonanzboden*, der besonders dann in Schwingung kommt, wenn man mit dem rechten Pedal die Dämpfung aller Saiten löst. Schlägt man nun (bei gelöster Dämpfung) eine Klaviertaste an, überträgt sich die Schwingung mittels schwingendem Resonanzboden auf andere resonante Saiten. Das nennt man *physikalische Resonanz,* und Pythagoras hätte sicher seine wahre Freude am Mitschwingen der entsprechenden Oktaven, Quinten, Terzen gehabt.

Dieses Prinzip der Resonanz findet sich in allen schwingenden Systemen wieder. Und da alles schwingt, findet sie sich überall: in Atomen, Molekülen und in uns Menschen, unter anderem in den Organen. Äußere Rhythmen und innere Uhren gehen ständig miteinander in Resonanz, von Ewigkeit zu Ewigkeit.

Wer die Grundzüge der TCM kennt, der weiß auch, dass in der östlichen Medizin seit Jahrtausenden die Verbindung von Tageszeit und Organtätigkeit bekannt ist. Mit heutigen Messmethoden können wir zudem die Eigenschwingung unserer Organe bestimmen. So haben Herz, Lunge, Zwerchfell oder Niere et cetera ganz eigene Schwingungen. Dasselbe gilt zum Beispiel auch für den Hormonzyklus.

Die Fähigkeit des Menschen zur *Resonanz* bildet dabei eine unabdingbare Voraussetzung für die Gesundheit selbst beziehungsweise für das Zustandekommen von Prozessen zur Heilung. *Resonanz* erfordert zum einen immer die Bereitschaft und Offenheit, Einwirkungen zuzulassen, und zum anderen die Fähigkeit, auf diese Einwirkungen mit einem eigenen Prozess zu reagieren und zu antworten.

In jeglicher Form von (therapeutischer) Arbeit findet ein gegenseitiges Geschehen statt. Die liebevolle Zuwendung des Arztes oder der Pflegerin/des Pflegers im »Kranken«-Haus, ein freundliches, motivierendes Wort zur rechten Zeit, oder auch nur ein Lächeln, eine Geste: Das sind die Momente der Zuwendung, die aus seelenlosen Arbeitsabläufen *beseelte Beziehungen* machen können. Und wie wir heute wissen und doch viel zu selten anwenden: Sie können heilsamer sein als jede Medizin. Doch beseelte Resonanzen in der Beziehung zwischen Therapeuten und Patienten/Klienten erfordern auch ein Einschwingen des Klienten auf den Behandler. Nur wenn ich ihm mein Leid kommunizieren kann, kann er in Resonanz gehen und mir helfen. Verhalte ich mich unkooperativ, dann muss ich mich nach dem Gesetz der Resonanz nicht wundern, wenn etwas schiefläuft in der Beziehung. Es gilt: »Wie ich den Wald hineinrufe, so schallt es heraus.«

Nichts anderes ereignet sich in der liebevollen Zuwendung der Mutter, wenn ihr Kind gestürzt ist und jämmerlich weint. Die Mutter nimmt es in ihre offenen Arme, tröstet es und pustet auf die schmerzende Stelle, meist noch mit einem kindgerechten Vers dazu. Sie geht in Resonanz zum Bedürfnis ihres Kindes nach Zuwendung und Aufmerksamkeit.

Resonanz mit Erde

In der Klangarbeit wird diese beseelte menschliche Zuwendung zum Gegenüber/Klienten zusätzlich erweitert durch die Dimension der Schwingung, die bereits ihrerseits zu resonantem Verhalten beiträgt. Das sind heilsame »Rahmenbedingungen« für einen gesundheitsfördernden Prozess zur Aktivierung des inneren Heilers des Menschen.

Diese Haltung führt uns auch wie von selbst zu einer spirituellen Dimension von Resonanz. Gemeint ist die Resonanz zwischen Mensch und Umwelt, Mensch und Natur, Mensch und Universum.

Ein spiritueller Mensch, der in Ein-Klang mit der Schöpfung und dem gesamten Sein lebt, erkennt in der Erde die »große Mutter«. Er geht auch mit den Schmerzen in Resonanz, die ihr zugefügt werden.

Die vermeintlich zivilisierten Nationen haben Naturvölker oft genug wegen ihrer naiven, unverfälschten Sichtweise der irdischen (und kosmischen) Zusammenhänge belächelt. Und nicht nur das: ausgerottet oder eingesperrt wie Tiere im Zoo.

Es ist die Weisheit der Naturvölker, der Eingeboren, der Aborigines et cetera, die auf ihre Weise schon immer leben und erleben, was »moderne« Menschen sich im Laufe ihres Lebens erst wieder spirituell »erarbeiten«, dieses ganzheitliche Erleben von »Alles ist in allem und alles ist in mir«. Ihre weisen Prophezeiungen zum Raubbau »des weißen Mannes« an Mutter Erde erhalten heute in Anbetracht zunehmender Naturkatastrophen eine neue Dimension.

Wer in Resonanz geht zur weinenden »großen Mutter«, zu Mutter Erde, der wird die Kräfte zur ihrer Heilung aktivieren wollen. Denn sie ist ein lebender Organismus wie jeder Mensch, der auf ihr und von ihr lebt.

Stellvertretend hier ein Zitat aus dem Jahre 1932 von John Hollow Horn, Oglata Lakota. Wie viele Jahre und Jahrzehnte der Ausbeutung, des Raubbaus und der vorsätzlichen Vernichtung sind seitdem über unseren Heimatplaneten hinweggefegt?

Er sagt: *»Eines Tages wird die Erde weinen, sie wird um ihr Leben flehen, sie wird Tränen von Blut weinen. Ihr werdet die Wahl haben, ihr zu helfen oder sie sterben zu lassen; und wenn sie stirbt, sterbt ihr auch.«*

Die weinende Erde fleht um ihr Leben, es ist an der hohen Zeit, in Resonanz zu ihr zu gehen. Wenn wir selbst weinen und um ein gesundes Leben flehen, können wir heiler als heute werden und unsere Selbstheilungskräfte, den inneren Heiler aktivieren.

Dazu ist es unabdingbar, dass der moderne Mensch von seinem hohen Ross der Selbstüberschätzung und Überheblichkeit absteigt. Erst dann hat er wieder eine Chance, mit Mutter Erde auf eine Augenhöhe zu gelangen und mit ihr in Resonanz zu gehen.

Das ist auch klug und bewusst. Alle anderen laufen Gefahr, ihre »Rechnung ohne den Wirt« zu machen.

Denn wer die Gleichung Mikrokosmos Mensch = Makrokosmos konsequent weiterdenkt, der stößt unweigerlich auf Analogien wie: »Die Menschen sind die Schmarotzer auf dem Wirt Erde«, oder: »Menschen benehmen sich wie Blutegel und bedrohen das Leben des gesamten Organismus.«

Die Selbstheilungskräfte von Mutter Erde übersteigen jegliche menschliche Vorstellungskraft. Es ist weder eine pantheistische indianische noch eine esoterische Sicht nötig, sondern nur ein ganz pragmatische: Die Erde braucht uns nicht. Wir aber sie. Man kann sie auch als Kapitalistin sehen: Wenn der Mensch ihr zu viele Problemchen bereitet, dann wird sie ihre Lebensbedingungen für uns auf *»unmöglich«* verändern. Das ist die Wahrheit, mit der wir auch in Resonanz treten sollten.

C

Frequenzbereiche und Schwingung

1) Frequenz und Schwingung: Was ist das eigentlich?

»Die Frequenz ist die Schwester *der Schwingung, ihr* Bruder *ist der Rhythmus.«*
Thomas Künne

Zunächst wollen wir gemeinsam verstehen, wie Frequenz, Tonhöhe und Schwingung zusammenhängen. Es gilt: Jeder *Tonhöhe* kann eine entsprechende *Frequenz* zugeordnet werden. Man kann es auch umgekehrt formulieren: Die Frequenz *bestimmt* die Tonhöhe. Frequenz und Tonhöhe sind also die zwei Seiten derselben Medaille.

Unter *Frequenz* (lat. frequentia= *Häufigkeit*) verstehen wir die Anzahl der regelmäßigen Wiederholungen eines periodischen Systems innerhalb eines Zeitintervalles. Klingt schwierig, ist aber ganz einfach, wie die folgenden Beispiele bildhaft verdeutlichen wollen.

Die meisten periodischen Abläufe wie Tag, Monat, Jahr oder auch die Planetenumläufe um die Sonne besitzen einen klar messbaren Rhythmus. Rhythmus und Frequenz bilden eine Einheit, und sie meinen dasselbe. Jede *Frequenz* besitzt einen ganz bestimmten *Schwingungscharakter.* Es ist sozusagen die natürliche Qualität ihrer Eigen-Schwingung. So dreht sich der Mond bekanntermaßen in 28 Tagen um die Erde, die Erde wiederum in etwa 365 Tagen um die Sonne.

Merkur, der sonnennächste Planet benötigt zirka 88 *Tage.* Pluto, am weitesten von der Sonne entfernt, beispielsweise 249 *Jahre* für einen Umlauf. Und dieser kosmische Fahrplan funktioniert mit einer Präzision, die nicht nur die Bahn blass aussehen lässt.

Auch unser tägliches Leben unterliegt in vielfältiger Weise periodischen Abläufen. Hierzu ein markantes Beispiel: Wir allen kennen unseren Atem*rhythmus*, also unsere Atem*frequenz.* Auf das Einatmen folgt *immer* das Ausatmen, und zwar vom ersten bis zum letzten Atemzug.

Blockaden beziehungsweise Störungen in diesem natürlichen Ablauf kennen wir als *Krankheitsformen*, wie zum Beispiel das Asthma. Dann wird *ein* Pol, hier das Einatmen (der Yang-Anteil) krankhaft so sehr überbetont, dass es sogar lebensbedrohlich sein kann.

Bei *allen* Frequenzvorgängen zeigt sich dann eine Disharmonie des natürlichen Gleichgewichtes, wenn sich *Yin und Yang* nicht in Balance, nicht in Harmonie befindet. Sind Yin und Yang dagegen ausgeglichen, in Balance, so fühlt es sich an »wie in der Mitte sein«.

In unseren Breitengraden ist das Verhältnis von Tag und Nacht in einem »gesunden« Verhältnis. Im Sommer sind die Tage (mit Licht) länger, im Winter kürzer. Wir alle wissen, wie sehr Menschen ohne ausreichend Licht leiden. In nordischen Ländern, in denen es in Winterzeiten nur wenige Stunden hell wird, versinkt das Land in einen tiefen (oft depressiven) Dornröschenschlaf.

Zurück zum Atem. Wir alle kennen dies: Sind wir im Stress, atmen wir heftiger und schneller, das heißt die Atemfrequenz steigt. Wir stehen unter Anspannung. Dasselbe würde man parallel hierzu bei einer Messung der Herzfrequenz, des Pulses, feststellen. Ein ruhiger Puls dagegen zeugt von Ruhe und Ent-Spannung. Diese Ent-Spannung können wir bei Schlafenden an einem ruhigen und harmonischen Ein- und Ausatmen beobachten. Der Brustkorb hebt und senkt sich sanft und *wie von selbst*, frei von äußeren Stressfaktoren.

Können wir es laut und deutlich hören, ist es meist Schnarchen.

Auch die Gezeiten, Ebbe und Flut besitzen ihre eigene, messbare und vorhersehbare Schwingung = Frequenz, wenn auch eine sehr langsame. Der Mond, welcher Ebbe und Flut maßgeblich beeinflusst, steuert unter anderem zudem die monatliche Periode der Frau. Unser Wort Monat entspringt dem Wortstamm »Mond« und bedeutet im Grunde einen Mondzyklus (von circa 28 Tagen).

»Leben und Sterben« können wir analog zu »Einatmen« und »Ausatmen« oder auch »Tag und Nacht« verstehen. Wie siamesische Zwillinge hängen sie untrennbar zusammen und verweisen auf ihre eigene Frequenz. Wobei im Falle von »Leben und Sterben« diese (»Gott sei Dank«) erst im Nachhinein zum Beispiel für die Gravur des Grabsteins messbar ist.

Zur eigentlichen Frequenz wird »Leben und Sterben« vor allem natürlich für Menschen, die davon überzeugt sind, dass der Zyklus auch nach dem Tod weitergeht. Dann lautet die logische Abfolge: Leben-Sterben-Leben-Sterben et cetera und gesellt sich dabei harmonisch zu: Tag-Nacht-Tag-Nacht et cetera oder Einatmen-Ausatmen-Einatmen-Ausatmen et cetera.

Resümee zur Frequenz: »Unter Frequenz (lat. frequentia = Häufigkeit) verstehen wir also die Anzahl der regelmäßigen Wiederholungen eines periodischen Systems innerhalb eines Zeitintervalles«.

Dabei ist es zunächst in unserer Betrachtungsweise unbedeutend, ob ein solches Zeitintervall nur wenige Sekunden (= Atem), einen halben Tag (= Tag-Nacht) oder den Zeitabschnitt eines Lebenszyklus (= Leben-Sterben) dauert.

Damit wir eine solche Frequenz hören können, muss seine Frequenz in unseren Hörbereich »hineinpassen«.

2) Wahr-nehmen im menschlichen Hör- und Sehbereich

Der menschliche Hörbereich:

Dieser umfasst *circa zehn Oktaven*. Bei ungefähr 16 Hertz fängt die Skala des Hörens im unteren Bereich an. Dieser Ton wird *C* genannt. Alle Frequenzen, die unter 16 Hertz liegen, werden von uns nicht mehr als Töne wahrgenommen, sondern eher als »Rhythmus »(siehe Ebbe-Flut, Tag-Nacht et cetera). Je tiefer die Frequenz, desto langsamer ist das Tempo, der Rhythmus.

Bezogen auf die klar messbare Zeiteinheit einer Sekunde können wir sagen: *Eine Schwingung pro Sekunde* entspricht einem *Hertz* (Abkürzung *Hz*). Jede *Verdopplung oder Halbierung* einer Frequenz entspricht im musikalischen Sinne einer *Oktavierung:* Die absteigende Oktave eines Grundtones hat die halbe Frequenz, die aufsteigende die doppelte.

Oktavieren heißt eine Frequenz *verdoppeln* oder *halbieren*. Oktavieren wir den Ton *C* mit 16 Hertz zehnmal aufsteigend, so erhalten wir natürlich wiederum ein *C* und in diesem Falle ein sehr hohes mit 16.384 Hertz.

Bei älteren Menschen zeigt dieses *ultrahohe C* meist die obere Grenze unseres menschlichen Hörbereiches an. Jüngere können vereinzelt auch Frequenzen bis 21.000 Hertz wahrnehmen.

Als Faustregel können wir jedenfalls an dieser Stelle festhalten: Unser menschlicher Hörbereich umfasst im Mittelwert *zehn Oktaven*, vom ganz tiefen C mit 16 Hertz zum ganz hohen mit 16.384 Hertz. Ausnahmen bestätigen die Regel.

Der Hörbereich von Tieren kann ein ganz anderer sein. Wer Haustiere sein Eigen nennt, stellt häufig verdutzt fest, dass diese die »Ohren spitzen« und wir absolut nichts hören. Die Hauskatze kann bis zu einer Frequenz von 47.000 Hertz hören, also mehr als doppelt so viel wie der Mensch, der Haushund sogar bis zu 135.000 Hz. Ein gerne angeführtes Beispiel ist auch die Fledermaus. Ihr Hörbereich reicht bis circa 400.000 Hertz.

Was geschieht nun eigentlich beim »Hören«? Wie können wir uns diese Sinneswahrnehmung vorstellen? Auch hier begegnen wir, wie so oft in diesem Universum, dem *Resonanzprinzip*. Unser menschliches Trommelfell im Ohr schwingt in unserem hörbaren Frequenzbereich mit, es geht in Resonanz mit den Tönen der Außenwelt und diese Resonanz wird uns bewusst: *Wir »hören«*.

Der menschliche Sehbereich:
Mit diesem Verständnis des Hörvorgangs fällt es spielend leicht zu verstehen, was beim »Sehen« passiert. Im Grunde genommen genau dasselbe, nur mit anderen (weitaus höheren) Schwingungsfrequenzen und mit anderen Sinnesorganen (*Augen* statt *Ohren*). Beim Hören schwingt im Hörbereich unser Trommelfell mit, geht in Resonanz. Beim Sehen sind es die Zäpfchen im Auge, die im Sehbereich mitschwingen. Das Spektrum unseres menschlichen Sehvermögens umfasst circa *eine Oktave*, und zwar beginnend mit ungefähr 380 Billionen Hertz am unteren und mit circa 760 Billionen am oberen Ende der Skala. In diesem Sehbereich wird uns das Wahrgenommene *bewusst*, wir können es *bewusst* sehen. Die tieferen Frequenzen des Sehbereiches beginnen mit Rot und enden am Ende der Skala mit Blauviolett. Dazwischen liegt das *gesamte Spektrum aller Regenbogenfarben*, also von *Rot zu Orange, Gelb, Grün, bis zu Blau und Blauviolett.* Die Frequenzen der Farben werden in den meisten wissenschaftlichen Publikationen in Nanometer angegeben. Ein Nanometer entspricht dem millionsten Teil eines Millimeters. Auch finden wir die Bezeichnung Angström. Diese bezeichnet einen *zehn*millionstel Millimeter, also den zehnten Teil eines Nanometers.

Resümee des menschlichen Hör-und Sehbereichs:

Hörbereich:
von ca. 16 bis 16.400 Hz (entspricht ca. *zehn Oktaven* des Tones C)
- *Eine Schwingung pro Sekunde* entspricht einem *Hertz* (Abkürzung *Hz*).
- *Oktavieren* heißt eine Frequenz *verdoppeln* oder *halbieren.*

Sehbereich:
von ca. 380 Billionen bis 760 Billionen Hz (entspricht *einer* Oktave).
- Das Farbspektrum wird in Nanometer oder Angström gemessen.

3) Die natürliche Qualität der Eigenschwingung

In diesem Buch haben wir bisher die Wahrheit »Alles schwingt« und »Alles ist Schwingung« von verschiedenen Seiten beleuchtet. Dieses und das anschließende Kapitel »Von äußeren Rhythmen und inneren Uhren« werden unseren Fokus auf eine weitere Tatsache lenken: Alles schwingt nicht nur. Es schwingt in einer ganz *eigenen* Frequenz oder Schwingung. Und bei so komplexen Lebewesen wie uns Menschen gibt es nicht nur eine Frequenz, sondern viele.

In aller Munde ist zum Beispiel der *Biorhythmus* des Menschen. Der Arzt und Biologe Dr. Wilhelm Fleiß entdeckte um die Wende des 19. zum 20. Jahrhundert einen auffälligen Zusammenhang von Krankheitsverläufen, Geburtstagen und Todeszeitpunkten in Korrelation zu einem bestimmten und klar definierten Naturzyklus. In seinen Forschungen stieß er auf Intervalle von 23 und 28 Tagen, die den Kräfteablauf des Menschen regeln. Fleiß unterschied den männlichen (körperlichen) und den weiblichen (seelischen) Rhythmus als Schwingungen, die in jedem Menschen fließen, im Mann genauso wie in der Frau.

Dr. Friedrisch Teltscher entdeckte 1928 zudem einen geistigen Rhythmus, der wie der körperliche und seelische einer Leistungsschwankung unterworfen ist.

Somit ergeben sich drei Rhythmen, die für den Kräfteablauf des Menschen verantwortlich sind:

Der *körperliche* Rhythmus von 23 Tagen.
Der *seelische* Rhythmus von 28 Tagen.
Der *geistige* Rhythmus von 33 Tagen.

Aus diesem Blickwinkel heraus können wir uns die Bedeutung des Wortes *Biorhythmus* leicht erklären: *Bios* stammt aus dem Griechischen und bedeutet *Leben, Rhythmus* (ebenfalls griechisch) bedeutet *Fließen.* Biorhythmus bezeichnet also das Auf- und Ab unserer Lebenskraft, das *Fließen des Lebens* oder auch »Die Schwingungen des Lebens«. Dieses Auf und Ab verläuft in Sinuskurven vom Beginn des Lebens bis zu seinem Ende.

Das Phänomen der *Bioresonanz* findet seine Anwendung in dem energetischen Behandlungsverfahren der *Bioresonanz-Therapie* (1977 durch den Arzt Franz Morell und den Elektroingenieur Erich Rasche erfunden). Ihre Grundlagen leiten sich von der seit 1920 in den USA verbreiteten *Radionik* ab. In diesem Verfahren wird davon ausgegangen, dass die Körperzellen erfassbare elektromagnetische Signale abgeben, die ihrerseits im Gewebe Schwingungen verursachen und bewirken.

Die Bioresonanzforschung geht ihrerseits davon aus, dass jeder Mensch über ein ganz eigenes Schwingungsspektrum verfügt, welches sich aus gesunden, harmonischen, und krankhaften, also disharmonischen Schwingungen zusammensetzt. In der Behandlung (durch einen Arzt oder Heilpraktiker) werden die disharmonischen Schwingungen über ein speziell entwickeltes Therapiegerät entweder direkt gelöscht oder in harmonische umgewandelt, um dann wieder an den Körper zurückgesandt zu werden.

Die *Minus-Elektrode* greift hierbei die pathologischen Schwingungen auf, die *Plus-Elektrode* gibt sie nach Umwandlung durch das Bioresonanz-Gerät umgewandelt wieder ab. Aus den krankmachenden Schwingungen werden solche, die den Heilungsprozess in Gang setzen.

Sinn und Ziel dieser *Bioresonanz-Methode* ist ebenfalls die Aktivierung der Regulations- und Selbstheilungskräfte des Körpers.

Für uns Menschen als Bestandteil und Wesenheit dieses Universum bedeutet dies: *Alle, ja wirklich alle Funktionen in unserem Organismus werden durch Schwingung, Zyklus, Rhythmus oder Periodik definiert.* Der Rhythmus unseres Lebens in Jahren und Jahrzehnten bildet als Schwingung unsere individuelle Lebensspanne von der Geburt bis zum Tod. Eine Schwangerschaft »schwingt« in neun Monaten. Eine »Schwingung« im Zeitablauf von *Wochen* zeigt zum Beispiel die Menstruation, von *Tagen* unter anderem der Austausch von verbrauchten Körperzellen. Der Schlaf-Wach-Rhythmus geschieht in Stunden-Schwingung, wie auch unser Stoffwechsel und die Anpassung unserer Körpertemperatur.

Gehen wir noch tiefer, so stoßen wir im Minuten- und Sekundenbereich auf die Herzschlag-Frequenz oder zum Beispiel den Atemrhythmus. Im Bereich der Millisekunden finden wir unter anderem die Informationsübermittlung in den Nervenzellen.

Für die Wirksamkeit unserer Klang- und Schwingungsarbeit können wir auch folgende Tatsache zugrundelegen: Alle Schwingungen in unserem Körper-Kosmos sind ständig miteinander in Kontakt und zelebrieren ein unglaubliches Wechselspiel aus Periodik, Rhythmik und Zyklus. Dadurch wird die Organisation, der Bestand wie auch die Regeneration unseres Organismus gewährleistet und sichergestellt.

Wie heutige Messungen exakt dokumentieren, können die inneren Schwingungen von äußeren beeinflusst werden. Es kommt zu Veränderungen und Anpassungen im Sinne wechselseitiger Resonanz.

Wir alle wissen auch, wie wir zum Beispiel durch die bewusste Modulation unseres Atemrhythmus die Frequenz unseres Herzschlages beeinflussen können. Man spricht hierbei von einer gesunden dynamischen Resonanz des menschlichen Organismus. Es ist die Bereitschaft und Fähigkeit, mitzuschwingen.

Krankheit definiert sich auch als Verlust dieser rhythmischen Schwingungsfähigkeit. So kann man zum Beispiel Schlafstörungen auch als (krankhafte und krankmachende) Veränderung des natürlichen Ablaufs (Rhythmus) von Tiefschlaf und Traumphasen deuten. Die Traumphasen sind auch unter dem Namen REM-Phasen bekannt. Äußere Faktoren wie berufsbedingte Schichtarbeit können zu dieser Strukturveränderung erheblich beitragen. Der jedem bekannte *Jetlag* nach Langzeitflügen über Zeitzonen hinweg verursacht zum Beispiel eine solche Veränderung. Diese Umstellung ist zum Glück nach einer gewissen Zeit abgeschlossen, bei Dauerverschiebung von Tag und Nacht im beruflichen Alltag allerdings *nicht.* Im Gegenteil – sie kann chronisch werden.

Über äußere Faktoren, die unser Wohlbefinden empfindlich stören und nachteilig beeinflussen können, werden wir im Kapitel: »Das Feld, welches uns krank macht« nachdenken. Hier nur soviel: *Klang- und Schwingungsarbeit* kann durch heilsame Schwingungen *von außen* unsere *innere* Harmonie positiv stärken. Entspannung und meditative Ruhe können in der Folge in unserem Körperhaus Einzug halten. Auch unsere Gehirnströme und -wellen können in Einklang gehen und sich »beruhigen«.

In der Fachliteratur werden die *Frequenzen der Gehirnwellen* wie folgt definiert (27):

Bereich	Frequenz	Signatur
Delta	0,1-3 Hz	Tiefschlaf, Hypnose, Wachtraum *Evtl. erhöhte Immuntätigkeit*
Theta	3-8 Hz	unter anderem tiefe Entspannung, Meditation *Erhöhte Konzentration und Kreativität*
Alpha	8-12 Hz	Leichte Entspannung, nach innen »hören« *Erhöhte Erinnerung und Lernfähigkeit*
Beta	12-18 Hz >18 Hz	Entspannt und aufmerksam (nach außen) *Gute Aufnahmefähigkeit + Intelligenzleistung*
Gamma	40 Hz	Anspruchsvolle Tätigkeiten mit gesteigertem Informationsfluss

Die Gehirnströme selbst sind eng mit der chemischen Aktivität der Botenstoffe im Gehirn gekoppelt. Und hier liegt wahrscheinlich auch eine Schnittstelle zwischen organisch-neurophysiologischen Abläufen und seelischen Phänomenen, die durch Klang- und Schwingungsarbeit aktiviert werden. Innen und Außen geht in Resonanz und schwingt sich aufeinander ein.

Kommen wir an dieser Stelle zu einem großen Organismus, der (wie jeder lebende Körper) durch äußere Einwirkungen empfindlich beeinträchtigt werden kann. Gemeint ist unsere große Mutter, *Mutter Erde*. Auch sie schwingt in einer eigenen und einzigartigen Frequenz, wie alle belebten und unbelebten Körper.

Bei ihr bilden elektromagnetische Wellen einer bestimmten Frequenz mit ihrem Umfang sogenannte stehende Wellen. Durch Blitze und ähnliche Vorgänge werden in der Atmosphäre sogenannte *Spherics* (elektromagnetische Wellen) ausgesendet. Dabei fungiert der Raum zwischen Erde und Ionosphäre meist als Hohlraum*resonator*. Die weltweite Gewittertätigkeit sorgt für die Energie zur niederfrequenten Anregung, zur Bildung stehender Wellen, den sogenannten *Schumann-Wellen* (entdeckt 1952 vom deutschen Physiker Otto Schumann).

Als Schumann-Resonanzen werden diejenigen Frequenzen bezeichnet, bei denen die Wellenlänge der elektromagnetischen Schwingung in dem Hohlleiter zwischen Erdoberfläche und Ionosphäre einen ganzzahligen Teil des Erdumfangs darstellen.

Klingt schwierig, ist es aber nicht: Bei einem durchschnittlichen Erdumfang von 39985,427 km und einer Ausbreitungsgeschwindigkeit von 299792,458 Metern pro Sekunde ergibt sich als Divisor eine Schumann-Resonanz-Frequenz von circa 7,5 Hz. Durch gegenseitige Verstärkung oder auch Auslöschen rund um den Erdball ergibt sich ein durchschnittlicher Wert der Grundwelle von 7,8 Hz. In dieser Frequenz liegt das stärkste Signal vor.

Der Arzt Herbert König errechnete in seinen wissenschaftlichen Studien den exakten Wert auf 7,83 Hz. Ihm verdanken wir auch die Erkenntnis, dass Erde und Gehirn gleichartige Resonanzfrequenzen haben. Diese Frequenz entspricht der fundamentalen Gehirnfrequenz der meisten Säugetiere. Beim Menschen liegt die Frequenz von 7,83 Hz an der unteren Grenze des Alpha-Bereiches, dem Bereich zwischen Wachen und Schlafen.

Symbolisch gesprochen, können wir das Einschwingen mit der Schumann-Resonanz-Frequenz in der Klangarbeit folglich als gleichzeitiges Beruhigen und Aufwecken des Gehirns betrachten.

Im Kapitel »Alles auf einen Blick: Übersicht der Planetenfrequenzen« können wir die Bandbreite der Schumann-Resonanz-Frequenzen einsehen. Auch bei einer Oktavierung (Vervielfachung) dieser Frequenz bis 300 Hz liegen Schumann-Resonanz-Frequenzen vor (internationale Abkürzung = ELT).

Neueste wissenschaftliche Untersuchungen (unter anderem an der Ungarischen Akademie der Wissenschaften) kommen übrigens zu der Feststellung, dass die von Herbert König in den fünfziger Jahren gemessene Schumann Resonanz-Frequenz von 7,83 Hz (auch bedingt durch Faktoren wie unter anderem die

Erderwärmung) schon über viele Monate des Kalenderjahres die Grenze von 8 Hz überschreitet (und vereinzelt bereits höher).

Was bedeutet dies?

Ab der Grenze von 8 Hz entfällt der eher einschläfernde Aspekt des Theta-Zustandes (< 8 Hz). Der bewusstseinserweiternde Faktor der Schumann-Resonanz-Frequenz könnte sich dann in der Folge im Alpha-Bereich entfalten, ohne jegliche Abschwächung durch Theta-Wellen.

Fest steht: Tiere und Menschen sind Kinder der Erde. Im Verlauf der Evolution haben sich deren Gehirnfrequenzen den natürlichen Schwingungen und Gegebenheiten ihres jeweiligen Lebensraumes angepasst. Einige Forscher meinen zudem, dass die *fundamentale* Gehirnfrequenz vieler Säugetiere auf dem Level der Schumann-Resonanz-Frequenz ein Indiz dafür sein könnte, dass sie gegenüber dem Menschen, dessen Frequenzspektrum weit größer ist, einen *geringeren* Bewusstseinsgrad haben. Umgekehrt formuliert deuten viele Faktoren darauf hin, dass wir auf ein *Zeitalter mit der Chance zu höherer Bewusstheit* hinsteuern.

Nicht aus eigenem Antrieb oder weil die Menschheit aus der Geschichte lernt und bewusster wird. Nein, diese Erweiterung wird gesteuert durch die sukzessive Anhebung der natürlichen Eigenfrequenz von Mutter Erde.

Aber bekanntlich führen ja viele Wege nach Rom, und die Frage, ob zuerst das Ei oder die Henne da war, ist ebenso überflüssig wie im Falle der Schumann-Resonanz-Frequenz-Anhebung die Frage, ob die Bewusstheit zuerst da war. Hauptsache: Wir werden bewusst(er).

Das schöpferische Universum (26), der kosmische Masterplan, wird sich das Richtige für die Weiterentwicklung erdacht haben, was wir bislang nur erahnen können.

4) Von äußeren Rhythmen und inneren Uhren

Alle, ja wirklich alle Funktionen in unserem Organismus werden durch Schwingung, Zyklus, Rhythmus oder Periodik definiert. Wie innen – so außen, wie oben – so unten, Mikrokosmos = Makrokosmos, was oben schwingt, schwingt unten mit und auch umgekehrt. Hinter diesen wenigen Sätzen jahrtausendealter Weisheit verbirgt sich ein ganzer Kosmos an Wahrheit, *wie Leben funktioniert.*

In der Quintessenz hieraus könnte man auch vermuten, dass der äußere Rhythmus allen Lebens auch seine Entsprechung im Innern des Menschen haben muss, denn es gilt ja: *wie innen – so außen.*

Bezeichnen wir diesen inneren Rhythmus einmal als unsere innere Uhr. Schon 1628 erkannte Robert Burton, dass regelmäßige zeitliche Abläufe das Leben in der Natur ebenso steuern wie im menschlichen Körper: »Unser Körper ist wie eine Uhr; wenn ein Rädchen fehlt, gerät das Ganze durcheinander.«

Warum gibt es überhaupt biologische Uhren? Weshalb haben sie sich im Laufe der Evolution entwickelt? Das Prinzip der inneren Uhr zieht sich quer durch alle Entwicklungsstufen. Bei nahezu allen lebenden Organismen finden wir Rhythmen, die durch innere Uhren gesteuert werden, und zwar vom winzigen Einzeller bis hin zum größten lebenden Säugetier.

Beim Menschen beschäftigt sich die *Chronobiologie* mit den Aspekten von inneren Uhren, Rhythmen und Schwingungen im Körper. So wie die kosmischen Rhythmen im Großen, so spielen rhythmische Vorgänge auch *in uns* eine entscheidende Rolle.

Die Erkenntnisse der *Chronomedizin* belegen zudem ihren Einfluss auf sämtliche Krankheits- und Heilungsprozesse. Ein Ziel ist dabei, eigene Biorhythmen der Organe zu nutzen, um gewünschte Wirkungen zum Beispiel von Medikamenten zu fördern und unerwünschte zu minimieren.

Die übliche Faustregel: »Dreimal täglich einnehmen« könnte eventuell durch ihre Erkenntnisse eine *zeitgemäße* Optimierung erfahren, daher wird sie auch von der Pharma-Industrie unterstützt.

Zurück zur inneren Uhr: Vom kleinsten Einzeller bis zum größten Säugetier - bei fast allen lebenden Organismen finden sich Rhythmen, die durch einen inneren Zeitmesser gesteuert werden. Das Prinzip der inneren Uhr zieht sich quer durch alle Entwicklungsstufen. Doch warum? Weshalb folgen fast alle Lebensäußerungen einem zyklischen Ablauf?

Die Erde als Lebensraum von Pflanzen und Tieren ist durch eine Vielzahl von natürlichen Rhythmen geprägt: Weil unser Planet sich um sich selbst dreht, gibt es den Wechsel von Tag und Nacht - einen der wichtigsten Zeitgeber unserer Umwelt.

William Schwartz, Professor der Neurologie an der University of Massachusetts, formuliert es so: »Alle biologischen Uhren sind Anpassungen an eine sich drehende Welt.«

Gleichzeitig kreist die Erde aber auch um die Sonne, und aus ihrer elliptischen Bahn und der Neigung der Erdachse zu dieser Bahn folgen die Jahreszeiten. Auch der Mond produziert seine eigenen Rhythmen. Seine Schwerkraft lässt alle 12,4 Stunden die Gezeiten des Meeres wechseln … (28)

Die kosmischen Gesetze sind zeitlos. Sie gelten von Ewigkeit zu Ewigkeit. Beim hermetischen Gesetz: »Wie innen - so außen« bedeutet dies sinngemäß: Im Laufe der Evolution der Natur, aller Lebewesen und auch des Menschen haben sich die *äußeren* Reize und Rhythmen immer in Resonanz zum *Innen*leben aller Existenz begeben. Ja, wir können sagen: Sie schwingen seit Urzeiten im selben Rhythmus – »Innen, wie Außen – Oben, wie Unten«

So verwundert es nicht wirklich, dass sämtliche äußeren Rhythmen und Schwingungen »Zwillingsgeschwister« im Menschen haben und diese miteinander *irgendwie* in Resonanz stehen und umgekehrt genauso. (29)

Und wie tickt sie nun, unsere innere Uhr?

»Lichtreize von außen, Uhren-Gene, Proteine, Hormone – gleich eine ganze Reihe von Faktoren mischt bei der Steuerung unserer inneren Zeit mit. Die meisten Einzelkomponenten der biologischen Uhr kennen die Chronobiologen inzwischen. Sie wissen, wie sie entstehen, wohin sie im Körper strömen und wie sie aussehen. Aber wie greifen diese Komponenten ineinander?

Im Gegensatz zu künstlichen Uhren rechnen biologische Zeitmesser nicht in Sekunden oder Minuten. Sie entnehmen ihre Bezugszeit nicht dem regelmäßigen Ausschlag eines Pendels oder den Oszillationen eines Quarzkristalls. Stattdessen sind es die anschwellenden und absinkenden Konzentrationen bestimmter Stoffe in den Zellen, die die Uhren zum Ticken bringen und ihre Rhythmen synchronisieren.

Den Anstoß gibt dabei vermutlich als Erstes ein Lichtimpuls. Er wird wahrscheinlich von speziellen, nur für diesen Zweck eingesetzten Sinneszellen in der Netzhaut, den sogenannten »intrinsischen photosensitiven Ganglienzellen«, direkt an das Gehirn weitergeleitet.« (28)

Unter der Rubrik »Forschung und Technik« schreibt die Neue Zürcher Zeitung bereits am 23.10.2002 über das molekulare Uhrwerk des Menschen:

»Wie bereits seit 30 Jahren bekannt, tickt die Hauptuhr bei Säugern im Kopf: genauer im Hypothalamus an der Stelle, an der sich auf der Höhe der Nasenwurzel die Sehbahnen kreuzen.

Dieser suprachiasmatische Kern oder Nucleus suprachiasmaticus (SCN) – ein Gebiet von etwa zwei Millimetern Durchmesser – ist es, der allen rhythmischen Körperfunktionen wie Schlaf- und Wachzyklus, Körpertemperatur, Blutdruck oder Hormonausschüttung den Takt diktiert und ohne den das fein abgestimmte Auf und Ab der verschiedenen Körperfunktionen zusammenbricht.

Ein tieferer Blick ins Innere des Uhrwerks öffnete sich jedoch erst, als man bei der Taufliege Drosophila – und später auch bei Säugern – die sogenannten Uhren-Gene entdeckte. Im Lauf der letzten Jahre gelang dann der eigentliche Durchbruch: Schlag auf Schlag wurde klar, dass alle biologischen Uhren nach einem universellen molekularen Mechanismus funktionieren, der auf dem rhythmischen Aktivitätsmuster einiger weniger Gene beruht. In jeder der etwa 20.000 Zellen des suprachiasmatischen Kerns pulsiert eine solche Uhr. Es ist dieser Rhythmus der im Gleichtakt schwingenden SCN-Zellen, der alle tageszyklischen Abläufe im Körper koordiniert, die Ausschüttung des Schlafhormons Melatonin in der Zirbeldrüse ebenso wie die physiologischen Rhythmen von Leber, Nieren und Lungen«.

Heutige biorhythmische Forschungen kommen übrigens zu ähnlichen bis identischen Ergebnissen wie die »Vor-Denker« zum Beispiel in der Traditionellen Chinesischen Medizin (TCM). Sie erkannten schon lange vor unserer Zeit, dass die einzelnen menschlichen Organe einem Versorgungsrhythmus unterliegen. Den Zeitabschnitt, in denen das jeweilige Organ auf Hochtouren arbeitet und mit maximaler Energie versorgt wird, nannten sie *Maximalzeiten.*

Hier ein Blick auf eine sogenannte *Organuhr* mit den *Maximalzeiten* der entsprechenden Organe und Funktionen:

Aus Beschwerden in bestimmten Körperregionen zu bestimmten Zeiten lassen sich aus der Maximalzeitenbestimmung Rückschlüsse auf das verursachende Organ ziehen. In der Sommerzeit bitte die vorgestellte Zeit abziehen:

03.00-05.00 Uhr - Maximalzeit der Lunge
05.00-07.00 Uhr - Maximalzeit des Dickdarmes
07.00-09.00 Uhr - Maximalzeit des Magens
09.00-11.00 Uhr - Maximalzeit der Milz/Pankreas
11.00-13.00 Uhr - Maximalzeit des Herzens
13.00-15.00 Uhr - Maximalzeit des Dünndarms
15.00-17.00 Uhr - Maximalzeit der Blase
17.00-19.00 Uhr - Maximalzeit der Nieren

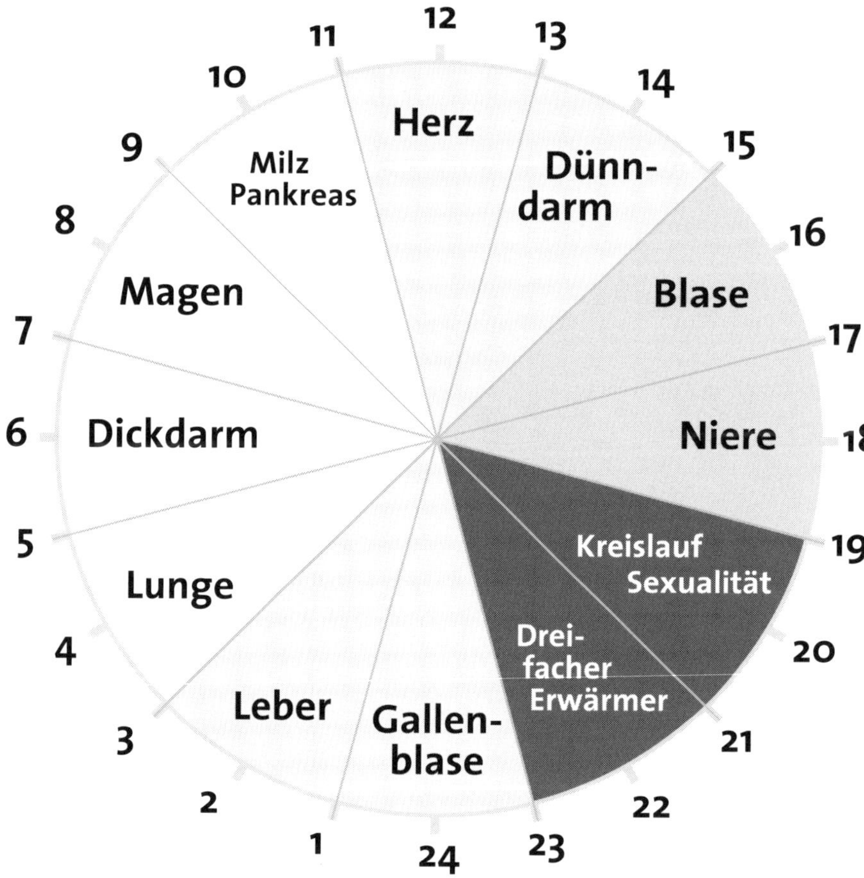

19.00-21.00 Uhr - Maximalzeit des Kreislaufs
21.00-23.00 Uhr – Dreifacher Erwärmer
23.00-01.00 Uhr - Maximalzeit der Gallenblase
01.00-03.00 Uhr - Maximalzeit der Leber

Für unsere Klangarbeit können wir aus *Organuhr* und entsprechenden *Maximalzeiten* sinnvolle Erkenntnisse für das Einschwingen mit betreffenden (oder auch bereits betroffenen) Archetypen ziehen.

Liegen Ver-Stimmungen der entsprechenden Organe in den benannten Zeiten vor, kann die entsprechende Archetypen-Schwingung dem dissonanten Bereich dabei helfen, wieder in ein harmonisches Gleichgewicht und in eine stimmige Atmosphäre (zurück-) zu gelangen.

Die ausführliche Zuordnung der Organe zu den Archetypen findet sich zudem am Ende des Kapitels »Mikrokosmos Mensch = Makrokosmos Universum«.

D

Das Geheimnis der Oktave

1) Die Oktave – das unbekannte Wesen

»Das Gesetz der Oktave ist jener Grundsatz, an welchem die Mathematik und die Musik gleichen Anteil haben, es ist jene Form, mit welcher es möglich ist, astronomische und musikalische Formeln zu verbinden, Astronomie, Mathematik und die Musik, ja auch die Farben auf einen gemeinsamen Nenner zu bringen.«

Dieses Zitat von Hermann Hesse (1877-1962) umreißt kurz und prägnant die allumfassende Bedeutung von Oktave und Oktavierung auf die Aspekte allen Lebens, ja, aller Erscheinungsformen in diesem Universum.

Obige Worte aus seinem »Glasperlenspiel« zeigen ihn als einen Dichter und Denker, der sein ganzes Leben vom Mysterium des Lebens fasziniert war. Er erhielt 1946 den Nobelpreis für Literatur.

Wie können wir uns das *Phänomen Oktave* verständlich machen?

Oktava bedeutet in der lateinischen Herkunft des Wortes *die Achte*. In der gebräuchlichsten Anwendung des Wortes, in der Musik, bezeichnet die Oktave ein Intervall, bei dem die Frequenz des tieferen zu der des höheren Tons im Verhältnis 1:2 steht.

Blicken wir auf die Tastatur eines Klavieres, so können wir beim *Grundton C* die Oktave nach »oben« ebenso erkennen wie »unten«.

Ebenso den Oktavraum zwischen beiden Grundtönen von *acht* Tonstufen, der Zahl also, die der Oktave (»die achte«) ursprünglich ihren Namen gab. Dieser Oktavraum umfasst also in unserem Beispiel des *Grundtones C* die acht Tonstufen c, d, e, f, g, a, h, c mit sieben Tonschritten von c zu c.

Diese beiden Töne im Abstand einer Oktave erscheinen für unser menschliches Gehör sehr ähnlich. Dadurch ist die Oktave das *konsonanteste* (von lat. *consonare* = miteinander klingen) Intervall nach der Prime (= »Eintonschritt«), es klingt nahezu wie ein Ein-Klang.

Der Grund für die Konsonanz der Oktavenschwingung liegt in der eigentlichen Tonerzeugung selbst begründet: Der 1. Oberton des Grundtons hat genau dieselbe Frequenz wie der nach oben oktavierte Grundton. Oktavieren bedeutet immer: eine Frequenz verdoppeln (oder auch halbieren).

Die Besonderheit der Oktave im Unterschied zu anderen Intervallen: Sie behält immer in allen temperierten Stimmungen das exakte Frequenzverhältnis von 1:2 bei (Ausnahme: Das Klavier oder ein anderes Musikinstrument ist vollkommen verstimmt). Der Begriff Oktave wird übrigens in dieser Bedeutung als

Frequenzverhältnis 1:2 unter anderem in der Physik, Hochfrequenztechnik oder Akustik verwendet.

Aufgrund ihrer logischen Bedeutung bildet die Oktave in fast allen Musikkulturen der Welt ein wesentliches Grundintervall, welches das Grundgerüst für sämtliche Tonleitern bildet.

In unserem abendländischen Tonsystem erstrecken sich diese Tonleitern zunächst über einen Oktavraum und wiederholen sich im Oktavabstand (deutlich ersichtlich zum Beispiel auf der Klaviertastatur).

Alle kennen und schätzen die wohltuende und harmonische Wirkung der Oktave mehr oder weniger unbewusst aus der Musik. Dieses Wissen um die beglückende Wirkung der Oktave ist offensichtlich schon (wie so viel Sinnvolles) uralt. So lautet eine Inschrift an den Kapitellen der Abteikirche zu Cluny in Frankreich:

»*Octavus sanctos omnes docet esse beatos.*«
»Die Oktave lehrt alle Heiligen, glückselig zu sein.«

In der Klangarbeit mit Planetenschwingungen werden wir häufig dem Begriff der *Kosmischen Oktave* begegnen. In der Neuzeit stehen die genialen Berechnungen von Hans Cousto als Synonym für die Erweiterung des Begriffes Oktave auf den Kosmos und die Planetenschwingung.

Zum Abschluss dieses Kapitels, welches den Begriff *Oktave* in unser gemeinsames Verständnis integrieren wollte, an dieser Stelle Hans Coustos Definition hierzu: »*Oktave* (lat. Octava, die Achte). Die Oktave ist die *achte* Stufe einer Tonleiter in diatonischer Folge, die mit demselben Tonbuchstaben bezeichnet wird wie der Ausgangston. ... Physikalisch ist die aufsteigende Oktave der erste Oberton eines Grundtones und hat die doppelte Frequenz des Grundtones. Die absteigende Oktave eines Grundtones hat die halbe Frequenz des Grundtones. *Oktavieren heißt eine Frequenz verdoppeln oder halbieren*«. (30)

2) Mensch-Sein im Spektrum der Oktave

»Hier bin ich Mensch, hier darf ich´s sein.«

In Anlehnung an dieses berühmte Zitat aus Goethes Faust (Vers 940 - Osterspaziergang) können wir unsere menschliche Wahrnehmung in der Bandbreite der Schwingungen als glückliche Fügung der Evolution begreifen. Nehmen wir noch eine Prise der Cluny-Inschrift: *Octavus sanctos omnes docet esse beatos (= Die Oktave lehrt alle Heiligen, glückselig zu sein)* hinzu, dann ebnen wir den Erkenntnisweg zum glücklichen *Mensch-Sein im Spektrum der Oktave:* »Bei keiner anderen Proportion fällt Musikalisches und Universales, Physikalisches und Spirituelles, Künstlerisches und Mathematisches auf so wunderbare Weise zusammen wie bei der Oktave«. Joachim-Ernst Berendt (32)

Was hat sich das kosmische Bewusstsein wohl dabei gedacht, als es den durchschnittlichen menschlichen Hörbereich mit *zehn* Oktaven (von 16 bis ca. 16.400 Hz, also vom tiefen bis zu einem sehr hohen Ton C) fünfmal so umfangreich ausstattete wie den Sehbereich mit »nur« *zwei* Oktaven? Wir wissen es nicht, wir können es nur erahnen. Und wahr-nehmen. Was wir aber in Zeiten des Kommunikationszeitalters bis zur Übersättigung *sehen* können, ist eine permanente Reizüberflutung des Auges.

»Die Entfaltung der Augenkultur - die stetig wachsende Dominanz (ein Wort, das Herrschaft bedeutet) des Sehens und des Sichtbaren - hat unser Leben entspiritualisiert. Sie läuft parallel mit der Entwicklung zu Rationalismus und Materialismus. ... Jahrhundertelang haben wir das Ohr nur noch als ›Zulieferorgan‹ für das Auge benutzt. Aber das Hören ... ist der spirituellste unserer Sinne.« Joachim-Ernst Berendt (33)

Umkehrschluss: Wenn wir uns in der Klangarbeit dieses Zitat von Joachim-Ernst Berendt als *Chance und nicht als Problem* zu Eigen machen, dann eröffnen sich ungeahnte Perspektiven für unser spirituelles Wachstum. Denn mittels archetypischer Schwingung können wir unser gesamtes Körperuniversum zur Wahrnehmung stimulieren und in wohltuende Resonanz versetzen.

Im Hören liegt grundsätzlich eine zentrale Bedeutung für die Wahrnehmung und Bewusstwerdung des Menschen:

Die großen spirituellen Bücher der Menschheit stecken voller Höraufforderungen und Höranweisungen – die Upanischaden, der Koran, die Bibel. »Wer Ohren hat zum Hören, der höre«, sagt Jesus. Von dem Propheten Jesaja, dem »hörendsten« unter den großen Männern der Bibel, stammt das Wort ... »Höre, so wird deine Seele leben!«.....

Und in den Upanischaden steht der lapidare Satz: »Das Ohr ist der Weg« (33)

In der archetypischen Klangarbeit mit Planetenfrequenzen verwenden wir eine Vielzahl an Instrumenten und »Werkzeugen«, die wir hören können (im menschlichen Hörbereich von circa 16-16.400 Hz).

Im Kapitel »Alles auf einen Blick: Übersicht der Planetenfrequenzen« erkennen wir die Bandbreite unserer menschlichen Wahrnehmung.

An dieser Stelle einige Beobachtungen zur Signatur der entsprechenden Schwingung, wie wir ihr in der Klangarbeit in ihrer unterschiedlichen Ausprägung und Anwendung begegnen.

Dabei gilt: »Viele Wege führen nach Rom« und »Der Weg ist das Ziel«. Diese Wege werden in der Klangarbeit »von außen« auf unterschiedliche Weise betreten und gegangen: Langsam, Schritt für Schritt, oder auch schnell, wie im Galopp. In der *äußeren* Welt, in der wir heute leben, gibt es fast unzählige Vehikel und Werkzeuge, die uns bewegen und weiterbringen. Wir nennen diese Transportmittel zum Beispiel Fahrrad, Auto, Schiff, Zug, Flugzeug et cetera. Für unsere *innere* Welt gibt es ebenso eine Vielzahl an Möglichkeiten zur Schwingungserzeugung der archetypischen Planetenfrequenzen.

Dabei gilt: Wie sich in der Homöopathie verschiedene Potenzierungen unterschiedlich auswirken, so können wir auch bei der *Oktavierung von Planetenschwingungen (nach oben wie auch nach unten)* vom selben Phänomen ausgehen.

Denn nach der Gesetzmäßigkeit von *Pars pro toto* wie auch des Analogiegesetzes gelten »Regeln« überall: »Wie innen - so außen, wie oben - so unten.«

Schauen wir einmal gemeinsam hinein in diese Welt der Schwingungserzeugung auf Grundlage der archetypischen Planetenfrequenzen:

A) Planetenstimmgabeln

»... *alles* im Universum (befindet sich) in Schwingung, *alles* hat eine Resonanzfrequenz: Beim Menschen *jeder* Knochen, *jedes* Organ und auch *jedes* Gewebe. Zusammen ergeben die einzelnen Resonanzfrequenzen eine *Gesamt*frequenz, eine Harmonie, die unsere *eigene* und ganz *persönliche* Schwingung darstellt.

Wir können sagen: wenn ein Organ oder Körperteil nicht mehr in der »richtigen« Frequenz schwingt, so liegt eine Blockade oder Krankheit vor. Durch das Aufsetzen der entsprechenden Stimmgabel werden der betroffenen Körperregion Schwingungen zugeführt. Das heißt, die Blockade wird dadurch gelindert oder gelöst, indem diese Region wieder »eingeschwungen« und die natürliche Frequenz wieder hergestellt wird«. (35)

Die Frequenzen der Planeten-Stimmgabeln befinden sich zwischen 126,22 und 256 Hertz (nach Coustos Berechnungen) und somit allesamt im für den Menschen hörbaren Bereich. Wer die schwingende Planetenstimmgabel ans Ohr hält, der kann sie auch hören.

Warum werden Planetenstimmgabeln in diesem Frequenzbereich gefertigt, obwohl der Mensch doch insgesamt circa zehn Oktaven hören kann (Frequenz zwischen ungefähr 16 bis 16.400 Hertz)? Denkbar wären doch auch Oktavierungen nach oben wie unten, wie zum Beispiel beim Sonnenton 504,88 Hz (= doppelte Oktavierung von 126,22 Hz nach oben)?

Eine plausible Antwort liegt in der sinnvollen Kombination aus Schwingungsdauer und Größe der Stimmgabel, die in diesem Frequenzbereich (also 126,22 bis 256 Hz) „stimmig" miteinander harmonieren. Denn je höher die Frequenz, umso kürzer ist die entsprechende Stimmgabel und damit auch die Schwingungsdauer.

Eine Oktavierung nach unten würde die Stimmgabel (zum Beispiel aus Stahl) unhandlich lang werden lassen.

Erstes Fazit zur Verwendung von Planetenstimmgabeln: Die Schwingungen der Planetenstimmgabeln sind so sanft wie das Streicheln einer anmutig weichen Feder. *Diese Schwingungen können sie punktgenau zur entsprechenden Körperregion leiten, um dieser dabei zu helfen, aus der Ver-Stimmung heraus zurückzufinden in eine harmonische Balance von Körper, Geist und Seele. Sie aktivieren den inneren Heiler und unsere Selbstaktivierungskräfte, ihre Schwingung ist wohltuend und sanftmütig.*

Übrigens: Planetenstimmgabeln liefern zu jedem Zeitpunkt die exakt definierte Schwingung (zum Beispiel im Vergleich zu Klangschalen oder Gongs). Das macht sie einzigartig.

B) Unhörbare Planetenfrequenzen

Wahrnehmung findet aber nicht nur im hörbaren Bereich statt. Wahre Schätze schlummern auch in folgenden Frequenzbereichen: Die Oktavierung dieser hörbaren Planetenfrequenzen nach unten führt automatisch in den (noch hörbaren) Beta-Bereich (16-32 Hz), in den Alpha-Bereich (8-16 Hz), darunter in Theta- (4-8 Hz) und Deltawellen-Bereich (ca. 0,5-4 Hz).

Nach dem Gesetz der Oktave fließen die Schwingungen im hörbaren Bereich (zusätzlich!) über die Ohren in unser Körperland ein. Aber auch in dem für das Gehör nicht mehr wahrnehmbaren Bereich werden wir von dieser Schwingung geflutet, auch in Wellenbereichen, in denen ebenso harmonische Lebenswerte wie *Tiefen-Entspannung, Vertrauen und Urvertrauen, Zuversicht, Geborgenheit, tief empfundener Friede, Glückseligkeit und Liebe* zu Hause sind. (36)

C) Klangschalen in Planetenfrequenzen

Die Klangschalen, die wir heute einsetzen, werden im Allgemeinen aus Metalllegierungen hergestellt. Wenn wir uns ganz rein und wahrhaftig in der Analogiekette der Archetypen bewegen, dann verdient auch die Zuordnung der genutzten Metalle zum entsprechenden Planeten/Archetyp Beachtung: *Mars = Eisen, Venus*

= *Kupfer, Merkur = Zink, Mond = Silber, Sonne = Gold, Jupiter = Zinn, Saturn = Blei, Uranus = Mangan, Neptun = Aluminium. Pluto* (= Hades, der Gott der Unterwelt) beheimatet alle obengenannten Metalle.

Grundsätzlich enthalten Klangschalen nahezu alle Metalle, die es überhaupt gibt, nur eben in zum Teil minimalen Konzentrationen. Die Zuweisung zu den Archetypen/Planeten ist vielleicht auch auf wenige Metalle reduziert, da bei der Entstehung dieser Lehre erst wenige bekannt waren.

Auch Klangschalen aus Quarzglas finden Verwendung, vereinzelt auch Klangschalen aus dem Erdelement Ton.

Die Bandbreite der Anwendung reicht von Entspannung im Wellness-Bereich bis zum gezielten therapeutischen Ansatz zur Aktivierung der Selbstheilungskräfte und des inneren Heilers des Menschen.

Der grundsätzliche Klang der Planetenklangschalen ist sanft und fein. Entscheidend ist natürlich neben Beschaffenheit, Gewicht, Material, Oberfläche (von Schale wie auch Schlegel) die Spielweise: Jedenfalls kann eine schwingende Klangschale außer dem Grundton zahlreiche Obertöne hervorbringen, die auch der Laie klar voneinander unterscheiden kann.

Obertöne werden ja bekanntlich im Englischen *harmonics* genannt, ein lautmalerischer Verweis auf die innere harmonikale Struktur eines Tones. Leise und kaum wahrnehmbar schwingen im Tonraum oberhalb des Grundtones Teiltöne mit, die sogenannten *Obertöne.*

Bei verschiedenen Instrumenten (oder auch der menschlichen Stimme) sorgt das Mischungsverhältnis dieser Obertöne wie auch ihre individuelle Betonung und Struktur für das Wesen und den Charakter; dadurch werden die Instrumente oder Stimmen einzigartig und unverwechselbar. Aus diesem Grund klingt eine Posaune bei derselben Tonhöhe ganz anders als eine Geige, ein elektronisch erzeugter Ton (ohne Obertöne) klingt dagegen leblos und fad.

D) Gongs in Planetenfrequenzen

Im Vergleich zur Power von Gongs mutet die Intensität von Stimmgabeln und Klangschalen an wie ein milder Luftzug. »Der Gong ist urgewaltig, der Gong ist Sturm, Gewitter, er überschwemmt nahezu.« Otto-Heinrich Silber (37)

Je nach Spielweise kann natürlich auch ein Gong leise und sanft erklingen. Aufgrund seiner Klangfülle lädt er zum kräftigen Spiel geradezu ein.

Um einen Archetyp dominant einzuschwingen, bietet sich der planetarische Gong an. Das ist wie ein fulminantes Klangbad in dieser archetypischen Planetenschwingung. Dabei ist es aber kein monotones Einerlei, das vom Gong ausgeht. Im Gegenteil: In der Vielzahl seiner Ausdrucksmöglichkeiten vereint der Gong verschiedene andere Instrumente (wie Klangschale, Stimmgabel et cetera) in sich. Wer einmal ein Gongkonzert eines Profis erleben durfte, der ist tief beeindruckt von der magischen Qualität der Schwingungsdichte.

»Der unmittelbare Übergang von der körperlichen zur emotionalen, seelischen Wirkung ist beim Gong noch direkter als bei anderen Instrumenten. Das von ihm hervorgerufene Spektrum von Empfindungen ist gewaltig.« Otto-Heinrich Silber (37)

E) Monochords, in Planetenfrequenzen gestimmt

Heute gebräuchliche Monochords verwenden bis zu 60 Saiten. Der Autor dieses Buches setzt die Sounds des Monochords gerne zu Meditationen zur »Schwingung der Archetypen« ein. Sie schaffen einen tragfähigen Nährboden für die weitere Bearbeitung des entsprechenden Urprinzipes in Theorie und Praxis. Sie schwingen direkt auf den jeweiligen Archetyp ein und die Resonanz darauf ist für den Einzelnen wahrhaftiger als tausend Worte.

Das Monochord selbst ist ein archaisches Instrument. Zarte Überlagerungen, eine Fülle an Obertönen und weiche, einem sanften Windhauch ähnelnde Klänge geben dem Monochord sein unvergleichliches Wesen. Der darauf Liegende wird vom Klang umhüllt. Tiefenentspannung, das Öffnen tieferer Ebenen des Bewusstseins oder auch Lockerung der Muskulatur können geschehen.

F) Musikinstrumente, in Planetentönen gestimmt

Je nach Musikinstrument gelangen grazile bis kräftige Schwingungen an das Gehör beziehungsweise den gesamten Körper vom Sender zum Empfänger.

Saiteninstrumente können auf entsprechende Planetenfrequenzen eingetunt werden, bei archaischen Instrumenten wie dem Didgeridoo liegt es in der Kunst des Spielers, das entsprechende archetypische Feld der Schwingung zu treffen. Es ist schwer, aber nicht unmöglich.

Auch die menschliche Stimme kann so moduliert werden, dass zum Beispiel beim Obertongesang archetypische Schwingungen, die den Planetenfrequenzen entsprechen, entstehen.

Beobachtung: Die Schwingungen von äußeren »Instrumenten«, die *nicht* direkt auf den menschlichen Körper aufgesetzt werden, sorgen doch ebenfalls für eine innere Vibration. Das ist auch kein Wunder, wenn man bedenkt, dass der Mensch selbst zu siebzig Prozent aus Wasser besteht und Wasser selbst der beste Leiter von Schallwellen ist.

Wichtig: Die Grenzen hierbei sind immer fließend. Wir beschäftigen uns bei Schwingungen aller Art und archetypischer Schwingung im Besonderen mit Fluxus, mit Fließen, mit Wellenbewegung, *bei der der Mensch mehr oder weniger selbst zum Klangkörper wird.* Wir schwingen mit, der Spieler ebenso wie der Zuhörer, der Klient wie auch der Therapeut.

Aufgrund unserer individuellen Resonanzen (jeder Mensch ist ein Individuum) können dieselben Stimmgabeln, Klangschalen, Gongs, Monochords, Didgeridoos unterschiedlich schwingen und klingen. Denn es gilt: Alles steht mit allem stets in Verbindung. Grenzen gibt es nicht wirklich, höchstens in den Köpfen der Menschen selbst.

Auch die Obertonreihe endet erst in der Unendlichkeit, auch wenn die Intervallabstände mit zunehmender Tonhöhe immer minimaler werden. Hier reicht sich die nüchterne physikalische Einschätzung die Hand mit der spirituellen Betrachtung von Oktavierung und Obertönen. Hierin liegt sicher auch ein Ansatzpunkt der Erklärung, warum sich Mystiker aller Zeiten mit obertonreicher Musik und der Oktave intensiv beschäftigt haben. So können wir das biblische Bild der Jakobsleiter als Symbol für die unendliche kosmische Oktave verstehen, die als Treppe von der Erde in den Himmel führt.

3) Die kosmische Oktave

»Die *Kosmische Oktave* ist der äußere Ausdruck innerer Zusammenhänge und tiefer Einsicht. Die *Kosmische Oktave* ist eine Technik, um sich das Seiende und die damit verwobenen harmonikalen Strukturen anzuhören und zu vergegenwärtigen.

In dem Buch ›Die Kosmische Oktave‹ werden die physikalischen, harmonikalen und musikalischen Aspekte der kosmischen Oktaven erklärt sowie ein paar Möglichkeiten aufgezeigt, dieselben zur Stimmung der eigenen Resonanz zu nutzen. Es ist eine Methode, sich harmonisch in den Weltenklang einzustimmen.«

So schreibt Hans Cousto selbst in seinem Vorwort zum 1984 erschienen Buch »Die Kosmische Oktave«.

Das Einzigartige und Evolutionäre seiner Berechnungen liegt unter anderem in der detaillierten und nachvollziehbaren Herleitung der astronomischen Beobachtungsdaten, der Rhythmen und Stimmtöne von Erde, Mond, Planeten und den daraus resultierenden Frequenzen. Wie er selbst im abschließenden Satz des Vorwortes schreibt, kann dies wie ein Credo für jegliche Klangarbeit mit Planetentönen betrachtet werden:

»Die *Kosmische Oktave* ist der Weg zum universellen Einklang.«

Der Autor dieses Buches sieht in Coustos Grundlagenwerk einen wichtigen Impuls für eine Heilungskultur durch Schwingung; mehr noch: Es ist ein Meilenstein. Seit Erscheinen seines Buches hat sich viel bewegt! Die Saat kann ja bekanntlich erst aufgehen, wenn sie zuvor angesät wurde. Das hat Cousto getan. Er hat den Boden geebnet und ausgestreut. In den letzten Jahren schießen nun allerorts schwingende Sprösslinge empor und diese Entwicklung wird sich voraussichtlich in den nächsten Jahren exponentiell fortsetzen. So wird zum Beispiel mit diesem Buch, »Die Schwingung der Archetypen«, ein weiteres Basiswerk zur individuellen Klangarbeit auf urprinzipieller Grundlage vorgelegt.

Wir wird nun eigentlich die Planeten-Schwingung errechnet?

Am Beispiel unseres Heimatplaneten Erde kann jeder Schritt für Schritt nachvollziehen, wie unkompliziert letztlich das Errechnen der entsprechenden Planetenfrequenz nach Hans Cousto ist, hier gilt die *pars-pro-toto*-Gesetzmäßigkeit. Soll heißen: Was für die Erde gilt, gilt auch für andere Himmelskörper.

»Und so einfach geht das, allerdings nur, wenn man die richtigen ›Zutaten‹ nimmt.*

Schritt 1: Zeitdauer der Periode bestimmen.
Schwingungsperiode = 1 Tag (= 24 Stunden), das ist die Zeit, in der sich die Erde einmal um die eigene Achse dreht (= Eigenrotation).
24 Stunden entsprechen 86.400 Sekunden (= 24 x 60 x 60)

Schritt 2: Frequenz der Erde errechnen
Die *Frequenz* errechnet sich aus dem *Kehrwert* der Periodendauer in Sekunden nach der allgemeingültigen Formel:

$$\frac{\text{Frequenz (Hz)} = 1 \text{ (geteilt durch)}}{\text{Zeitdauer der Periode in Sekunden (sec)}}$$

Auf unsere Erde angewendet geht das so:

$$\mathbf{\frac{1}{86.400}}$$

Das ergibt eine Frequenz von **0,000.011.574.074 Hertz.**
Diese Frequenz ist für das menschliche Ohr vollkommen »unhörbar«.

Schritt 3: Das Oktavieren dieser Erdfrequenz in den hörbaren Bereich.

Lassen wir Hans Cousto selbst zu Wort kommen: »Jetzt muss diese Frequenz (von 0,000.011.574.074 Hertz) so oft mit 2 multipliziert werden, bis man in den hörbaren Bereich, der etwa bei etwa bei 16 Hz anfängt, gelangt, und schon hat man den analogen Ton zum Erdenton. Dies ist der Ton G, der im klassischen fünfzeiligen Notensystem vom Violinschlüssel angezeigt wird.«

Nach 24-maligem Oktavieren der »Basisfrequenz »von 0,000.011.574.074 Hertz erhalten wir die Frequenz 194,18 Hz, den Ton G, nach klassischer musikalischer Definition: den *Tageston*.

In *einem* Satz zusammengefasst können wir sagen: Der Ton G mit 194,18 Hertz ist nichts anderes als die 24. Oktave des Erdentages.

Interessant zu erwähnen: der Violinschlüssel zeigt in unserem fünfteiligen Notensystem ein G an, weshalb er auch G-Schlüssel genannt wird. *Violinschlüssel* heißt im Französischen übrigens *clef de sol:* »unser« Ton G heißt im französischen Sprachgebrauch *sol, le sol* (franz.) heißt im Deutschen *der Boden,* und

* Die folgende Gebrauchsanweisung entstammt sinngemäß einem Grundlagenwerk zur Phonophorese »Die heilende Kraft der Planetenschwingungen – Vitalität aus den Ur-Prinzipien schöpfen« (Thomas Künne/Inge Schubert, München 2005)

hier ist sie wieder: die Analogie zu unserer Mutter Erde. *Le soleil* heißt *die Sonne,* sie ist der Bezugspunkt«. Und schon ergibt sich die lautmalerische Namensgebung dieser Frequenz (194,18 Hz, Ton G): Sie trägt die Bezeichnung: *Mittlerer Sonnentag*.

Die nachfolgende Liste zeigt in ihrer Aufstellung von 25 Schwingungen ein umfassendes Spektrum von »archetypischen« Frequenzen. Errechnet wurden diese wie in obigem Beispiel des Mittleren Sonnentages.

In der an den Archetypen orientierten Stimmgabelmethode nach Thomas Künne (www.schwingung-als-weg.de) hat sich diese Kombination überall erhältlicher Planetenstimmgabeln seit Langem bewährt.

Planetarische Entsprechung		***Frequenz in Hertz***	***Grundton***
Sonne	Sonnenton	126,22	H
Erde	Meistergabel	128	Cis
	Jahreston Om	136,10	Cis
	Geomagnetfeld	149,74	Dis
	Wasserstoffgamma	157,04	Dis
	Platonisches Jahr	172,06	F
	Mittlerer Sonnentag	194,18	G
	Siderischer Tag	194,71	G
	Schumann-Resonanz I	250,56	H
	Schumann-Resonanz II	256	H
Mond	Kulminationsperiode	187,61	Fis
	Synodischer Monat	210,42	Gis
	Siderischer Monat	227,43	B
	Metonischer Zyklus	229,22	B
	Mondknotenumlauf	234,16	B
	Sarosperiode	241,56	H
	Apsidenumlauf	246,04	H
Planeten	Merkur	141,27	Cis
	Venus	221,23	A
	Mars	144,72	D
	Jupiter	183,58	Fis
	Saturn	147,85	D
	Uranus	207,36	Gis
	Neptun	211,44	Gis
	Pluto	140,25	Cis

Die Reihenfolge der Planeten/Archetypen (von sonnennah zu sonnenfern) lautet: *Sonne, Merkur, Venus, Mond, Mars, Jupiter, Saturn, Uranus, Neptun und Pluto.*

Das widerspiegelnde Urprinzip, der *Mond*, ist mit sieben *Schwingungen* vertreten. Unsere Erde (mit Mond) befindet sich *zwischen* Venus und Mars. Sie, die Mutter (Erde) all unseres irdischen Lebens und unserer Verwurzelung ist kein eigentliches Urprinzip, aber der Bezugspunkt in allen Formen unserer Existenz. Wie im ptolemäischen Weltbild sehen wir die Welt und das All von der Erde aus; die Astrologie arbeitet bis heute mit geozentrischen (= ptolemäischen) Ephemeriden (frei übersetzt etwa: »Planetenfahrplan«). So ist die Erde naturgemäß Repräsentant der *Erd*töne, von denen wir neun verschiedene verwenden (»Wasserstoffgamma« ist hier mit zur Erde gerechnet, wohl wissend, dass Wasserstoff im *gesamten* Universum vorhanden ist).

4) In den Fußstapfen der kosmischen Oktave – Schwingung als Weg

Coustos Berechnungen haben sich seit Erscheinen seines Buches »Die Kosmische Oktave« im Jahre 1984 etabliert (38). Es gibt nahezu keine Planeten-Stimmgabeln oder -klangschalen und so weiter auf dem wachsenden Markt, die nicht nach seinen Frequenzen eingeschwungen sind. Letztendlich bleibt die Frequenz des entsprechenden Planeten/Archetyps aber doch eine Zahl. Weit wichtiger ist das, was wir Klangarbeiter damit anfangen.

In Anlehnung an das Bibelzitat »Am Anfang war das Wort« könnte man formulieren: »Am Anfang war die Zahl«. Diese Zahl steht für die entsprechende Schwingung und diese wiederum für den zugrundeliegenden Archetyp. Dabei dürfen wir nicht vergessen, dass vor allem die symbolische Funktion, das *Gleichnishafte*, wie es Goethe ausdrückt, immer mitschwingt (siehe auch Kapitel: *Die Symbolik erfahren: Wahr-nehmung im senkrechten Weltbild).*

Wenn wir beispielsweise den Archetyp »Venus« einschwingen, so schwingt immer auch *alles* Venusische mit. Schon allein aus diesem Grunde gehört zu einer verantwortungsvollen Klangarbeit mit Planetentönen ein solides Wissen über Archetypen, welches die einzelnen Aspekte von Venus kennt und auch damit umgehen kann. Oder wer würde schon gerne sein gemütliches Zu Hause mithilfe eines Möbelhauses einrichten wollen, welches nur drei Stühle, einen Schrank und einen Tisch anbietet? Es macht Sinn, auch hier von einem *Feld* zu sprechen, in diesem Fall von einem *venusischen Feld*.

Dasselbe gilt natürlich ebenso für das archetypische Feld *aller Archetypen/Urprinzipien.*

An dieser Stelle sollten wir schon einmal auf *Rupert Sheldrake´s Feldtheorie* (26) eingehen. Im Kapitel »Das gesunde Feld« werden wir erneut auf ihn stoßen. Vereinfacht ausgedrückt erklärt er die *Ganzheitlichkeit sich selbst organisierender* Organismen durch das Vorhandensein sogenannter *morphischer (oder morphogenetischer) Felder.* Er leitet aus seinen Beobachtungen ab, dass man diese nicht allein aus der Summe ihrer Bestandteile heraus oder aus deren Wechselwirkungen erklären kann.

Morphogenetische Felder prägen ganzheitliche Systeme, ordnen einfach alles: Atome, Moleküle, Kristalle, Zellen, Gewebe, Organe, Organismen, soziale Gemeinschaften, Ökosysteme, Planetensysteme, Sonnensysteme und Galaxien. Sie nehmen Gestalt an, entwickeln sich wie Organismen, haben ihre eigene Geschichte und ein immanentes Gedächtnis, das Sheldrake *morphische Resonanz* nennt. Immer gehören morphogenetische Felder zu einer größeren Familie, den sogenannten morphischen Feldern.

Alle Systeme werden auf allen Stufen der Komplexität strukturiert und geordnet. Sie bilden die Grundlage für die Ganzheit, die wir in der Natur beobachten, die mehr ist als die Summe ihrer Teile.

Übertragen wir einmal Sheldrakes geniale Gedanken analog dazu auf das archetypische Feld, das wir in der Klangarbeit mit Planetenschwingungen aufbauen: Wenn wir obiges Beispiel der Venus-Schwingung nochmals aufgreifen, dann wird schon an dieser Stelle deutlicher, dass wir beim Einschwingen gleichzeitig das gesamte morphisch-venusische Feld aktivieren: Wir bringen Venus *außen* mit unserer inneren Venus in Resonanz und Einklang. Wir schwingen harmonisch im venusischen Feld. Unsere mögliche innere Ver-stimmung kann sich auflösen. Und wir können aufhören, krampfhaft überwiegend im Außen zu suchen.

Hierzu eine wunderbare symbolische Geschichte über Rabia, eine Frau in Indien. Wir könnten viele Namen statt Rabia einsetzen, manche Leserin und mancher Leser vielleicht sogar den eigenen:

»In Indien gibt es eine weise Frau namens Rabia, die eines Tages auf dem Marktplatz gesehen wird, wo sie fieberhaft nach etwas zu suchen scheint. Die Leute bemerken das und fragen sie: ›Was hast du denn verloren, können wir dir irgendwie bei der Suche helfen?‹ Und sie sagt: ›Ich habe meine Nähnadel verloren.‹ Da fragen die Leute: ›Sag uns doch ungefähr, wo du sie verloren hast, dann können wir dir helfen‹. Und sie antwortet: ›Na ja, ich hab sie bei mir zu Hause verloren‹. Jetzt sind die Leute natürlich verwirrt und wollen wissen: ›Ja, wenn du sie zu Hause verloren hast, warum suchst du sie dann hier auf dem Marktplatz?‹ Da erwidert sie: ›Ich möchte euch nur einen Spiegel vorhalten: Ihr alle sucht draußen etwas, was ihr drinnen verloren habt.‹«(39)

Diese Aufmerksamkeit nach *innen* geht einher mit einer Bewusst-Werdung. Wer bewusst ist, der ist auch achtsam. Achtsam mit sich selbst und der Schöpfung um sich herum. Oder, wie es Eckhart Tolle in »Jetzt! Die Kraft der Gegenwart - Ein Leitfaden zum spirituellen Erwachen« beschreibt:

»... Je mehr Bewusstheit du in deinem Körper bringst, desto stärker wird das Immunsystem. Es ist, als würde jede Zelle erwachen und sich freuen. Der Körper liebt deine Aufmerksamkeit. Das ist eine wirksame Form der Selbstheilung. Die meisten Krankheiten schleichen sich ein, wenn du nicht im Körper präsent bist. Wenn der Meister nicht im Haus ist, machen sich dort alle möglichen zweifelhaften Figuren breit. Bist du jedoch in deinem Körper anwesend, wird der Zugang für ungewollte Gäste schwierig ...

Das Bewohnen deines Körpers schützt dich nicht durch das Errichten eines Schutzschildes, sondern es erhöht die Schwingungs-Frequenz deines gesamten Energiefeldes, so dass alles, was auf einer niedrigeren Frequenz schwingt, wie Angst, Wut, Depression und so weiter nun sozusagen in einer anderen Art von Realität existiert. Es betritt dein Bewusstseinsfeld nicht mehr, und wenn doch, brauchst du keinen Widerstand zu leisten, denn all das geht direkt durch dich hindurch«. (40)

Und von dieser spirituellen Erkenntnis ist es nicht mehr weit zu Samuel Hahnemann (1755-1843), dem Begründer und Ur-Vater der Homöopathie und seinem Credo:

Simile similibus curentur (= Ähnliches mit Ähnlichem heilen).

Seine Erkenntnis entspringt ähnlichen ganzheitlichen Gedankengut wie ein bewusster Einsatz der archetypischen Planetenfrequenzen, sei es durch Klangschalen, Stimmgabeln, Klang- und Schwingungsliege, Monochord, Gong et cetera.

Dabei zeugt auch Hahnemanns *Simile*-Gedanke von einer uralten Tradition weiser Vor-Denker. Hierzu einige Zitate:

Plato:
»Das Auge ist nicht die Sonne, aber das sonnenähnlichste Wahrnehmungswerkzeug.«

Platin:
»Nie hätte das Auge die Sonne gesehen, wenn es nicht selber sonnenhaft wäre ...«

Heraklit:
»Das Bewegte wird durch das Bewegte erkannt.«

Goethe:
»Wär´ das Aug nicht sonnenhaft, wie könnten wir das Licht erblicken?«

Diese Gleichnisse klingen logisch und plausibel.

Was aber passiert, wenn *innen* und *außen* beim Menschen vollkommen ins Ungleichgewicht geraten sind? Wenn er in der heutigen Leistungsgesellschaft fast ausschließlich auf die Welt da draußen fixiert ist? Wenn Meldungen aus der Innenwelt wie Gefühle und Emotionen entweder verdrängt oder hermetisch weggesperrt werden, weil sie den normierten Tagesablauf stören? Nun, es wird ihm gehen, wie in der symbolischen Geschichte mit Rabia angedeutet: Er wird im Außen suchen, was er im Inneren verloren hat.

Bezogen auf den Archetyp *Venus* wird er vielleicht im Außen Besitz, Materie und Immobilien ansammeln. Eventuell macht er Karriere und kann sich alles leisten, was man mit Geld kaufen kann. Kurz: Äußere Fülle, soweit das Auge blicken kann. Und innen: Häufig herrscht Leere, die Seele ist beleidigt, weil keiner auf sie hört.

Wer wie der Autor schon einmal in die Augen spirituell wacher Menschen schauen durfte, der entdeckt oft beseelte Menschen. Die Augen sind Fenster zur Seele.

Wer in die Augen so vieler moderner Menschen schaut, die sicher materiell gesehen sehr viel mehr haben als die Menschen im Osten, der blickt nicht selten ins Leere. Da ist auf den ersten Blick kein Leben, keine Seele ersichtlich.

Komisch ist das schon: Vielleicht hätten manche reiche Menschen das Kapital für viele Inkarnationen, aber sie tanzen nur um das Goldene Kalb der Materie und die Versprechungen von Werbung und Konsum.

Der beseelte Mensch hat eventuell gerade so viel, dass er in diesem Leben über die Runden kommt. Aber erscheint doch glücklicher, er glaubt an viele Inkarnationen, und er pflegt sein Seelenheil. Er weiß, dass seine Seele sein persönlichstes und wichtigstes Gut ist. Der materielle Mensch weiß meist gar nicht, dass er eine Seele hat. Viele wollen auch nichts damit zu tun haben. Was hat die Seele denn da letztendlich für eine andere Chance, als sich über Blockaden, Ungleichgewichte oder Krankheiten bemerkbar zu machen?

Die Auswirkungen kennen wir alle mehr oder weniger. Zum Verständnis kann die nachfolgende Erkenntnis beitragen. Diesem einen Satz liegt die gesamte Wahrheit der archetypischen Medizin zugrunde:

Unser Körper ist lediglich die Bühne, auf der das »Schauspiel der seelischen Zerwürfnisse« gespielt wird. Oft entwickelt es sich auch zu einem Trauerspiel.

Und hier bietet sich archetypische Klangarbeit geradezu an, um Innen und Außen (wieder) in ein harmonisches Verhältnis zu bringen, wie bei einer Waage, bei der langsam aber sicher beide Seiten wieder auf eine Ebene gelangen, ohne dass ein Teil fast sprichwörtlich »in der Luft hängt«. Dann sind wir »in der Mitte«, im wahrsten Sinne des Wortes.

Wie kann das geschehen? Durch das Einschwingen des entsprechenden Archetyps/Urprinzips verteilt sich diese Schwingung sogleich im ganzen Körperland. Die Schwingung strömt durch die einzelnen Zellen, in manchen Regionen leicht und harmonisch, in anderen vielleicht etwas zäher und dickflüssiger und in anderen gar nicht oder zumindest nicht spürbar. Es macht Sinn, das Einschwingen über das Gehör jeder körperlichen Behandlung vorauszuschicken.

Warum? Im Sinne des obigen Leitsatzes von Hahnemann »erinnert« sich unser Zellbewusstsein an die »richtige« Schwingung. Dissonanzen können sich auflösen oder zumindest harmonischer gestaltet werden. Das Hören ist hier ein schneller (und auch vertrauter) Weg nach innen.

Aus Erfahrung schließt der Autor, dass häufig schon das Einschwingen über das Gehör dabei hilft, die *innere Sehnsucht* des entsprechenden Archetyps zu erspüren und zu bearbeiten. Dazu ist es natürlich unabdingbar, dass wir als Klangarbeiter sehr genau wissen, welcher Archetyp sich hier im Defizit befindet und Hilfe braucht.

Was geschieht weiter? Nun kann es wie in der Homöopathie entweder zu einer direkten Auflösung der Blockade kommen, wie aus heiterem Himmel sozusagen. Oder die entsprechenden Körperregionen, die Hilfe brauchen, melden sich deutlicher als Form von Verstimmung oder gar Schmerzen (Erstverschlimmerung).

Auf jeden Fall: Es zeigt sich eine Reaktion!

Die Lokalisation des Problembereiches kann nun im Weiteren über die Wahrnehmung der Verstimmung ganz gezielt erfolgen.

Diese Region sowie angrenzende benachbarte Bereiche werden wir zuerst behandeln, weitere Bereiche, die wir durch unsere Intuition erspüren oder durch unser Wissen mit der Schmerzregion in Verbindung bringen können, werden mitbeobachtet. Sinnvoll ist auch die Einbeziehung der gegenüberliegenden Seite.

Beispiel: Haben wir Schmerzen am linken Knie, behandeln wir das rechte Knie ebenfalls, um einen Ausgleich im Körper zu ermöglichen, oder: das Einschwingen beider Seiten, der weniger gesunden auf die gesunde.

Durch Einschwingen der entsprechenden archetypischen Frequenz um den Schmerzpunkt herum können wir die Region ermitteln, die betroffen ist. Es ist sinnvoll, die freie Handfläche auf die Haut zu legen, und zwar in unmittelbarer Nähe der Region, die wir mit der anderen Hand (zum Beispiel mittels schwingender Stimmgabel, Klangschale et cetera) gerade behandeln. Mit der Handfläche können wir nun erspüren, ob eher ein Defizit oder eine Überenergie vorliegt. Bei Überenergie vibriert die Körperwand merklich, beim Defizit spüren wir nichts außer Leere.

Überenergie und Defizit sind die zwei Seiten derselben Medaille. Sie signalisieren immer ein Ungleichgewicht. Mittels passender archetypischer Schwingung können wir unserem inneren Heiler dabei helfen, zu einem harmonischen Gleichgewicht (zurück) zu finden. Dann dient *Schwingung als Weg.*

Genauso wie »Krankheit als Weg« (41) dabei helfen kann, uns neu zu orientieren und den für unser Leben richtigen Pfad zu zeigen. Es liegt immer an uns selbst, ob wir bereit sind, die vermeintliche Ungewissheit des Weges der vertrauten Gewissheit des Karussells vorzuziehen. Auch müssen wir selbst den ersten Schritt zur Korrektur auf unserem Weg machen. Das gilt vor allem dann, wenn wir uns auf unseren Lebensrunden irgendwie verlaufen haben oder ständig im Kreis drehen, bis uns schlecht und schwindlig wird.

Es kann ein sehr schöner und der einzig lohnende Weg in diesem Leben sein: Es ist der Weg zu unserem wahren Selbst, zu unserer inneren Bestimmung und zu einem erfüllten und harmonischen Sein. Dann gilt: »Lieber entspannt im Hier und Jetzt, als verkrampft im Wenn und Aber.« (42)

Unsere gesunde Resonanz auf die Grundbausteine aller Existenz, auf die *Schwingung der Archetypen* hilft uns dabei. Leicht und be-schwingt: *Schwingung als Weg.*

E

Die himmlischen Klänge der Planeten

1) Eine Zeitreise von Pythagoras bis Cousto

»Was Du ererbt von Deinen Vätern hast,
Erwirb es, um es zu besitzen.«

Dieses Zitat aus dem *Faust* (Johann Wolfgang von Goethe) verweist auf die zentrale Bedeutung unserer inneren Einstellung beim Verständnis der Theorie dieses Buches »Die Schwingung der Archetypen«.

Auf unserer kleinen Reise tragen wir gemeinsam viele Perlen zusammen und fädeln sie auf einem verbindenden Faden auf. Unter dem Dach dieser Kapitelgruppe *E) Die himmlischen Klänge der Planeten* sind wir an einer weiteren Nahtstelle zwischen *Innen und Außen* angelangt.

Erinnern wir uns zu Beginn dieses Kapitels an Zeiten der Menschheitsgeschichte, in denen es weder Satelliten, computergesteuerte Teleskope noch elektronische Navigationshilfen gab. Stattdessen gab es suchende und zugleich findige Menschen, die mit einfachsten Mitteln versuchten, sich in dieser Welt und dem Universum da draußen zurechtzufinden. So wurden die Sterne am Firmament mit primitiven Fernrohren erkundet. Ihre Stellung diente den Seeleuten zur Orientierung und zur Navigationshilfe, um den richtigen Weg zu finden. Sie verhinderten, dass die Suchenden mit ihren Schiffen strandeten oder an gefährlichen Klippen auf ihrem Weg zerschellten. Schon damals erkannten die Menschen: Die Sterne können uns dabei helfen, sicher im Leben voranzukommen und das ersehnte Ziel zu erreichen.

Somit ist die richtige Deutung der Sterne und Planeten seit Urzeiten eine bewährte und praktische Hilfe und die Deutung ihrer symbolischen Funktion durch die klassische Astrologie eine wirksame »Lebenshilfe«. (43)

Wer schon einmal in einer klaren Nacht mit »offenen Augen« in den unendlichen Sternenhimmel geblickt hat, der fühlt tief in seinem Innern: Die Betrachtung der unendlichen Weite des Kosmos kann einer (aufgewühlten) Seele zudem ein tiefes Gefühl von Geborgenheit und himmlischer Ruhe vermitteln.

Aus diesem Gefühl heraus und unter dem überwältigenden Eindruck dieses allumfassenden kosmischen Schauspiels ergab sich für den frühen Menschen, der ja noch kein kosmischer Analphabet war (wie die meisten unserer Zeitgenossen), irgendwann einmal der Eindruck einer überirdischen Harmonie, die alle Sinne schwingen und erklingen lässt.

Sensitiv veranlagte Personen oder Menschen in einer Phase voller Gefühlswallung mit Schmetterlingen im Bauch berichten auch darüber, dass sie diese Harmonie mit ihren »inneren Ohren« hören können, zumindest zeitweise. Für die Liebenden, die die Gegensätze von Yin und Yang zum Schmelzen bringen, weiß es der Volksmund bis heute: »Der Himmel hängt voller Geigen«.

Auch in der Liebe *zur Schöpfung, zur Natur, zu allem Lebendigen und Unlebendigen wie auch in der Eigenliebe zu uns selbst* können wir erspüren, dass vermeintliche Gegensätze eher eine Erfindung unseres (westlichen) Denkens sind.

Hinter aller Dualitäten und Polaritäten erklingt in harmonischer Schwingung der Schatz der Einheit. Auch wenn wir sie so oft nicht wahrnehmen, so ist es doch eine Tatsache. Ebenso wie wir wissen, dass die Sonne immer scheint, auch wenn sie von Wolken, Schleier oder Dunst verdeckt wird. Lassen wir den griechischen Philosophen *Platon* (427-347 vor Christus) zu Wort kommen:

*»Jede Figur und Aneinanderreihung von Zahlen und
Zusammenfügung von harmonischen Klängen und die
Übereinstimmung in den Umläufen der Gestirne - und jenes
Eine als das Analoge für alles sich Darbietende - müssen
hervorleuchtend klar werden demjenigen, der in rechter
Weise forscht.*

*Es wird aber ans Licht kommen das, was
wir sagen, wenn jemand so recht auf das Eine schauend
alles zu erlernen strebt. Dann wird nämlich ein verbindendes
Band der genannten alle ans Licht treten.«*

Sinngemäß können wir diesen Worten auch Leitthemen dieses Buches entnehmen wie »Alles ist in allem und alles steht mit allem in Verbindung« oder »Was oben schwingt, schwingt unten mit«.

Oder auch: »Das verbindende Band könnte das Gesetz der Oktave sein«.

Für uns heute lebende Menschen gehören Zahl, Mathematik und Proportion zum selbstverständlichen Allgemeinwissen. Für den antiken Menschen ermöglichte dies als Erster (zusammen mit seinen Schülern) *Pythagoras (ca. 570-480 v. Chr.)*: *Er ist der erste leuchtende Meilenstein auf unserer kleinen Zeitreise.* Mit seinem Namen verbinden die meisten heute nur noch den Lehrsatz des *Pythagoras* ($a^2 + b^2 = c^2$).

Geboren auf der Insel Samos als Sohn des Mnesarchos, eignete er sich durch ausgedehnte Reisen geistige Anregung und ein enormes Wissen an. Auch wird mit Bestimmtheit angenommen, dass er von den Babyloniern gute Kenntnisse mathematischer und astronomischer Methoden erlernt hat. Seine schnell wachsende Anhängerschaft sah in ihm einen Meister mit übermenschlichen Fähigkeiten, dem sie auch zutrauten, *Planetentöne* hören zu können.

»Das Gerüst des Sphäreneinklangs sind die Zahlen und Proportionen. Die Vorstellung über die Zahlhaftigkeit der Welt bildet die Grundidee dieser Ganzheitsschau.

Bei ihren musikalischen Forschungen mit Hilfe von Monochord- und Flötenexperimenten wie auch Versuche mit Metallplatten und Vasen entdecken die Pythagoreer die Zahlengesetze der Töne und Intervalle und gewinnen den Zauberschlüssel zum Reiche der Musik. Sie finden die Zahlen als Elemente der musikalischen Intervalle, als die Strukturglieder der Tonleiter.

Die Zahlen und Proportionen erkennen die Pythagoreer als die Bildekräfte und Operatoren der Welt. Zahlengesetze wie die Relation der Saitenlängen des Monochords bestimmen den musikalischen Wohlklang auf Erden, aber auch die Abstände und Bewegungen der Himmelskörper. Durch sie und mit Hilfe der Analogie kann Irdisches mit Himmlischem verknüpft werden ...« Hans Schavernoch (44)

Übrigens meinte Pythagoras dieses »Hören« der Planetentöne nicht symbolisch, sondern wörtlich, da durch die Planetenbewegung reale Geräusche entstehen, die für seine sensiblen Ohren wahrnehmbar sind. Und zwar in einer Art Himmelsmusik, die er mit seiner Stimme und mit antiken Musikinstrumenten nachzuahmen suchte.

Der Philosoph Aristoteles (384-322 v. Chr.) lehnte dagegen diese Hypothese der Himmelsharmonie ab. In seinem Weltbild, das er zum Beispiel in den Disziplinen Logik, Biologie, Physik, Ethik oder auch Staatslehre fundamental mitprägte, erschien ihm der Ansatz von Pythagoras suspekt. Er selbst konnte keine Planetentöne hören.

Cicero (106-43 v. Chr.), einer der wichtigsten Köpfe und Rhetoriker der römischen Kultur, konnte auch nichts hören, fand dafür aber eine für ihn und seine Zeit logische Erklärung. Er argumentierte, dass wir Menschen ähnlich *taub* seien für den Himmelsklang wie Menschen, die in der Nähe der Nilkatarakte mit ihren aufschäumenden Wassermassen leben: Durch die permanente Geräuschkulisse und die akustische Dauerberieselung wurde die Himmelsharmonie schlicht überhört.

Würde er heute leben, wäre er wahrscheinlich sehr froh, wenn er *nur* den lauten Nil hören würde.

Wie auch immer: Der deutsche Physiker und Nobelpreisträger Werner Heisenberg (1901-1976) würdigt die pythagoreischen Gesetze der harmonischen Zusammenklänge als einen der *»stärksten Impulse menschlicher Wissenschaft überhaupt«.*

Fakt ist: Trotz der Kritik von Aristoteles setzten sich die Ideen der Pythagoreer durch. Außer bei den Anhängern Platons (den Platonikern) breitete sich ihre Lehre auch bei den Stoikern aus. (45) Und: Die Impulse der pythagoreischen Lehre wirken bis heute in jeder Klangarbeit mit der Himmelsharmonie der Planetenfrequenzen. Denn in den Erkenntnissen von Pythagoras schwingt eine der Wiegen der Weltenharmonie, des wohltuenden Zusammenklangs zwischen oben und unten, innen und außen, Resonanz im gesamten Mikrokosmos und Makrokosmos. Ein Weg zur Einheit in einer Welt voller Gegensätze.

Und so wollten die Pythagoreer ihre Lehren auch ursprünglich verstanden wissen: *Als Erkenntnisweg und Heilsweg des Menschen,* als »inneren Nachvollzug der Harmonie, zur Verwandlung und Reinigung der Seele und Gewinnung des inwendigen, göttlichen Einklangs. Gott, der die Himmelskörper nach den ewigen Gesetzen der Harmonie kreisen lässt, geleitet den Menschen auf diesem Wege; darum lässt die pythagoreische Formel – Folge dem Gott! (hépou théo!) – verkünden.« (44)

Doch wie können wir uns die Zeit vor Pythagoras vorstellen? Wie erlebten die Menschen die himmlische Harmonie, wenn sie diese noch nicht in Worte fassen konnten? Nun, wahrscheinlich ebenso natürlich wie der Mensch, der schon immer beobachtete, dass ein Apfel vom Baum zum Erdboden fällt und eines Tages dazu bemerken konnte: »Das ist Gravitation.« Diese Phänomene wiederholen sich in der Geschichte der lernenden Menschheit: Am Anfang standen und stehen immer die Beobachtung und das Erspüren eines Phänomens, das ursprüngliche Erleben.

Ähnlich muss es unseren Vorfahren wohl auch vor Tausenden von Jahren ergangen sein, als sie in der dahinströmenden Lebenszeit von Lebewesen und Natur einen Kreis der Wiederholung und der Wiederkehr erkannten: Von der ersten Neugeburt des Mondes bis zu seiner nächsten Wiederauferstehung, vom Zyklus der Jahreszeiten, vom Erwachen im Frühling bis zum tiefen Schlaf im Winter. Vom Wechsel der Gezeiten am Meer, vom Wechsel vom Tag zur Nacht. Sie erkannten: Alles unterliegt einem bestimmten Rhythmus, einer übergeordneten Harmonie, auf Mutter Erde wie in den Erscheinungen am Firmament.

Das Kapitel »Von äußeren Rhythmen und inneren Uhren« zeigte ja bereits einmal mehr auf, wie *Innen und Außen* verflochten sind und zusammengehören wie die zwei Seiten derselben Medaille.

Was macht nun die Entdeckung von Pythagoras so grundlegend in der langen Geschichte der Sphärenharmonie?

Aristoteles beschreibt den Zugang der Pythagoreer als physikalisch, denn sie gehen von der Erfahrung aus, dass die schnellen Bewegungen großer Körper

(Planeten) Geräusche auf die Erde entsenden. Größere und schnellere Himmelskörper erzeugen demnach lautere Töne als kleinere und langsamere.

Sie nahmen an, dass die Tonhöhe von der Geschwindigkeit und dem Abstand zum Mittelpunkt der Welt (in ihrer Vorstellung Mutter Erde) abhing und die Abstände der Planetenbahnen die Proportionen ergeben, deren akustisches Ergebnis eine musikalische Harmonie darstellt.

Ihre Forschung war spielerisch und mathematisch fundiert zugleich, eine Fusion aus Kreativität und rationalem Zugang. Auf dem Monochord ersannen und fanden sie eine musikalische Übereinstimmung zwischen *unten* (irdisches Instrument) und oben (kosmische Harmonie der Sphären) und bewiesen damit indirekt einmal mehr das hermetische Diktum *wie oben, so unten.*

Zum besseren Verständnis an dieser Stelle noch ein Zitat zur platonischen Lehre der göttlichen Harmonie und dem Bezug zur menschlichen Seele: »*Wie kann die Seele des Menschen nach der Vorstellung Platons der himmlischen Harmonie teilhaftig werden? Warum soll sie den Weltenklang erfahren?*

Damit die eigene, aus der Ordnung gefallene Seele sich wieder in die ursprüngliche Harmonie einfügen und dadurch ihre wahre, auf Erden gesetzte Bestimmung erfüllen kann. Diese ursprüngliche Harmonie offenbart sich dem Auge in den vollkommenen Kreisbahnen der Gestirne und dem geistigen Ohr im Zusammenklang der Planetenbewegungen. Durch Schauen und geistiges Hören erwacht in der Menschenseele »die schlummernde Erinnerung an die eigene, verwandte Natur und sie trachtet, ihre durch die Einkörperung in Verwirrung geratenen Kreisläufe nach dem Vorbild des Himmels wieder zu ordnen.« Hans Schavernoch (46)

Folgen wir nun gemeinsam weiter der historischen Abfolge und fragen uns: Wie geht es nun weiter in der Historie der *Himmelsharmonie*, welche »Perlen« wurden im Laufe der Zeit ins Bewusstsein der Menschheit eingefädelt?

Wenn wir Pythagoras als den Begründer der griechischen antiken Astronomie ansehen können, dann finden wir in der Person des Astronomen, Geographen und Mathematikers

Claudius Ptolemäus (ca. 90-160 n. Chr.) einen ihrer Vollender.

Nach seinen Forschungen befindet sich die Erde fest und stationär im Mittelpunkt des Weltalls. Alle Himmelskörper inklusive der Planeten wie auch der Sonne bewegen sich auf vollkommenen Kreisbahnen um diesen Mittelpunkt. Dieses Weltbild mit der Erde als Mittelpunkt wird bis heute *Ptolemäisches Weltbild* genannt. In seiner Bahnvorhersage war es zum Beispiel dem sogenannten *Heliozentrischen Weltbild* (Sonne als Mittelpunkt) des Nikolaus Kopernikus (1473-1543) zunächst überlegen.

Natürlich können wir heute in der Hubble-Generation über diese Vorstellung der Erde als Mittelpunkt des Weltalls nur noch schmunzeln. Überhaupt nicht lustig fanden die Kirche und der Klerus astronomische Theorien, die die Erde nicht als Mittelpunkt sahen. Folge: Gegenstimmen zum *Ptolemäischen Weltbild* wurden völlig humorlos und menschenverachtend hinter dicken Mauern der Verbannung oder auf dem Scheiterhaufen zum Verstummen gebracht.

Und in einem symbolischen Sinne lebt das *Weltbild des Ptolemäus* tatsächlich bis heute weiter, denn für uns Menschen ist und bleibt die Erde der »Mittelpunkt« unseres Lebens:

Wir leben auf ihr, mit ihr und auch von ihr. Bis auf die wenigen Astronauten wird sie auch keiner zu Lebzeiten verlassen. Den gesamten Kosmos, den Himmel über uns, den sehen wir ebenfalls nur von Mutter Erde aus. Sie ist unser Heimatplanet, das Fundament unserer Verwurzelung und Bodenständigkeit.

Die Klassische Astrologie arbeitet übrigens bis heute mit dem *Ptolemäischen Weltbild*. Das kann auch überhaupt nicht anders sein, denn unser Geburtshoroskop ist bekanntlich nichts anderes als das zweidimensionale Abbild des dreidimensionalen kosmischen Planetengeschehens über unserem Geburtsort.

Ptolemäus fasste die Vorstellungen der Antike über die »Wandelsterne« in seinem Werk *Almagest* zusammen. Unsicher ist, wo er lebte. Man vermutet, dass er ein in Alexandria/Ägypten lebender Grieche war. Sicher ist jedoch, dass seine Ausführungen bis Kopernikus und auch noch danach Gültigkeit besaßen. Fest steht auch, dass er zudem eindrückliche Schriften über die *himmlische Harmonie* veröffentlicht hat, die auch Kepler kannte. Ja, dieser sah sogar in Ptolemäus einen Gleichgesinnten in Sachen *Sphärenharmonie*, dessen alte Vorstellungen er durch seine neueren und wissenschaftlich fundierten Erkenntnisse in epochalen Werken wie *Harmonices Mundi* auf eine zeitgemäße Grundlage stellen wollte.

Johannes Keplers (1571-1630) eigene Gedankenwelt wurde entscheidend von der Antike angeregt und mit geformt. Er bekannte sich zeitlebens zur pythagoreischen Tradition und übertrug seine Grundideen auf sein heliozentrisches Weltbild (das heißt: Sonne als Mittelpunkt). Seine Weltbetrachtung wurzelt ebenso tief im Geiste der Renaissance, der Wiedergeburt des antiken Geistes und ihren Gesetzen von Harmonie, Schönheit und geometrischer Symmetrie.

1619 offenbarte er mit seiner Schrift *Harmonices Mundi* sein Modell eines harmonisch geordneten Kosmos und definierte aus seiner Sicht die Idee der Sphärenharmonie, die er intensiv bei seinen Vorgängern (und hier vor allem in der *Harmonik* des Ptolemäus) studiert hatte.

Dabei ging er *nicht* davon aus, dass die Planetenbewegungen einen akustischen Zusammenklang physischer Töne erzeugen. Kepler meinte vielmehr, dass die *kosmische* Harmonie *Zahlenverhältnisse* aufweist, die der *irdischen* musikalischen Harmonielehre entsprechen. Für Kepler ist *Gott* der Urheber der irdischen wie auch der überirdischen Harmonie, der Harmonie der Sphären.

Max Caspar, ein Biograph Keplers, drückt dies so aus: »*Das Weltbild, das er entwirft, ist statisch, nach ästhetischen Prinzipien gezeichnet; da Gott die Welt als beste und schönste erschaffen hat, strebte er in allen Dingen nach Gleichheit*«. (47)

Hartmut Warm formuliert: »Die Grundidee der Welt-Harmonik ist Keplers Suche nach einem gemeinsamen Band, welches Geometrie, musikalische Harmonie und Astronomie miteinander verknüpft. *Das, ›was die Welt im Innersten zusammenhält‹, sind für Kepler göttliche Urbilder, die auch in der menschlichen Seele als Archetypen angelegt sind und uns dadurch erst ermöglichen, Harmonie wahrzunehmen.* In unserer modernen Zeit, in der Zufall und naturgesetzliche Notwendigkeit als die alles bestimmenden Kräfte angesehen werden, sind Keplers Ideen daher ein echter Balsam für den nach dem Sinn des Ganzen fragenden Menschen.« (48)

In den nachfolgenden Kapiteln von *F) Planeten, Urprinzipien und Archetypen* werden wir uns ausführlich mit dem Begriff *Archetyp* und seiner Bedeutung für alle Existenz beschäftigen.

Im Zusammenhang mit Johannes Kepler fällt auf, das er Begriffsschöpfungen wie Urbild oder Archetypus mit weitgehend übereinstimmendem Inhalt verwendet wie lange vor ihm Platon und in unserer jüngsten Vergangenheit C. G. Jung in der Psychologie.

Kepler versteht unter dem Terminus Archetyp Ideen, die vor jeder Existenz bereits in Gott sind und somit auch in der Seele des Menschen, der ja ein Ebenbild Gottes ist. Die Seele nimmt also diese Archetypen, diese Urbilder, mit Hilfe ihres angeborenen Instinktes wahr.

C. G. Jung wird diese Archetypen und Urbilder Jahrhunderte später als das *Kollektiv Unbewusste* des Menschen bezeichnen.

Übertragen wir Keplers Gedanken auf das Thema dieses Kapitels, so können wir auch hier eine Analogie herstellen:

»*Nach Keplers Auffassung hat Gott die Seelen so gebildet, dass sie Harmonien erwarten, beobachten und wahrnehmen und ihre Handlungen nach ihrer Vorschrift einrichten.*

Diese Eigenschaft der Seele wird an den Tätigkeiten des Menschen erkennbar, in welche der Geist harmonische Proportionen einführt: am Gesang, Tanz, der Poesie, der Architektur.« (49)

Soll heißen: Wir Menschen tragen diese göttliche Harmonie immer in uns. Wenn wir im Laufe unseres Lebens ver-stimmt werden, so können wir uns auch wieder einstimmen und einschwingen in diese göttliche Harmonie. Zu dieser

Überzeugung kann auch ein eher unsensitiver Leser dieses Buches gelangen, wenn er sich die Weisheit unserer Ahnen zu Eigen macht.

Wie drückte es Goethe am Anfang dieses Kapitels aus?

»*Was Du ererbt von Deinen Vätern hast,*
Erwirb es, um es zu besitzen.«

Mit Coustos Berechnungen der archetypischen Planetenfrequenzen können wir auf beschwingte und harmonisierende Weise dieses Erbe antreten. Und damit schließt sich der Kreis auf wunderbare Weise.

Dabei verhält sich der Kreis zur Kugel wie der menschliche Geist zum göttlichen, als Linie zur Oberfläche, wobei beide kreisrund sind.

Zitieren wir am Ende dieses Kapitels, welches uns die Historie der himmlischen Sphärenharmonie nahebringen wollte, nochmals Kepler: »*Wie der Kreis zugleich auf der Kugel und in der Ebene liegt, so ist der Geist gleichzeitig im Körper, den er informiert, und in Gott, als eine Ausstrahlung, die sich gleichsam aus dem Antlitz Gottes in den Körper ergießt ...*« *(50)*

2) Die überirdisch harmonische Ordnung der Sphärenmusik

Unsere kleine und beschwingte Reise in die Vergangenheit ließ im vorigen Kapitel Namen aufleuchten wie: Pythagoras, Ptolemäus oder Kepler. Sie sind die Perlen ihrer Epochen, sie scheinen in der Kette der vielen Namen hervor. So wie es in der Musik Komponisten gibt, deren Namen in die Ewigkeit eingehen werden, während Zeitgenossen von diesen, die auch sicher brillant zu nennen sind, entweder kaum bekannt oder gar ganz in der Versenkung verschwunden sind. Wer kennt sie nicht, die Legende des Komponisten Antonio Salieri und sein (ihm unterstellter) Neid auf den Genius des Wolfgang Amadeus Mozart?

Tatsächlich macht Salieris Gesamtwerk, welches in den letzten Jahren eine Wiederentdeckung erfährt, sein außerordentliches Talent und seine Schaffenskraft offenkundig. Fast keiner weiß zudem, dass zum Beispiel auch Franz Schubert oder Ludwig van Beethoven zu seinen Schülern gehörten, wie auch Franz Xaver Wolfgang Mozart, dessen jüngster Sohn.

Übertragen wir diese Feststellung analog auf unser Thema, also die Erforschung der Sphärenharmonie und -musik, so finden wir auch dasselbe Phänomen: Fast unzählige Namen, die nur wenige kennen. So stoßen wir zum Beispiel um 500 vor Christus auf Herakleitos von Ephesos, im 4. Jahrhundert vor Christus auf Eudoxos von Knodos, Namen, die uns nicht gerade so geläufig sind wie Pythagoras. Die Namensreihe um Ptolemäus und auch Kepler ließe sich fortsetzen, und wer sich mit den Zeitgenossen der herausragenden Namen beschäftigt, der wird manchen Schatz ans Tageslicht holen.

Interessant scheint an dieser Stelle eine Tatsache: *Pythagoras und Ptolemäus* »umklammern« sozusagen mit ihren Werken zur Sphärenharmonie die klassische Antike. Erst mit der Renaissance (also wörtlich übersetzt der Wiedergeburt, nämlich des antiken Gedankengutes) leuchtet der Name *Kepler* auf. Dazwischen liegen viele Jahrhunderte, in denen die Beschäftigung mit der Sphärenmusik und -harmonie nicht tot war, aber auch nicht sehr lebendig.

In unserer Gegenwart hat Hans Cousto mit seinen Forschungen zu den Planetenfrequenzen einen zentralen Impuls für die Klangabeit der Neuzeit und auch für die Zukunft gegeben.

Was ist das Wunderbare daran? Heute kann jeder, wirklich jeder, in die Sphärenharmonie, in die Schwingung der Archetypen und Urprinzipien eintauchen. Dazu muss er kein Wissenschaftler, kein Gelehrter oder Privilegierter sein. Jede Klangarbeit mit Planetenfrequenzen lässt Mikrokosmos Mensch und Makrokosmos Universum zusammen schwingen. Jeder kann in seinem gegenwärtigen Leben eintauchen in die Weltharmonie, die ja nicht an Zeiten gebunden oder dem Wechsel der Jahrtausende unterworfen ist. Im Gegenteil: Sie ist zeitlos, deshalb immer gültig und *wahr*.

Wie können wir uns nun diese Sphärenmusik konkret vorstellen? Welche irdischen Symbole und Bezeichnungen kennen wir, um sie für uns wahrnehmbar zu machen?

Fangen wir am besten »vorne« an, bei Pythagoras.

Das Weltbild von Pythagoras: Wie oben – so unten

Die Erde ist, man höre und staune, keine Scheibe, sondern eine ruhende Kugel. Es gibt Forscher, die Pythagoras auch hier als Pionier dieser Feststellung vermuten. Diese runde Erde befindet sich näher am Mittelpunkt des gesamten Kosmos als die Sonne.

Was ist oben? Oben kreisen *sieben* göttliche und ewige Himmelskörper in kreisförmigen und absolut gleichmäßigen Bahnen und Bewegungen. Der Schönheitssinn der Antike sieht in der Figur des *Kreises* und als Körper in der vollendeten Gestalt der *Kugel* Hinweise auf die Unendlichkeit, denn Anfang und Ende befinden sich in einer permanenten Wiederkehr. Zudem ist die Kugel Symbol für das Göttliche, ist sie doch von allen Seiten exakt gleich und zugleich endlos.

Die Pythagoreer waren auch die Ersten, welche die Reihenfolge der Planeten erforscht haben. Dabei haben sie sich wahrscheinlich an deren Eigenbewegung orientiert, die schnellsten drehten die inneren Kreise, die langsameren außen, wobei Saturn wegen seiner langsamsten Bewegung auf der entferntesten Kreisbahn seine Bahnen zieht.

So lautete die Reihenfolge (von der Erde aus gesehen): *Mond, Venus, Merkur, (später geändert auf Merkur, Venus), Sonne und jenseits der Sonnenkreisbahn Mars, Jupiter und Saturn, gefolgt vom Fixsternhimmel.*

Was ist unten? Die Pythagoreer lehrten, dass sich die Entfernungen und Umlaufzeiten der Planeten wie *ganze* Zahlen verhalten. Jeder erzeugt einen *gleichbleibenden Ton* (als Resultat der konstanten Umlaufgeschwindigkeit). Diese sieben Planetentöne bilden eine harmonische Tonleiter.

Wie oben – so unten: Die Zahlenverhältnisse der Planetenbahnentfernungen (inklusive der Relationen der Umlaufgeschwindigkeiten) entsprechen den irdisch-musikalischen Intervallen dieser pythagoreischen Tonleiter (51):

Planet	Intervall	Ton	orig. Name/Übersetzung
Mond	1 Ganzton	d´	Nete/Unterste
Venus	1 Ganzton	c´	Paranete/Nächstunterste
Merkur	½ Halbton	b	Paramese/ Nächstmittlere
Sonne	1 Ganzton	a	Mese/Mittlere
Mars	1 Ganzton	g	Hypermese/Über der Mittleren
Jupiter	1 Ganzton	f	Parhypate/Nächsthöchste
Saturn	½ Halbton	e	Hypate/Höchste

Wenn wir nun ein Instrument betrachten, welches zu Zeiten der Pythagoreer gerne gespielt wurde, die *Kithara,* so haben wir ein eindrucksvolles Bild von *oben und unten*. Beim Spielen stand die Saitenebene senkrecht, die unterste Saite (Nete) war auf den höchsten Ton, das *d´* gestimmt, die höchste Saite (Hypate) auf den tiefsten Ton, das *e*.

Der Grund in dieser Systematik liegt darin, dass in der griechischen Melodik die Bewegungsrichtung *abwärts* verläuft, von der Höhe des Tons d´- (Nete) zur Tiefe (des Weltalls), zum Ton e (Hypate). Saturn ist im Weltbild von Pythagoras, räumlich gesehen, der »höchste« Planet am Firmament (mit dem höchsten Ton).

Der Sonne entspricht die mittlere Saite (Mese). Mit ihrem Ton a in der Mitte der Planetenfolge bildet sie zwei Quarten mit den Tönen am oberen und unteren Ende, die *Quarte a-d´ mit dem Mond* und die *Quarte a-e mit dem Saturn.* Auch zwischen Venus und Mars (c´-g), sowie Merkur und Jupiter (c´-f) erkennen wir das Intervall der *Quarte*. Zwischen Mond und Mars (d´-g), Venus und Jupiter (c´-f) wie auch zwischen Merkur und Saturn (b-e) erklingt jeweils als Intervall eine *Quinte*.

Somit können wir abschließend zu dieser ersten und ältesten überlieferten Planetenordnung der Sphärenharmonie feststellen: *Die Sphären erklingen laut Pythagoras harmonisch in insgesamt sieben symphonen Intervallen, also vier Quarten und drei Quinten als Bindeglieder zwischen sieben Einzeltönen der Planeten. Wegen der gleichbleibenden Geschwindigkeit erzeugen diese auch einen gleichbleibenden Ton.*

In der nachfolgenden hellenistischen Zeit (336-30 v.Chr.) vollzieht sich ein vollkommener Vorstellungswandel über tiefe und hohe Töne, ein Wandel in die Polarität: Mit der Idee vom räumlichen Aufstieg verbindet sich übrigens nicht nur eine Entsprechung von *tief = weiter unten* und *höher = weiter oben*, sondern auch eine Vermischung mit dem Aufstieg des Menschen von der eher dumpfen und tiefen grobstofflichen Welt der Materie hinauf in die geistige Welt der Himmelskreise.

Es naht die Zeit für einen weiteren Meilenstein: Claudius Ptolemäus (ca. 90-160 n. Chr.) hat gegen Ende der Antike dank seines herausragenden Geistes sämtliches Wissen über Sterne, Weltall und Harmonielehre in einer Art Enzyklopädie zusammengefasst, unter anderem in der *Großen Syntax (megale syntaxis)*, auch bekannt unter dem arabisierten Namen *Almagest*. Seine Berechnungen der Planetenbahnen beruhen auf der Epizyklenbewegung. (52)

Im Jahre 148 nach Christi Geburt hat Ptolemäus in der Stadt Kanabos in der westlichen Nilmündung eine Stele aufstellen lassen, auf die neben allen damals bekannten astronomischen Daten auch eine Art Tonleiter mit kosmischen unveränderlichen Tönen eingemeißelt wurde, die sogenannte »Kanabos-Tonleiter«.

Der Umfang dieser Tonleiter-Skala umfasst zwei Oktaven mit fünf Quarten, fünf Quinten und einem Ganztonschritt und bezieht auch die vier Elemente Feuer, Luft, Wasser und Erde ein. Wie bei Pythagoras steht auch im Harmoniesystem des Ptolemäus die *Sonne in der Position der Mitte*, die übrigen Intervalle werden von diesem zentralen Mittelpunkt gebildet.

Wohlgemerkt: Sowohl im Weltbild des Pythagoras wie auch bei Ptolemäus befindet sich die *Erde* im Mittelpunkt des Weltalls (= geozentrisches Weltbild), *nicht* die Sonne. Diesen Mittelpunkt nimmt sie dagegen in der Himmelsharmonie ein, in der himmlischen Tonleiter.

Bezeichnung	Zahl	Ton
Fixsternsphäre	36	h′
Saturn	32	a′
Jupiter	24	e′
Mars	21,5	d′
Sonne	*18*	*h′*
Venus und Merkur	16	a
Mond	12	e
Feuer und Luft	9	H
Wasser und Erde	8	A

Dies wollen wir uns in der »Kanabos-Tonleiter« (links) gemeinsam anschauen (53) :

Die Relationen der Zahlen erfüllen für Ptolemäus eher die symbolische Bedeutung einer archaischen himmlischen Ordnung. Sie beruhen *nicht* auf Längen der Umlaufbahnen oder Dauer der Umlaufzeiten, obwohl sie ihm wahrscheinlich bekannt waren.

Vielmehr deutet die Zahl 9 auf die Erdsphäre hin, mit der ersten *Oktave* der Sonne (= 18) und der zweiten im Fixsternhimmel (= 36).

Und bei Ptolemäus wird die *kosmische Oktave* klar sichtbar sozusagen als ehernes Gesetz der Sphärenharmonie.

1838 Jahre nach dem Aufstellen der Stele von Kanabos wird Hans Cousto sein Buch über Planetenfrequenzen *Die Kosmische Oktave* nennen, mit dem Untertitel: *Der Weg zum universellen Einklang.*

Was geschah in der Folge?

Nach Ptolemäus gingen zunächst sehr viele Jahrhunderte ohne nennenswerte Hege und Pflege der Sphärenharmonie ins Land, bis *Kepler kam, sah und sie erforschte*:

»Johannes Kepler (1571-1630) wurde durch seine drei Gesetze zu den Planetenbahnen zu einer Schlüsselfigur bei der Erforschung der Planeten und des Weltalls; von ihm stammt die Theorie, dass man jedem Planeten eine ganze Tonfolge zuordnen kann. Die Folge an Tönen, die er für die Erde entdeckte, lautete Mi Fa Mi.

In der Entsprechung zu den Geschehnissen seiner Epoche (Ausbruch des Dreißigjährigen Krieges) waren diese Töne für Kepler ein Zeichen dafür, ›dass in unserem Jammertal Misere und Fames (lat. Hunger) herrscht‹. In seiner Harmonices Mundi schreibt er 1619: ›Die Gestirne machen die Melodie, die Natur unter dem Monde tanzt nach den Gesetzmäßigkeiten dieser Melodie.‹« (54)

In einem weiteren Zitat drückte er es noch prägnanter aus: *»Gib dem Himmel Luft, und es wird wirklich und wahrhaftig Musik erklingen. Es gibt einen ›Concentus Intellectualis‹, ›eine geistige Harmonie‹, an der reine Geistwesen und in gewisser Weise auch Gott selbst nicht weniger Genuss und Ergötzen empfinden als der Mensch mit seinem Ohr an musikalischen Akkorden.«* (55)

Rudolf Haase schreibt in *Johann Keplers Weltharmonik*, dass *»Keplers Methode … und die mit ihr ermittelten Ergebnisse stimmen und auch in der Gegenwart gültig sind. Keplers Beweis einer musikalischen Weltharmonie ist also vollauf geglückt, und die von ihm entdeckten Planetenharmonien sind eine Realität.«*

Worin liegt nun die Weiterentwicklung bei Kepler im Vergleich zur Antike?

Pythagoras und Ptolemäus suchten die harmonischen Verhältnisse in den Abständen der Planeten, aus denen sie dann die entsprechenden Tonleitern entwickelten. Der von den Planeten erzeugte Ton war *gleichbleibend und unveränderlich.* Da natürlich keine oder kaum wissenschaftliche Daten vorlagen, war ihr Planetenkonzept eher *theoretisch* zu nennen.

Bei Kepler werden dagegen die Sphärenharmonien *nicht* vom betrachtenden Auge des Menschen von der Erde aus wahrgenommen, sondern von der Sonne, um welche sich die anderen Himmelskörper drehen (= heliozentrisches Weltbild).

Grundlage seiner harmonischen Berechnungen ist eine göttliche geometrische Symmetrie (»Die platonischen Körper«), bei der von der Sonne aus die Winkel der Planeten innerhalb von 24 Stunden gemessen und berechnet werden, also die Extrempunkte des *Perihel* (= Sonnennähe) und *Aphel* (= Sonnenferne). Somit war es für Kepler auch logisch, dass die Sphärenharmonie im Grunde nur vom Mittelpunkt aus vernommen werden kann, also von der Sonne. Der Mensch auf der Erde kann sich dagegen auf geistiger Ebene in Resonanz zum diesem kosmischen Einklang einschwingen.

Ein neuer Aspekt im Vergleich zur Antike liegt bei Kepler auch darin begründet, dass er nicht mehr davon ausging, dass von den Planeten lediglich *ein* gleichbleibender Ton ausgeht. Die Fortschritte in der Astronomie, der Geometrie und ihre Verknüpfung mit der Musikwissenschaft veranlassten ihn zu der Auffassung, dass jeder Planet seine eigene Tonskala durchläuft.

Folge: Kepler präsentiert der Welt mit seinen Forschungen zu *Aphel* und *Perihel* Tonleitern in Dur und Moll, die aus den Planetenberechnungen entstehen und ein direktes Abbild unserer irdischen Tonleitern (Dur/Moll) darstellen. Diese Bewegung der Planeten zwischen Extremen bewirkt für Kepler zudem, dass diese innerhalb ihrer Tonskala singen und erklingen. Durch den bei Mutter Erde zugrunde gelegten Grundton G »singt« diese ständig Mi-Fa-Mi. Wie bereits weiter oben erwähnt, herrschen demnach für Kepler auf Erden *Mi*seria et *Fa*mes (= Elend und Hunger).

Wollen wir an dieser Stelle festhalten, dass Kepler zusätzlich zu seinen epochemachenden Berechnungen auch in *Analogien und übertragener Symbolik* denkt, wie es das *Miseria-Fames*-Beispiel eindrücklich dokumentiert.

Ergänzen wir Keplers Begriff *Tonskala eines Planeten* um unser zeitgemäßes Vokabular von *Feldtheorie und Feldern* eines Rupert Sheldrake, dann müssen wir im Grunde nur noch 1 und 1 zusammenzählen: »*Alles schwingt und alle Planeten schwingen in ihrem spezifischen archetypischen Feld in eigener Modulation oder Vibrato. Wenn wir durch Klangarbeit in das jeweilige Feld eines Planeten eintauchen, so gehen wir gleichzeitig auch mit dessen gesamter archetypischer Essenz in Resonanz.*«

Das nachfolgende Kapitel F*) Planeten, Urprinzipien und Archetypen* dieses Buches wird weitere Mosaiksteinchen zusammentragen, um uns dieser zeitlosen Qualität Archetypen-Schwingung bewusst zu werden und sie mit der Sphärenharmonie in Einklang zu bringen.

Eine Bemerkung am Schluss dieses Kapitels: Auch an dieser Stelle unserer gemeinsamen Klangreise möchte der Autor darauf hinweisen, dass dieses Buch niemals sagen will:

So ist es! So und nicht anders …

Vielmehr ist es ein Angebot an jeden Leser, teilzuhaben, zuzustimmen oder auch eigene Vorstellungen zu entwickeln. Und das ist auch gut so. Was immer bleibt, ist eine Ahnung, dass es diese Aspekte einer überirdisch harmonischen Ordnung der Sphärenmusik gibt. Für den einen ist es Tatsache, Einzelne können sie sogar hören (Pythagoras), andere wiederum fühlen.

In jeder Zeit und Epoche gibt es einen eigenen Zeitgeist, der die Wahrnehmung der Menschen prägt. Das reine Hören ist in unserem Zeitalter rapide zunehmender Tinnitus-Erkrankungen zudem häufig durch Eigengeräusche überlagert. Unser Wassermann-Zeitalter bietet für jedes Individuum zudem die historische Chance, in *Freiheit, Gleichheit, Brüderlichkeit* (56) sein eigenes Leben zu führen und nicht das der anderen.

Und aus dem persönlichen Erwachen des Bewusstseins kann in der Folge ein kollektives werden, ganz im Sinne des Kategorischen Imperativs von Immanuel Kant (1724-1804), welcher sinngemäß lautet: »*Handle so, dass aus Deinem Handeln ein kollektives Handeln abgeleitet werden kann.*«

Auch das Schwingungsfeld der harmonischen Sphärenordnung macht uns diesen Zusammenhang von *oben und unten, innen und außen* auf wundervolle Weise deutlich.

Und sie macht auch unmissverständlich klar: *Harmonie ist Ordnung.*

3) »... was die Welt im Innersten zusammenhält«

Diese Kapitelreihe über die himmlische Harmonie der Sphären und des Weltenklanges wäre ohne ihre Spiegelung in Literatur, Dichtkunst oder auch in der Wahrnehmung berühmter Komponisten und Literaten unvollständig.

Jeder weiß es, das das Ganze weit mehr ist als die Summe seiner Einzelteile. Wir wissen auch, dass »viele Wege nach Rom führen« und dass wir die Realität sehr unterschiedlich empfinden und reflektieren. Ganzheit erreicht der Mensch vor allem durch ganzheitliche Wahrnehmung mit allen Sinnen, oder flapsig ausgedrückt: »Wer Augen hat zu hören, der rieche« ...

Und so ist dieses Kapitel auch ein Streifzug durch Kulturepochen, um weitere Puzzlesteine zu unserem Gesamtbild zusammenzutragen. Als Angebot an den Leser zum Sehen, mit den »inneren Ohren« zu hören oder sich vielleicht sogar die Worte im Munde zergehen zu lassen und zu schmecken.

Fangen wir mit dem Naheliegendsten an, der Musik.

Der im Sternzeichen Schütze (= Archetyp Jupiter) geborene Ludwig van Beethoven (1770-1827) darf den Reigen beginnen. Diesen Respekt hat er wahrlich verdient: Im Alter war er vollkommen taub und komponierte in dieser Zeit die wohl mächtigste Symphonie, die je von Menschenhand geschrieben wurde. Die Rede ist von seiner IX. Symphonie in d-moll (opus 125) mit Schillers Ode an die Freude, im letzten Satz mit dem Worten: »Über'm Sternenzelt muss ein lieber Vater wohnen ... »

Mit seinen »inneren Ohren« konnte Beethoven trotz völliger Taubheit die Instrumente des Orchesters wie auch der Gesangssolisten »hören«. Wir wissen nicht, ob er auch die Sphärenharmonie in seinem Innern hören konnte. Wir können es lediglich vermuten, wenn wir ein Zitat wie dieses von ihm lesen:

»Wenn ich am Abend den Himmel staunend betrachte und das Heer der ewig in seinen Grenzen sich schwingenden Lichtkörper, Sonnen und Erden genannt, dann schwingt sich mein Geist über diese soviel Millionen entfernten Gestirne hin zur Urquelle, aus welcher alles Erschaffene strömt und aus welcher ewig neue Schöpfungen entströmen werden.« (59)

Vom österreichischen Komponisten Gustav Mahler (1860-1911) sind die nachfolgenden Worte überliefert, die er 1896 an Anna Bahr-Mildenburg verfasste:

»Begreifst Du nicht, wie das den ganzen Menschen erfordert; und wie man da oft so tief drinsteckt, dass man für die Außenwelt wie abgestorben ist. Nun aber denke Dir ein so großes Werk, in welchem sich in der Tat die ganze Welt spiegelt – man ist sozusagen selbst nur ein Instrument, auf dem das Universum spielt. In solchen Momenten gehöre ich nicht mehr mir ...« (60)

Mahlers Musik spannt den Bogen von der Spätromantik zur Moderne, dem Begleitheft zur Musikproduktion seiner 8. Symphonie in Es-Dur entnehmen wir dieses Zitat (Mahler an Willem Mengelberg):

»Ich habe gerade meine Achte (Symphonie) beendet .... Denken Sie sich, dass das Universum zu tönen und zu klingen beginnt. Es sind nicht mehr menschliche Stimmen, sondern Planeten und Sonnen, welche kreisen.«

Wenden wir uns nun einem englischen Komponisten zu, Gustav Holst (1874-1934).

Zu seinen bekanntesten Kompositionen gehört sicher sein Werk mit der Opuszahl 32, die Orchestersuite The Planets (Die Planeten), welche er 1914-1916 komponierte. Seine Zuordnung des entsprechenden Planeten zur dazugehörigen römischen Gottheit gibt auch sogleich einen Kurzhinweis auf den symbolischen Gehalt dieses Archetyps. Hier seine Übersicht: (59)

Titel	Tempobezeichnungen
Mars, der Kriegsbringer	Allegro
Venus, die Friedensbringerin	Adagio – Andante – Animato
Merkur, der geflügelte Bote	Vivace
Jupiter, der Bringer der Fröhlichkeit	Allegro giocoso – Andante maestoso –Tempo I – Lento maestoso – Presto
Saturn, der Bringer des Alters	Adagio – Andante
Uranus, der Magier	Allegro – Lento – Allegro – Largo
Neptun, der Mystiker	Andante – Allegretto

Die einzelnen symphonischen Dichtungen schwingen den Zuhörer auf die Wesenheit der Planeten ein, gesehen durch die Brille von Gustav Holst. Entstanden sind lautmalerische Klangbilder, die sowohl durch Wahl der Instrumente, Tempi als auch durch die Dichte der Kompositionen für jeden einen prägenden Eindruck über die Signatur der Planeten vermitteln.

Wohlgemerkt: Hier schwingen nicht die mathematisch errechneten Planetenfrequenzen, sondern die Planeten stellen sich symbolisch in ihren Merkmalen durch die Holst'schen Gemälde in Noten vor.

Tipp: Ein Bild sagt mehr als tausend Worte, ein Klangbild ebenso. Der Autor empfiehlt *The Planets* von Gustav Holst durchaus für Seminare, Meditationen oder Klangarbeit und so weiter als gelungenes Medium zur akustischen Illustration des entsprechenden Planetenprinzips, das beim Zuhörer eigene innere Bilder wachruft.

Machen wir nun gemeinsam einen Sprung in die Gegenwart, zu Mike Oldfield (geb. 1953). Er ist seit vielen Jahrzehnten als Musiker bekannt, der sozusagen »sphärische Klangcollagen« erzeugt. Er wendet sich musikalisch 2008 mit seinem Orchesterwerk *Music of the Spheres* direkt der planetarischen Harmonie zu. Im Booklet zur CD schreibt er: »*In dieser Welt hat alles einen Puls oder eine Schwingung. Diese Geräuschkulisse ist bei jedem Lebewesen und jedem Ding einzigartig und kreiert eine Musik, die niemand hören kann. Ich glaube, diese Musik steht mit unserem Leben in Einklang und beeinflusst es maßgeblich. Was würde passieren, wenn wir einen Schritt weiterdenken und diese Vorstellung auf größere, mächtigere Dimensionen ausdehnen; wie etwa das gesamte Sonnensystem oder gar die Galaxie, wie würde sich das anhören?*

Sphärenmusik ist die uralte Theorie, dass jeder Himmelskörper, die Sonne, der Mond und die Sterne, über eine innere Musik verfügen. Dies ist ein harmonisches und mathematisches Konzept, das von den Bewegungen der Planeten im Sonnensystem abgeleitet ist. Die dabei entstehende Musik ist für das menschliche Ohr nicht hörbar.

Music of the Spheres *ist meine Interpretation dieser Theorie. Jeder Planet und jeder Stern; das ganze Universum trägt Musik in sich, die niemand hören kann. Dies ist, wie sie sich anhören würde, wenn sie freigelassen werden würde. Das ist* Music of the Spheres.« (60)

Machen wir nun einen Sprung raus aus der Musik, hinein in die Dichtkunst und begegnen dort in der Zeit der Renaissance William Shakespeare (1564-1616).

Lorenzo spricht im »Kaufmann von Venedig »die folgenden Sätze zu Jessica, die wir durchaus als Erlebnis der Sphärenharmonie deuten können:

»*Wie süß das Mondlicht auf dem Hügel schläft!*
Hier sitzen wir und lassen die Musik
Zum Ohre schlüpfen; sanfte Still' und Nacht
Ist hold den Lauten süßer Harmonie.
Komm, Jessica! Sieh, wie die Himmelsflur
Ist eingelegt mit Scheiben lichten Goldes!
Auch nicht der kleinste Kreis, den du da siehst
Der nicht im Schwunge wie ein Engel singt,
zum Chor der hellgeaugten Cherubim.
So voller Harmonie sind ewige Geister,
Nur wir, weil dies hinfällige Kleid von Staub
Ihn grob umhüllt, wir können sie nicht hören.« (61)

Johann Wolfgang von Goethe (1749-1832) bekennt sich oft zu seiner pythagoreischen Sphärenharmonie. Sein wohl bekanntestes Manifest hierzu erklingt im Prolog im Himmel im »Faust – Teil I«:

»Die Sonne tönt nach alter Weise
In Brudersphären Wettgesang,
Und ihre vorgeschriebene Reise
Vollendet sie mit Donnergang.

Ihr Anblick gibt den Engeln Stärke,
Wenn keiner sie ergründen mag,
Und die unbegreiflich hohen Werke
Sind herrlich wie am ersten Tag.« (62)

Eine interessante Analogie zwischen innerer Symmetrie des Menschen und himmlischer Harmonie lesen wir bei *Friedrich Schiller* (1759-1805), neben Goethe der zweite leuchtende Stern am Himmel der Deutschen Klassik. Bei ihm überträgt sich hier die menschliche in sphärische Harmonie:

»In selbstgefällger, jugendlicher Freude
Leiht er den Sphären seine Harmonie.
Und preiset er das Weltgebäude,
So prangt es durch die Symmetrie.« (63)

Im Ausläufer der Klassik zur Romantik begegnen wir *Friedrich Hölderlin* (1770-1843).

Die Lehre des Pythagoras von der Beschaffenheit des gesamten Kosmos nach musikalischen Verhältnissen, Harmonie und Zahl, die auch die Seele des Menschen bestimmt, vernehmen wir häufig in Hölderlins Werken, auch in seiner archaischen Gestalt, wie im Gedichtfragment: »An Diotima« von 1797:

»… und wie auf tönender Leiter
Ein erfreulicher Geist,
spielt mit Regen und Sonnenschein
auf der Erde der Himmel;
Wie in liebendem Streit
Über dem Saitenspiel ein tausendfältig Gewimmel
Flüchtiger Töne sich regt
Wandelt Schatten und Licht in süßmelodischem Wechsel
Über die Berge dahin.« (64)

Heinrich Heine (1797-1856) kleidet seine Leidenschaft für die Sphärenharmonie in expressive Bilder, in denen die Wellen des tobenden Meeres auf der Erde die Begleitmusik zum kosmischen Tanz der Gestirne am Firmament erzeugen:

»Und die Sterne, immer größer,
Glühen auf mit Lustgewimmel,
Und am Ende, groß wie Sonnen
Schweifen sie umher am Himmel.
Zur Musik, die unten tönet,
Wirbeln sie die tollsten Weisen;
Sonnennachtigallen sind es,
Die dort oben strahlend kreisen.
Und das braust und schmettert mächtig,
Meer und Himmel hör' ich singen,
Und ich fühle Riesenwollust
Stürmisch in mein Herze dringen.« (65)

Ein Ausflug in die Welt der gemalten Bilder ruft uns geradewegs zu: *Vincents van Goghs* (1853-1890) Bild *Sternennacht über Arles* könnte eine bildliche Darstellung von Heines Gedicht sein.

Unten wie oben erkennen wir einen expressiven Reigen von lodernden Pinselstrichen, die sich dennoch harmonisch umkreisen sowie irgendwie miteinander schwingen und ergänzen.

Runden wir nun abschließend dieses Kapitel »... *was die Welt in Ihrem Innersten zusammenhält«* mit einigen Zitaten ab.

Beim Dichter *Christian Morgenstern* (1871-1914) hört es sich so an: *»Die Sterne lauter ganze Noten. Der Himmel die Partitur. Der Mensch das Instrument.«*

Was die wenigsten wissen: Morgenstern war ein großer Verehrer des Anthroposophen *Rudolf Steiner* (1861-1925).

In Steiners Weltbild und seinem Verständnis der Zusammenhänge zwischen geistiger Welt einerseits und irdischem Leben andererseits finden wir einen weiteren Zugang zum Thema Planeten und Schwingungen. Im folgenden Zitat seines Berliner Vortrages (1908) gründet er seine Weltanschauung auf Pythagoras:

»Sie wissen, die Planeten bewegen sich mit ganz bestimmten Geschwindigkeiten um die Sonne. Aber auch diese bewegt sich, und es ist diese Bewegung, wie auch die der Planeten, welche von den okkulten Astronomen genau erforscht worden sind.

Die Forschung hat ergeben, dass die Sonne sich um einen geistigen Mittelpunkt bewegt, und dass die Bahnen der Planeten Spiralen sind, deren Richtlinie die Sonnenbahn ist. Die Geschwindigkeiten, womit die einzelnen Planeten ihre Bahnen vollziehen, stehen zueinander in ganz bestimmten, harmonischen Verhältnissen, und es stellen sich diese Verhältnisse als Töne für den Hörenden zu einer Symphonie zusammen, welche durch die Pythagoreer als Sphärenmusik bezeichnet wurde ...

... In der Pythagoreischen Schule wird also mit Recht von einer Sphärenmusik gesprochen, man kann sie mit geistigen Ohren hören. Wir können bei diesen Betrachtungen noch auf ein anderes Phänomen hindeuten. Wenn Sie eine dünne Messingplatte nehmen, sie möglichst gleichmäßig mit feinem Staube bestreuen und mit einem Fiedelbogen diese Platte streichen, dann wird nicht nur ein Ton hörbar, sondern es ordnen sich die Staubpartikelchen in ganz bestimmten Linien an.

Da bilden sich allerlei Figuren, dem Tone entsprechend. Der Ton bewirkt eine Verteilung der Materie, des Stoffes. Das sind die bekannten Chladnischen Klangfiguren. Als der geistige Ton durch das Weltall erklang, ordnete er die Planeten in ihren Verhältnissen zueinander zu einer Sphärenharmonie. Was Sie im Weltenraume ausgebreitet sehen, das hat dieser schaffende Ton der Gottheit angeordnet. Dadurch, dass dieser Ton in den Weltenraum hineintönte, gestaltete sich die Materie zu einem System, dem Sonnen- und Planetensystem. So ist auch der Ausdruck »Sphärenharmonie« nicht ein geistreicher Vergleich; er ist Wirklichkeit.« (66)

Ein letzter Blick in die Welt der Atome offenbart in den Zitaten der Wissenschaftler dasselbe. Die Worte sind manchmal unterschiedlich, die Inhalte sind es meist nicht.

Albert Einstein (1879-1955) schreibt:
»Seine (des Forschers) Religiosität liegt im verzückten Staunen über die Harmonie der Naturgesetzlichkeit, in der sich eine so überlegene Vernunft offenbart, dass alles Sinnvolle menschlichen Denkens und Anordnens dagegen ein gänzlich nichtiger Anlass ist«

Unter dieser »kosmischen Religiosität« versteht Einstein wohl so etwas wie das Erleben der Sphärenharmonie, das Zusammenklingen der Welt oder auch das, »... was sie Welt in ihrem Innersten zusammenhält«. »Wie oben – so unten.«

Übertragen wir dieses hermetische Diktum auf die Sphärenharmonie, dann müssen die Gesetzmäßigkeiten des Makrokosmos auch analog auf die kleinsten Teile, die unsere Welt zusammenhalten, die Atome also, übertragbar sein.

Hierzu zur finalen Abrundung dieses Kapitels ein Zitat des Atomphysikers *Arnold Sommerfeld* (1868-1951): *»Was wir heutzutage aus der Sprache der Spektren heraushören, ist eine wirkliche Sphärenmusik des Atoms, ein Zusammenklingen ganzzahliger Verhältnisse, eine bei aller Mannigfaltigkeit zunehmende Ordnung und Harmonie«.* (68)

4) Alles auf einen Blick: Übersicht der Planetenfrequenzen

Wenn wir einmal die Planetenschwingungen um uns und Mutter Erde herum mit einem gewaltigen kosmischen »Symphonieorchester« vergleichen, dann wird der Makrokosmos Universum sogleich zu einem gigantischen »Opernhaus«: Die einzelnen archetypischen Schwingungen übernehmen die Funktion von Musikinstrumenten, von Violine bis Kontrabass, von Flöte bis Klavier und so weiter.

Gleichzeitig erinnern die Abläufe der Schwingungen in unserem Körper ebenfalls an Symphonien. »Was oben schwingt, schwingt unten mit«.

Und wie wir zu bestimmten Zeiten eine unterschiedliche *Vorliebe für* und *Übereinstimmung mit* irdisch musikalischen Schwingungen haben, so gilt dies analog für die kosmische Sphärenharmonie, mit der wir in Resonanz gehen.

Die 25 Stimmgabeln von »*Schwingung als Weg*«

		Frequenzbereiche der Planetenschwingungen									
Planetarische Entsprechung		Sonne	Erde	Erde	Erde	Erde	Erde	Erde	Erde	Erde	Erde
Bezeichnung		Sonnenton	Meistergabel	Jahreston Om	Geomagnetfeld	Wasserstoffgamma	Platonisches Jahr	Mittlerer Sonnentag	Siderischer Tag	Schumann-Resonanz I	Schumann-Resonanz II
Delta-Wellenbereich	**Frequenzbereiche** von ca. 0,5- 4 Hertz (Hz)	0,49	0,50	0,53	0,58	0,61	0,67	0,76	0,76	0,98	1,00
		0,99	1,00	1,06	1,17	1,23	1,34	1,52	1,52	1,96	2,00
		1,97	2,00	2,13	2,34	2,45	2,69	3,03	3,04	3,92	4,00
Theta-Wellenbereich	von ca. 4- 8 Hertz (Hz)	3,94	4,00	4,25	4,68	4,91	5,38	6,07	6,08	7,83	8,00
Alphabereich	von ca. 8-16 Hertz (Hz)	7,89	8,00	8,51	9,36	9,82	10,75	12,14	12,17	15,66	16,00
Beta-Bereich	(ca 16-32 Hz)	15,78	16,00	17,01	18,72	19,63	21,51	24,27	24,34	31,32	32,00
		31,56	32,00	34,03	37,44	39,26	43,02	48,55	48,68	62,64	64,00
		63,11	64,00	68,05	74,87	78,52	86,03	97,09	97,36	125,28	128,00
Stimmgabelfrequenzen		**126,22**	**128**	**136,10**	**149,74**	**157,04**	**172,06**	**194,18**	**194,71**	**250,56**	**256**
HÖREN Frequenzbereiche des menschlichen Gehörs von ca. 16 Hertz (Hz) bis ca. 16400 Hertz (Hz)		252,44	256	272,2	299,48	314,08	344,12	388,36	389,42	501,12	512
		504,88	512	544,4	598,96	628,16	688,24	776,72	778,84	1002,24	1024
		1009,76	1024	1088,8	1197,92	1256,32	1376,48	1553,44	1557,68	2004,48	2048
		2019,52	2048	2177,6	2395,84	2512,64	2752,96	3106,88	3115,36	4008,96	4096
		4039,04	4096	4355,2	4791,68	5025,28	5505,92	6213,76	6230,72	8017,92	8192
		8078,08	8192	8710,4	9583,36	10050,56	11011,84	12427,52		16035,84	16384
		16156,16	16384	17420,8	19166,72	20101,12	22023,68	24855,04		32071,68	32768
		32312,32	32768	34841,6	38333,44	40202,24	44047,36	49710,08		64143,36	65536

Bleiben wir für die Klangarbeit beim Bild des Opernhauses, so drängt sich folgender Vergleich förmlich auf: *Der Klangarbeiter ist der Dirigent der archetypischen Planetenfrequenzen, die er kunstvoll und harmonisch für die Zuhörer arrangiert, dass sie zu einem ganzheitlichen Genuss für Körper, Geist und Seele werden.*

In seinem Orchester warten viele Klangkörper auf ihren Einsatz. Ihre Gemeinsamkeit besteht im Erzeugen und Übertragen von Schwingungen, mit denen die Zuhörer in Resonanz gehen.

Die folgende Übersicht verweist auf Namen und Schwingung der bedeutenden kosmischen Frequenzen.

in Hertz (Hz)

Mond	Mond	Mond	Mond	Mond	Mond	Mond	Planet	Planet	Planet	Planet	Planet	Planet	Planet	Planet
Kulminationsperiode	Synodischer Monat	Siderischer Monat	Metonischer Zyklus	Mondknotenumlauf	Sarosperiode	Apsidenumlauf	Merkur	Venus	Mars	Jupiter	Saturn	Uranus	Neptun	Pluto
0,73	0,82	0,89	0,90	0,91	0,94	0,96	0,55	0,86	0,57	0,72	0,58	0,81	0,83	0,55
1,47	1,64	1,78	1,79	1,83	1,89	1,92	1,10	1,73	1,13	1,43	1,16	1,62	1,65	1,10
2,93	3,29	3,55	3,58	3,66	3,77	3,84	2,21	3,46	2,26	2,87	2,31	3,24	3,30	2,19
5,86	6,58	7,11	7,16	7,32	7,55	7,69	4,41	6,91	4,52	5,74	4,62	6,48	6,61	4,38
11,73	13,15	14,21	14,33	14,64	15,10	15,38	8,83	13,83	9,05	11,47	9,24	12,96	13,22	8,77
23,45	26,30	28,43	28,65	29,27	30,20	30,76	17,66	27,65	18,09	22,95	18,48	25,92	26,43	17,53
46,90	52,61	56,86	57,31	58,54	60,39	61,52	35,32	55,31	36,18	45,90	36,96	51,84	52,86	35,06
93,81	105,21	113,72	114,61	117,08	120,78	123,03	70,64	110,62	72,36	91,79	73,93	103,68	105,72	70,13
187,61	**210,42**	**227,43**	**229,22**	**234,16**	**241,56**	**246,06**	**141,27**	**221,23**	**144,72**	**183,58**	**147,85**	**207,36**	**211,44**	**140,25**
375,22	420,84	454,86	458,44	468,32	483,12	492,12	282,54	442,46	289,44	367,16	295,7	414,72	422,88	280,5
750,44	841,68	909,72	916,88	936,64	966,24	984,24	565,08	884,92	578,88	734,32	591,4	829,44	845,76	561
1500,88	1683,36	1819,44	1833,76	1873,28	1932,48	1968,48	1130,16	1769,84	1157,76	1468,64	1182,8	1658,88	1691,52	1122
3001,76	3366,72	3638,88	3667,52	3746,56	3864,96	3936,96	2260,32	3539,68	2315,52	2937,28	2365,6	3317,76	3383,04	2244
6003,52	6733,44	7277,76	7335,04	7493,12	7729,92	7873,92	4520,64	7079,36	4631,04	5874,56	4731,2	6635,52	6766,08	4488
12007,04	13466,88	14555,52	14670,08	14986,24	15459,84	15747,84	9041,28	14158,72	9262,08	11749,12	9462,4	13271,04	13532,16	8976
24014,08	26933,76	29111,04	29340,16	29972,48	30919,68	31495,68	18082,56	28317,44	18524,16	23498,24	18924,8	26542,08	27064,32	17952
48028,16	53867,52	58222,08	58680,32	59944,96	61839,36	62991,36	36165,12	56634,88	37048,32	46996,48	37849,6	53084,16	54128,64	35904

F

Planeten, Urprinzipien und Archetypen

1) Senkrecht und waagerecht - zwei Weltbilder stoßen polar aufeinander

Bevor wir uns den Archetypen zuwenden, sollten wir genau verstehen, was *analoges Denken in Symbolik* bedeutet. Dazu macht es Sinn, unser westliches waagerecht-kausales Weltbild dem senkrecht-analogen gegenüberzustellen, um die Unterschiede klar herauszukristallisieren. Stellen wir Heisenbergs (69) Erkenntnis an den Beginn dieses Kapitels: *»Was wir beobachten, ist nicht die Natur selbst, sondern die Natur, wie wir sie betrachten.«*

Ja, wie betrachten wir sie denn? Nun, das ist heutzutage nicht so klar und eindeutig zu beantworten wie in den Zeiten, als noch alles *eins* und ganzheitlich war. Wie oft hören wir: »Es kommt im Leben doch nur auf den richtigen Blickwinkel an.«

Was wir genau wissen: Die Welt, in der wir leben, bietet für jeden einen passenden Blickwinkel an. Und: Was nicht passt, wird passend gemacht. (70)

Also, nochmals die Frage: Wie betrachtet die heutige Wissenschaft die Natur? Um dies logisch und zutreffend für heute beantworten zu können, hilft ein kurzer Blick in die Geschichte, genauer ausgedrückt: In die Polarität der jüngeren überlieferten Menschheitsgeschichte. So folgte irgendwann auf Zeiten eines hellen Lichtes (unter anderem das Bewusstsein der Antike) eine abgrundtiefe Dunkelheit (das »dunkle« Mittelalter), in der Inquisition, Hexenwahn und Seuchen das geschundene Individuum wie einen Mob durch die Gassen trieb und entwurzelt herumirren ließ. Die Menschheit war in einer tiefen Sackgasse und Talsohle angelangt.

Schon jedes Kind weiß es: Wer wieder nach oben klettern will, für den ist ein sicherer Halt unabdingbar. Schwammiger und rutschiger Untergrund dagegen macht unsicher und haltlos. Jeder Bergsteiger, der überleben will, vertraut naturgemäß nur festen Haltegriffen und Karabinerhaken. *Er überprüft exakt und nüchtern seine Umgebung.*

Der Zeitpunkt für einen Siegeszug der Naturwissenschaft und vor allem der Physik war gekommen, denn an deren sachlichen Fakten konnte sich die Menschheit festhalten: Galileo Galilei (1564-1642) hatte es zwar zu Lebzeiten noch äußerst schwer, seine streng mathematische Beschreibung der Naturgesetze mit den herrschenden Lehrmeinungen (vor allem der Kirche) in Einklang zu bringen, doch die Zeit seiner Ideen rückte unweigerlich näher.

Bertolt Brecht (71) bringt das Problem von freier wissenschaftlicher Forschung und der Deutungshoheit der Kirche im 8. Bild seines Stückes »Das Leben des Galilei« auf den Punkt: »*Die Winkelsumme im Dreieck kann nicht nach den Bedürfnissen der Kurie abgestimmt werden.*« Denn sie ist, was sie ist, und dies unumstößlich von menschlichen Machtansprüchen.

Der herrschenden Welt und der Sprache dieser Zeit fehlte zunächst auch eine passende Bezeichnung für *die Lichtgestalt,* die ein Jahr nach dem Tode von Galilei das Licht dieser Welt erblickte und viel desselbigen in diese bringen sollte.

Da auch die *Physik* mit ihm erst mitgeboren wurde, wurde er erst mal als *Philosoph* bezeichnet: Sir Isaac Newton (1643-1727) gilt aufgrund seiner Leistungen, vor allem auf den Gebieten der Physik und Mathematik, als einer der größten Wissenschaftler aller Zeiten. Seine *Principia Mathematica* wird als eines der wichtigsten wissenschaftlichen Werke überhaupt eingestuft, es ist das erste Buch über *theoretische Physik.*

Im Gegensatz zu Galilei wurde ihm jedoch bereits zu Lebzeiten Ehre zuteil: 1705 wurde er von Königin Anne wegen seiner Verdienste um die Wissenschaft zum Ritter geschlagen, was der Kirche sichtlich missfiel.

Galilei, Newton und die vielen anderen Wissenschaftler ihrer Zeit standen um die Geburtswiege unserer heutigen *materiellen* Welt herum. Jeder hatte seinen Beitrag geleistet. Nicht nur aus Gründen der Verjährung können wir an dieser Stelle aber getrost auf einen Vaterschaftstest verzichten. Denn auf die Geburtswehen folgte die bis heute anhaltende Freude über die Geburt eines *neuen Weltbildes*: Ein rasant wachsendes und fruchtbares Geschöpf, für jeden sichtbar und begreifbar.

Als das neue Weltbild sprechen konnte, sagte es: Die Schöpfung und unsere Welt ist in ihrem Urgrund *stofflich* (und damit *materiell*). Es gibt keine nachprüfbaren und vermessbaren geistigen Wesenheiten als Urgrund, denn der Stoff, die Materie ist das Einzige, was greifbar und nachweisbar ist.

Als dieses Weltbild laufen konnte, rannte es überall hin: In die große Welt (Makrokosmos) ebenso wie in die winzige Welt des Mikrokosmos. Bis hinein in den abgelegensten Winkel beeinflusste das materialistische Weltbild die Sichtweise der Menschheit: *Aus Weisheit wurde Wissen, aus Wissen wurde Macht. Aus dem persönlichen »Ich« und wärmenden »Wir« wurde ein seelenloses »Es«.*

Die Denk- und Erlebnisweise der Frühzeit war dagegen genau *umgekehrt.* Sie ist der heutigen vollkommen entgegengesetzt und besagt: Der Urgrund aller Schöpfungsmythen ist *Gott,* das ganze Universum ist von Gott durchdrungen, im großen Makrokosmos ebenso wie im kleinen Mikrokosmos. Auch wenn Gott in anderen Kulturen anders heißen mag, ist es doch immer eine allmächtige Schöpferkraft. *Und alles ist mit allem in Verbindung und schwingt miteinander, wie oben so unten.* Jedes stoffliche Gebilde ist eine sichtbare Offenbarung des dahinterliegenden *Schöpfergeistes.* Jede Lebensform (Mensch und Natur) bildet eine Manifestation eines stofflich geformten Gottesgedankens oder einer Ur-Schwingung.

Da alle diese Lebensformen, ob in den Planeten, im Mensch, Tier, in der Pflanze oder im Stein *von* und *aus* Gott sind, sind sie ebenso unsterblich. Ihre sichtbaren Körper sind lediglich die Hüllen, mit denen sich diese zeigen und offenbar werden. Und diese unsterblichen Lebensformen befinden sich auf einer ewigen Wanderung durch unzählige Wiedergeburten, mit nur einem Ziel: Der Wiedervereinigung mit ihrem Urgrund, mit dem Ur-Gott aller Schöpfung. (72)

Rein sachlich und wertfrei betrachtet, erkennen wir also zwei Weltbilder: Unser heutiges materielles folgt zeitlich auf das ideelle der Frühzeit.

Worin liegt nun der gravierende Unterschied?

»Das wissenschaftliche Denken bewegt sich (nur) innerhalb klar definierter Ebenen und Schichten der formalen Realität, weswegen wir aufgrund der linear-kausalen Struktur vom waagerechten Denken und Weltbild sprechen wollen, in Polarität zum senkrecht-analogen Denken von früher.« (73)

Was folgt hieraus? Wer dies erkennen will, entdeckt heute eine Polarität von linear-kausalem = waagerechtem Weltbild unserer derzeitigen materialistischen Welt und senkrecht-analogem Weltbild der ideellen Welt der Frühzeit. (74) Flapsig betrachtet eigentlich nichts anderes als eine veränderte Betrachtungsweise: Die Menschen der Antike hatten ihre ideellen Götter und wir haben unsere materiellen: Autos, Flugzeuge, Raketen und unzählige Statussymbole.

Um die Auswirkungen dieser *radikalen Weltbildumkehrung* auf uns Menschen (Körper-Seele-Geist) besser deuten und verstehen zu können, machen wir ein Paar Freikarten locker.

Es sind Freikarten für Mozarts letzte Symphonie, die sogenannte Jupitersymphonie in C-Dur (KV 551, Symphonie Nr. 41).

1788 zeitgleich zur »Zauberflöte« geschrieben und dem Göttervater Zeus (= Jupiter) geschuldet, ist diese trotz (oder gerade wegen) schwerer Schicksalsschläge Mozarts (finanzielle Nöte und Tod des Vaters) von nahezu kosmischer und überirdischer Klarheit und Harmonie.

Wir treffen uns in Abendgarderobe vor einem renommierten *Klangkörper*, auch landläufig Opernhaus genannt. Wir, das sind zum einen ein bekannter Mediziner sowie ein Stararchitekt, welche nach Regeln der »alten Physik« lernten und lehren, zum anderen der Autor dieses Buches. Im Anschluss an das Konzert wollen wir beim »Italiener« um die Ecke unsere persönlichen Wahrnehmungen austauschen. Vor dem Konzert verteilen wir die Rollen: Das besondere Augenmerk des *Biophysiker* gilt dem *Orchester*, das des *Architekten* dem *Aufbau des Orchestersaals.*

Beide wollen sich mit einer detaillierten Schilderung ihrer Wahrnehmung für die Freikarten erkenntlich zeigen.

Gesagt, getan! Das Konzert ist überirdisch schön, dreißig Minuten tosenden Applauses sprechen eine deutliche Sprache über die Resonanz beim Publikum.

Wir bahnen uns einen Weg nach draußen, vorbei an der *Standing Ovation* der begeisterten Zuhörer, hinüber zum leckeren italienischen Restaurant. Nach den gemeinsamen Antipasti wollen wir uns nun zunächst anhören, was der Physiker in Bezug auf das Orchester wahrgenommen hat, und zwar am besten, bevor seine bestellte Pizza Calzone eintrifft.

Er beginnt mit den Worten: »Die Musiker sind allesamt der Species *homo sapiens* zuzuordnen. Pro Exemplar (maskulin wie auch feminin) kann in Bezug auf die Blutgefäße von einer Gesamtlänge von etwa 100.000 Kilometern ausgegangen werden. Alle 90 Sekunden werden in den Plasmazellen viele Millionen von Antikörpern aus circa 120 Aminosäuren aufgebaut. Pro Stunde kann man von der Neubildung von 200 Millionen Erythrozyten ausgehen.«

Sein Forscherdrang wird nur ganz kurz von der inzwischen eingetroffenen Pizza unterbrochen, deren Corpus er mit wenigen Schnitten fachmännisch seziert.

Weiter geht's: »Pro Sekunde finden 10 hoch 30 physikalisch-chemische Reaktionen statt, 10 Millionen Zellen sind in diesem Zeitintervall abgestorben und gleichzeitig wieder neu aufgebaut worden. Das ergibt 600 Milliarden Zellen pro Tag.«

Er nimmt einen Bissen in den Mund und ergänzt: »Hätten die Musikerinnen und Musiker fünf Tage am Stück weitergespielt, hätte sich ihre Magen- und Darmschleimhaut komplett erneuert.« (75)

Er wollte uns gerade auch noch über die Erneuerungsintervalle der Leber, des Fettgewebes wie auch des kompletten Skelettsystems berichten, als ihn der Architekten freundlich aber bestimmt unterbrach: »Lasst Euch nun bitte meine Wahrnehmungen der Raumarchitektur schildern. Ich muss das jetzt sofort tun, sonst erreiche ich den letzten Bus nicht mehr und das gibt dann Ärger zu Hause.«

Er nippt noch an seinem Espresso, den er bereits mit der Vorspeise geordert hatte und legt dann los: »Grundfläche des Saales: 1284, 96 Quadratmeter, 32,14 Meter tief, 39,98 Meter breit und 19,48 Meter hoch. Das ergibt einen Rauminhalt des Klangkörpers von 25030,97 Kubikmetern. Mit diesem nimmt er exakt 18,0 Prozent des Gebäudegesamtvolumens von 139060,94 Kubikmetern ein. Bühne 38,23 mal 6,01 mal 2,39 Meter, also 549,132 Kubikmeter. 45 Sitzreihen mit je 60 Plätzen, plus 3 Notsitze, ergibt 2703 Sitzplätze total. Flexibel verstellbarer Operngraben mit Platz für 130 Musiker.«

Nach diesem Statement verabschiedet er sich kurz und bündig, nimmt seinen Mantel von der Garderobe und verschwindet im Dunkel der Nacht. Bezahlt hatte er bereits vor dem Espresso.

Und hier endet nüchtern und sachlich der gemeinsame Konzertabend mit zwei hoch respektierten und dotierten Koryphäen einer wissenschaftlichen Welt, die mehr und mehr der Vergangenheit angehört.

»Wie denn? Was denn? Und kein Wort über das *Wesentliche*: Über Mozarts göttliche Musik, die unsere Seele zum Träumen und Schmelzen bringt?« fragt da sicher jeder, der dieses Buch in Händen hält.

Nein, kein Wort! Im ersten Moment mag dies drollig oder absurd erscheinen. Aber leider nur im ersten, denn: Die Wissenschaft, »die mechanistische Theorie postuliert, dass sämtliche Lebensvorgänge, darunter das menschliche Verhalten, prinzipiell in physikalischen Begriffen erklärt werden können.« (76).

Und diese alte Physik orientiert sich am Greifbaren, Messbaren und Materiellen. Für die Seele gibt es diesem Weltbild keinerlei Existenzberechtigung, denn man kann sie weder sehen noch vermessen. Mit der künstlerischen Ästhetik in Malerei und Musik verhält es sich ähnlich. Auch Gefühle und Emotionen der menschlichen Psyche sind nicht direkt fassbar. Doch hierfür gibt es eine Lösung, denn: *»In der Psychologie lässt sich das Problem der Beziehung zwischen Geist und Körper umgehen, indem man die Existenz mentaler Zustände ignoriert.«* Rupert Sheldrake (76)

Vielleicht meldet sich an dieser Stelle eine Souffleuse oder ein Souffleur in unserem Ohr, welche/r da sagt: »Na ja, das ist halt so bei den Wissenschaftlern wie in dem obigem Beispiel: Forschen irgendwo in ihrem stillen Kämmerlein und erreichen sowieso keinen Normalsterblichen mit ihrer Sichtweise.«

Aber Obacht: Wer das glaubt, der hat womöglich die Rechnung ohne den Wirt gemacht.

Warum das denn? Auch die Wirtschaft und die Politik, die unser aller Leben so massiv mit bestimmen und prägen, bauen komplett auf dem materialistischen Weltbild, die meisten Protagonisten auf der Weltbühne von Macht und Geld kennen das neue Weltbild zwar sehr wohl, doch ist dieses Weltbild nicht geeignet, Macht und Mammon zu mehren – fordert und fördert es doch die Individualität und Selbstverantwortung. Das wollen wir wertfrei hier feststellen. Das ist heute so!

Vom Beispiel unseres inszenierten Konzertbesuches können wir eine nüchterne und sachlich korrekte Erkenntnis ablesen: *Die Schutzpatrone dieses materialistischen Weltbildes heißen weder Emotion, noch Gefühl oder gar Seele.*

Wer also (seine) Seele im *Außen* des materialistischen Weltbildes sucht, der ist schlichtweg auf dem Holzweg. Die kann er naturgemäß dort niemals finden, auch wenn er noch so lange sucht.

Was bleibt? Wieder mal ein Blick auf Albert Einstein, den genialen Physiker und leidenschaftlichen Musikliebhaber, der auch selbst Geige spielte. Überliefert ist sein Zitat nach dem legendären Auftritt des Yehudi Menuhin 1929 in der Berliner Philharmonie: *»Nun weiß ich, dass es einen Gott im Himmel gibt.«*

Dieses Zitat macht Hoffnung. Hoffnung auf ein Miteinander von Kopf und Herz. Hoffnung auf ein Zusammenwachsen von materialistischem Forschen einerseits und idealistischem Erfühlen andererseits, irgendwann einmal.

Solange wollen wir nicht warten und schließen auch dieses Kapitel mit einem Bibelzitat: »*Hilf Dir selbst, dann hilft Dir Gott*«.

2) Die Symbolik erfahren: Wahr-nehmen im senkrechten Weltbild

Einen rein *kausalen* Zusammenhang zwischen den Geschehnissen im Makrokosmos Universum zum Mikrokosmos Mensch herstellen zu wollen, würde jeder augenblicklich als absurd entlarven, wenn wir auf eine andere Ebene der Analogie wechseln: Kein vernünftiger Mensch würde doch seinen Fieberthermometer für seine erhöhte Temperatur verantwortlich machen; und sicher auch niemand sein Blutdruckmessgerät für einen besorgniserregenden Blutdruck. Das sind Messgeräte, die uns anzeigen, wo wir stehen. Sie sind weder gut, noch schlecht, sondern wertfrei. Erst, was wir von ihnen ablesen, bewerten wir.

Szenenwechsel: Und genauso wenig wie es ein Fieberthermometer kümmert, wie viel »Fieber« der Messende hat, ebenso wenig interessiert es den Saturn, ob wir gerade einen finanziellen Engpass haben. Oder den Uranus, ob uns der Partner plötzlich verlässt oder ob wir von jetzt auf gleich gekündigt werden. Das ist reine Projektion des Menschen und ein weitverbreitetes (astrologisches) Missverständnis.

Konkret: Der Partner verlässt uns nicht plötzlich, *weil* Uranus in einer bestimmten Konstellation steht. Das ist blanker Unsinn. Auch stehen wir nicht kurz vor der Insolvenz, *weil* wir mitten in einer Saturn-Phase stecken. Weit gefehlt.

Vielmehr ist es so: Unser Partner verlässt uns *und* Uranus steht in einer bestimmten Konstellation. Der wesentliche Unterschied liegt in dem Wort *und.* Dieses eine Wort verrät alles: Bei *weil* wird im Kontext unseres gegenwärtigen materialistischen Weltbildes eine kausale Beziehung einfach unterstellt (»Das ist so, *weil*«).

Aus der Verbindung *und* spricht das analoge Denken in der Synchronizinität (»Das eine ist *und* das andere ist«). Hier fallen zwei Ereignisse synchron zusammen, aber *nicht aufgrund einer kausalen Beziehung.* Sondern als gleichzeitige Geschehnisse auf unterschiedlichen Ebenen der Analogie. Von diesen Ebenen der Analogie gibt es unendlich viele.

Wer nun das Denken in Analogien mit seiner Kenntnis der Archetypen kombiniert, der kann mit etwas Übung alle Erscheinungsformen des Mikrokosmos und Makrokosmos in einen sinnvollen Bezug zueinander setzen!

Wer sich damit gut auskennt, kann sich frei zwischen den Analogie-Ebenen bewegen und die Wirklichkeit aus allen nur erdenklichen Blickwinkeln beleuchten. Im Kapitel »Von Stauseen und Thrombosen« haben wir einen solchen ersten Wechsel der Ebenen gemeinsam vollzogen.

Nichts anderes haben übrigens unsere Vorfahren getan, die noch keine kosmischen Analphabeten waren, sondern in der Ganzheit von *oben und unten* lebten. Um diese unterschiedliche Denkweise besser zu verstehen, schauen wir mal in den Bereich des menschlichen Körpers, in dem das Denken stattfindet. Schauen wir in seinen Kopf: Der Mensch besitzt zwei Gehirnhälften, eine linke und eine rechte. Die eine Seite kümmert sich mehr um den Yang-Anteil (den männlichen Teil), der sitzt in der linken Gehirnhälfte. Verstand, rationales Denken und so weiter werden hier gesteuert.

Im rechten Teil ist die weibliche Seite (Yin-Anteil) beheimatet. Diese Gehirnhälfte kümmert sich unter anderem um unsere Intuition, Gefühle und auch »symbolisches Denken«.

Das hat die Evolution gut verteilt: Yin und Yang in trauter Zweisamkeit in einem Kopf.

In unserer überwiegend rationalen Welt, die sich hauptsächlich auf das wissenschaftlich begründbare und nachprüfbare Denken beruft, wird der männliche Teil weit mehr gefördert und gefordert. Das ist so.

Die weibliche Seite führt bestenfalls ein Schattendasein. Zum Glück ist offensichtlich noch keiner auf die Idee gekommen, die eigentlich »überflüssige« Seite, die weibliche also, herauszuoperieren.

Im Grunde zeigt doch die Evolution sehr anschaulich, dass für rationales (Yang) und symbolisches Denken (Yin) Platz genug in einem Kopf ist. Und dass beide hervorragend nebeneinander existieren können. Die Evolution und das »schöpferische Universum« (76) haben sich diese sinnvolle Zweisamkeit sicherlich gut und lange vorher überlegt.

Wir leben in einer Zeit, in der dieses Pendel (vor allem in der westlichen Welt) extrem auf die Yang-Seite, den männlichen Pol schwingt. Diese Welt des Materialismus scheint einen solchen Reiz auszuüben, dass alles andere entweder ganz auf der Strecke bleibt oder zu kurz kommt. Und vor allem: Die sichtbare materielle Welt ist für die meisten zur einzig wirklichen geworden. Es ist ihre gesamte Wirklichkeit. Wir alle wissen, dass Einseitigkeit nicht unbedingt förderlich ist für die Gesundheit des Menschen.

Einseitige Ernährung kann zu Mangelerscheinungen führen. Wenn in einem Boot alle Passagiere auf eine Seite wechseln, so hat das nicht selten zum Untergang geführt. Nicht umsonst suchen wohl alle »brauchbaren« Welt-Philosophien nach der Mitte. Dort sind Balance und Harmonie zu Hause, Ruhe und Ausgeglichenheit. Und in der Ruhe liegt die Kraft, sagt das Sprichwort. Demnach läge in der Unruhe die Kraftlosigkeit.

Zumindest macht die Hektik unserer lauten und unruhigen materialistischen Welt die Menschen nicht gesünder, wie die Statistiken deutlich beweisen. Eher das Gegenteil von gesund, also krank: *»Doch unser wissenschaftliches Zeitalter ist* *krank, es ist unheil, da es zu glauben anfing, dass die Bilder, die man von der Welt entwarf, bereits die Wirklichkeit sind. Die Wissenschaft blieb in den Formen stecken und erklärte sie zur Wirklichkeit.*

Man beraubte die Formen ihrer Bedeutung – und die Welt sank in die Bedeutungs-losigkeit; Formen ohne Sinn sind sinnlos. Die formale, materielle Welt wurde zum Selbstzweck – man glaubt, ohne das Numinose, das Metaphysische, ohne das »Göttliche« leben zu können. Hier liegt der Fehler: vegetieren vielleicht, leben nicht. Denn Leben bezieht seinen Wert aus dem Sinn- und dieser liegt außerhalb bloßer Formen, Funktionen oder Fortschrittsideologien.« (77) Diesen perfekt formuliert Erkenntnissen von Thorwald Dethlefsen ist nichts hinzuzufügen, sprechen sie doch für sich selbst!

Deshalb abschließend nur noch ein Zitat von C. G. Jung über das rein wissenschaftliche Denken in unserer Welt: »*Wissenschaft ist die Kunst, passende Illusionen zu erzeugen, die Narren entweder glauben oder dagegen argumentieren. Ein weiser Mensch erfreut sich dagegen an ihrer Schönheit oder ihrem Scharfsinn, ohne jedoch die Augen gegenüber der Tatsache zu verschließen, dass all diese Erklärungen menschliche Schleier und Vorhänge sind, die die abgründige Dunkelheit des Unergründlichen verdecken sollen*«.

3) Der Kreis schließt sich: »Alles ist in allem und alles ist in mir«

Mit jeder Seite dieses Buches haben wir bisher Perlen der Erkenntnis aneinandergereiht. Die Ausflüge hin zur Urschwingung, zur Entstehung der »Welt«, Einstiege in das *Urwissen der Menschheit,* Exkursionen zu *Mikrokosmos und Makrokosmos,* all' unsere Erfahrungen und Eindrücke beim Einsammeln der weitverstreuten Puzzleteile und Mosaiksteine: Sie alle münden letztlich in jeder Zeile in nur *einer* Erkenntnis.

Diese Erkenntnis lautet: *Wie im menschlichen Körper (Mikrokosmos) sind die Zellen des Universums (Makrokosmos) miteinander in Verbindung und ständigem Austausch. Dabei gilt Mikrokosmos = Makrokosmos und umgekehrt.* Alles ist *ein* Körper, *eine* Ganzheit und damit *Ein*heit. Kurz ausgedrückt: *Alles ist in allem und alles ist in uns.* In unserer Welt der Polarität (oben *und* unten, Yin *und* Yang, Tag *und* Nacht, Leben *und* Sterben et cetera) mag dieser Eindruck der *Getrenntheit* entstehen. In Wirklichkeit gibt es aber keine Trennung.

Wie bereits an anderer Stelle erwähnt, wurden durch den Urknall und damit der bis heute andauernden Expansion des Universums lediglich unendlich viele Puzzleteile und Mosaiksteinchen aus der *Ein*heit in die *Viel*heit hinausgeschleudert. Seitdem sind diese Teile auf der Suche nach Einheit, jedes an seinem Platz und unendlich weit auseinander.

Haben wir deshalb ab und zu in unserem Leben das Gefühl, etwas wiederzuerkennen? Und das, obwohl unser Verstand sagt: »Das kann doch gar nicht sein! Das gibt's doch gar nicht!«

Wir hören ein Wort, einen Satz, einen Gedanken, sehen einen Ort, ein Haus, eine Landschaft oder auch nur ein Bild, nehmen einen Geruch oder ein Geräusch wahr und glauben im ersten Moment, etwas »Neues »kennenzulernen und doch durchzuckt es uns in noch im selben Moment: *»Schon mal gehört, schon mal gesehen, schon mal erlebt!«* Längst ist der Begriff *»Déjà vu«* in unseren täglichen Sprachgebrauch übergegangen, und jeder weiß, was damit gemeint ist. Und genau diese Erfahrung machen wir (vor allem unser Unterbewusstsein), wenn wir mit der Schwingung der Archetypen in Resonanz gehen. Denn diese archetypischen Urschwingungen der Planeten verkörpern die für unser Leben auf Mutter Erde wichtigsten Resonanzen in uns selbst: *Sonne, Venus, Mond, Mars, Jupiter, Saturn, Uranus, Neptun und Pluto.*

Von besonderer Bedeutung für unser Leben sind dabei die Schwingungen unseres *Aszendenten* (der aufsteigende Tierkreis/Archetyp in unserer Geburtsminute) und des *Sternzeichens* (repräsentiert durch die Sonne im entsprechenden Tierkreiszeichen).

Unser Mikrokosmos (Körper-Seele-Geist) entspricht dem Makrokosmos Universum zum Augenblick unserer Geburt, denn es gilt: »Wie oben so unten«, »wie innen so außen« und »Mikrokosmos = Makrokosmos«. *Mit dieser Erkenntnis haben wir einen Schatz wiederentdeckt, dessen Existenz nun zwar angesprochen ist, der aber erst noch im Inneren erspürt und entdeckt werden will.* Und dann werden wir reich beschenkt wie die Schatzsucher in den Legenden und Märchen.

Und wie diese werden wir unser weiteres Leben in (innerer) Fülle und Wohlstand führen können.

Wie kann das gelingen? Das klingt ja nach in uns *fühlbarer Planetenschwingung.* Ja, so ist es auch tatsächlich. Zwar erscheinen Planetenschwingungen ohne Oktavierung zunächst »unhörbar« für unsere äußeren Ohren. Und doch sind sie stets präsent in unserem Zellbewusstsein, sie sind sozusagen eincodiert in unserem Unterbewusstsein, in unseren Genen, in unserer DNS. Somit sind sie jederzeit hörbar für unsere *inneren* Ohren! Unsere Innenwelt geht mit der Außenwelt in Resonanz.

Weshalb ist dies so? Die Antwort ist so einfach wie einleuchtend: Seit Milliarden von Jahren (eine Milliarde sind 1000 Millionen) durchdringen und durchschwingen diese Planeten einfach alles auf Mutter Erde. Denn als Bestandteil des Makrokosmos Universum sind dieses Schwingungen gleichzeitig in jeder Faser von Mutter Erde. Denn es gilt: Alles ist in allem und alles ist in uns. Sie sind demnach auch ein Teil von Dir und mir, und wir kennen sie.

Und wir erkennen sie augenblicklich wieder (»Déjà vu«), wenn wir deren Frequenz zum Beispiel über unsere äußeren Ohren oder Sensorzellen der Haut mit den inneren in Kontakt und Resonanz bringen.

Das ist wie ein Wiedersehen unter Freunden, die irgendwann einmal durch irgendwelche Lebensumstände getrennt wurden: Sie liegen sich freudig in den Armen und können ihr Glück kaum fassen. Und urplötzlich, wie aus heiterem Himmel, ist es wieder da: Dieses verbindende Gefühl von Urvertrauen, egal wie lange die zeitliche und räumliche Trennung war.

Unsere Seele trägt diese Urschwingungen in sich, diese »Himmelsharmonie«, diese »Harmonie der Sphären«, wie sie unter anderem Johannes Kepler bezeichnete und somit seine Entdeckungen und Erkenntnisse in den Raum unseres abendländischen Wissenschaftsdenkens integrierte.

Entdecken bedeutet im Fall der Urschwingungen und Archetypen: Kepler wie auch alle Forscher und Denker vor ihm und nach ihm, die sich mit dem Wesen der Archetypen (Urschwingungen) befasst haben oder befassen, heben lediglich den ständig vorhandenen Schatz des menschlichen Ahnens, Fühlens und Wissens aus dem Unterbewusstsein ihrer Zeitgenossen in deren Bewusstsein. Denn wie kann man etwas entdecken, was von Ewigkeit zu Ewigkeit existiert und tief in unserer Seele eincodiert ist?

Mit dieser Frage beschäftigt sich das nächste Kapitel.

4) Das kollektiv Unbewusste in uns allen

Unser Ausflug ins *kollektiv Unbewusste* führt unser auf direktem Wege zu den *Archetypen.* Offensichtlich sind diese Urprinzipien (Urschwingungen) = Archetypen *a priori* (78) vorhanden. Die Reihe der Namen, die ihre Forschung den Archetypen (den Ur-Prinzipien) verschrieben haben, ist ebenso beeindruckend wie Respekt auslösend: Plato und Pythagoras sind die ersten überlieferten Denker und Forscher, gefolgt von Plinius, Cicero und Claudius Ptolemäus in der Antike, um nur einige zu nennen.

In der Neuzeit steht ein Name sozusagen als Synonym für die Archetypen: Es ist *C. G. Jung*, der Schweizer Psychologe und Psychiater (1875-1961), ein Schüler Sigmund Freuds. (79) Seine Forschungen mündeten allesamt in der Erkenntnis des kollektiven Unbewussten und damit der Archetypen. Er sagt: »*Das kollektiv Unbewusste ist die gewaltige Erbmasse der Menschheitsentwicklung, wiedergeboren in jeder individuellen Struktur*«

Und weiter: »*Das kollektiv Unbewusste entwickelt sich somit nicht individuell, sondern wird vererbt. Es besteht aus präexistenten Formen, Archetypen, die erst sekundär bewusst werden können und den Inhalten des Bewusstseins festumrissene Form verleihen.*«

Er hat uns weiter gelehrt, dass es ebenso unklug wie unmöglich ist, archetypisches Urwissen verdrängen oder gar abschaffen zu wollen. Konkret würde dies nämlich bedeuten: Wir wollen Teile von uns herausoperieren und auf den Müll schmeißen. Im Gegenteil: Erst die Bewusstheit, das Bewusstsein kann dunkle Anteile ins Licht bringen und diese beleuchteten Schattenanteile in der Folge in die Gesamtpersönlichkeit des Menschen integrieren helfen.

C. G. Jung machte unmissverständlich deutlich, dass die Urschwingungen (Archetypen) in allem Lebendigen und Unlebendigen stecken. So ist es für ihn auch nicht verwunderlich – und er legt hierfür unzählige Beweise vor – dass es ein globales Ur-Wissen um die Archetypen in allen Kulturen gibt, in Form von Legenden, Sagen, Märchen und Mythen, Liedern oder Dichtkunst. Diese Feststellung C. G. Jungs war die Grundlage seiner Idee, dass diese Archetypen bei allen Menschen rund um den Globus einer gemeinsamen identischen oder auch kollektiven Seelenstruktur ihren Ausdruck verleihen. Zudem drücken sich diese zum Beispiel in Träumen oder Körpersymptomen des Individuums aus.

Auch die Schöpfungsmythen verschiedener Kulturkreise weisen unzählige Parallelen auf. Dieses Urwissen ist immer präsent und wesentlich, von Ewigkeit zu Ewigkeit. Im kollektiv Unbewussten schlummert ein unglaublicher Schatz für uns alle. Für die meisten Menschen bleiben die Archetypen dennoch ein Leben lang unbewusst. Auch dem Kollektiv, also der Gesellschaft.

Als Wortspiel könnte man in Anlehnung an C. G. Jung viele Nationen ein *unbewusstes Kollektiv* nennen.

Bleibt in diesem Zusammenhang noch eine wichtige Frage zu klären: Worin liegt nun eigentlich der Unterschied zwischen Wissen und Urwissen der Menschheit?

Das Wissen der Menschen ist in kürzester Zeit gewaltig angewachsen, keine Generation vor uns wusste soviel, und täglich wird es mehr. Über das Internet kann heute (fast) jeder teilhaben an diesem globalen Superhirn des Wissens.

Das Urwissen und die Weisheit dagegen blieben und bleiben, *wo* sie waren und *was* sie waren. *Wissen wird in Kopf und Verstand erdacht und gedacht, Urwissen dagegen wird ganzheitlich in Körper, Seele und Geist erlebt und erfahren. Weisheit geschieht im Herzen.*

Bei den meisten heute lebenden Menschen schlummern Urwissen und Weisheit aber einen regelrechten Dornröschenschlaf, bei manchen ein ganzes Leben lang. Weisheit und Urwissen warten bei jedem geduldig, bis sie wachgeküsst werden.

Wie kann das geschehen? Einen genial einfachen Zugang finden wir in der Klangarbeit mit den Planetenschwingungen der Archetypen. Denn durch das Einschwingen und das ganzheitliche Erleben der archetypischen Urschwingungen wird theoretischen, seit alten Zeiten überlieferten Philosophien ein für jeden direkt und konkret erfahrbarer (Selbst-) Erfahrungsraum hinzugefügt.

Der weitere Verlauf könnte dann in unserem realen Leben wie im Märchen identisch sein:

»Und sie schwangen glücklich und zufrieden bis zu ihrem Lebensende. Und wenn sie nicht gestorben sind, so schwingen sie noch heute.«

»Was Du ererbt von Deinen Vätern hast,
Erwirb es, um es zu besitzen.«

Johann Wolfgang von Goethe im *Faust*

5) Archetypen: Die Grundbausteine aller Existenz

Radikal vorzugehen, heißt im eigentlichen Sinne: zur Wurzel gehen, denn *Radix* bedeutet lateinisch: *Wurzel.*

Gehen wir deshalb zunächst zur Wurzel des Begriffes Archetyp, gehen wir zu seinem etymologischen Wortstamm: Das altgriechische Wurzelwort des Wortes Archetyp lautet *arch* und steht für *urtümlich* oder *uranfänglich*, griechisch *typein* steht für *prägen.*

Wenn wir also beide Teile zusammenfügen, so ergibt sich: *Archetyp = uranfängliche Prägung.*

Der bereits erwähnte C. G. Jung (1875-1961) ist in unserem Bewusstsein der Name und das Synonym für die Persönlichkeit, deren Lebenswerk wir mit dem Begriff »Archetypen« verbinden. Er hat dabei für uns in der jetzigen Zeit lebenden Menschen den zeitlosen Schatz des menschlichen Ahnens, Fühlens und Wissens in Form der Archetypen anschaulich »reaktiviert« und nähergebracht.

Ein Gang in die Geschichte zeigt: C. G. Jung war nicht der Erste, und er hat prominente »Vorgänger« aus verschiedenen Bereichen und Epochen: Plato und Pythagoras sind die ersten überlieferten Denker und Forscher, gefolgt von Plinius, Cicero und Claudius Ptolemäus in der Antike, um nur einige wenige dieser Zeit zu nennen. Philo und Irenäus verwenden bereits im Altertum den Begriff »Archetypen«. Johann Wolfgang von Goethe spricht von »Urbildern«. Für die Ethnologie bezeichnet sie Levy-Bruhl als »représentations collectives«, in der Biologie verwendet sie Alverdes, und die Mythen und Märchen schließlich sprechen von »Motiven«.

C. G. Jung selbst übernahm den Begriff *Archetypen* vom Schriftsteller und Psychoanalytiker H. Silberer (1882-1923). Auch zitiert er selbst an vielen Stellen Platons Philosophie der »über-himmlischen Ideen«.

Das Gemeinsame: Alle erwähnten Denker bezeichnen mit dem archetypischen Gedankengut *sinnhafte und wirkungsvolle Strukturen*, die zwar aller Erscheinungsform zugrunde liegen, aber sich *zunächst noch nicht* in gestalthaft ausgeformten und anordnenden Strukturen zeigen und manifestieren. Sie sind *a priori* (78) vorhanden, das heißt sie existieren bereits *vor* jeder Formwerdung.

Jung hat deutlich darauf hingewiesen, dass es sich bei den archetypischen Mustern um *universell gültige* und *überpersönliche* Faktoren handelt, deshalb hat er diese Schicht als das »kollektive Unbewusste« bezeichnet (siehe auch voriges

Kapitel): »*Diese Muster funktionieren ähnlich wie Instinkte, beziehen sich aber auf das geistige Leben des Menschen. Sie sind als strukturell universale, formal variierende Bildschemata überall in der Welt nachzuweisen.*« (80)

Jungs Unterschied zu Sigmund Freud: C. G. Jung war der festen Überzeugung, dass diese Muster (»Motive«) nicht nur Maskierungen von individuell-persönlichen und traumatischen Erlebnissen darstellen. Freud verfolgt die Theorie, dass diese verdrängt (sublimiert) werden und dadurch ins Unterbewusstsein absacken und von dort aus zum Teil verwirrende Signale senden können.

Johannes Kepler verwendet den Begriff »Archetyp« im harmonikalen und planetarischen Kontext. Er sagt, die »Harmonie der Sphären« sei in der Seele des hörenden Menschen archetypisch eingeprägt und befände sich tief in ihr.

Wir Menschen (als Körper-Seele-Geist) erkennen diese Schwingung wieder, so Kepler, indem sie mit dem in uns gespeicherten Archetyp verglichen wird. Wir treffen auf »alte Bekannte« und schwingen uns darauf ein.

Wenn wir also mit Archetypen arbeiten, ist gleichzeitig auch sichergestellt, dass wir alle wesentlichen und zur Ganzheit gehörenden Schwingungen in unser Tun integrieren.

Die Namensgeber der Archetypen sind die Planeten *Merkur, Venus, Mars, Mond, Pluto, Jupiter, Saturn, Uranus, Neptun* und die Sonne.

Zu beachten gilt: Sie geben den Archetypen *nur ihren Namen*, der rein symbolisch zu verstehen ist. Die Archetypen könnten ihre Bezeichnung theoretisch auch von Flüssen oder Bergen haben. Wohlgemerkt: Könnten! Haben sie aber nicht. Und wenn wir uns die (symbolische) Bedeutung der Sterne in früheren Zeiten anschauen, macht die Namensgebung nach Planeten auch Sinn und wir können das leicht nachvollziehen: »*Sie (die Sterne) verhinderten, dass die Suchenden irgendwo strandeten oder gar an Klippen zerschellten. Schon damals halfen die Sterne dabei, sicher im Leben voranzukommen und das gewünschte Ziel zu erreichen. Die richtige Deutung der Sterne und Planeten ist offensichtlich eine bewährte Hilfe seit Menschengedenken. Und genau dies macht die Astrologie: Sie liefert ein ›Koordinatensystem‹, mit dessen Hilfe sich jeder auf seinem Lebensweg besser zurechtfinden kann.*« (81)

Wenn wir also in der Folge von *Venus, Mars, Mond* und so weiter sprechen, meinen wir damit den entsprechenden Archetyp (Urprinzip), der hier wirkt, und nicht die körperlichen Repräsentanten am Himmel (*das ist das Betätigungsfeld der Astronomie).*

Weit geläufiger als die Bezeichnung Archetyp (oder Urprinzip) sind umgangssprachlich die *Sternzeichen*. Die kennt jeder. (82) In der nachfolgenden Tabelle erkennen wir die Zuordnung der Tierkreiszeichen (= Sternzeichen) zum jeweiligen Archetyp.

Sternzeichen und Archetypen sind die zwei Seiten derselben Medaille. Es gibt zwölf Sternzeichen und zehn Urprinzipien (= Archetypen). Venus und Merkur sind derzeit die sogenannten Herrscher von jeweils *zwei* Sternzeichen: Merkur für *Zwilling* und *Jungfrau*, Venus für *Stier* und *Waage*.

Sternzeichen	Archetyp = Urprinzip
♈ Widder	♂ Mars
♉ Stier	♀ Venus
♊ Zwilling	☿ Merkur
♋ Krebs	☽ Mond
♌ Löwe	☉ Sonne
♍ Jungfrau	☿ Merkur
♎ Waage	♀ Venus
♏ Skorpion	♇ Pluto
♐ Schütze	♃ Jupiter
♑ Steinbock	♄ Saturn
♒ Wassermann	♅ Uranus
♓ Fische	♆ Neptun

Schwingung und Gesundheit

1) Das Feld, welches uns krank macht

»Wie das Ei eine Schale braucht, um das Küken in sich reifen zu lassen, brauchen wir eine Zeitlang die Starre und Beharrlichkeit der seelischen Festung, um ein stabiles Ich entwickeln zu können …

Aber wir müssen irgendwann die Eischale durchbrechen, um weiterzuleben und uns weiterzuentwickeln … Das verdorbene Leben in der Seelenfestung erzeugt Spannungen und Frustrationen, die nach außen hin als Aggression, zerstörerische und selbstzerstörerische Impulse, als Verbitterung und Groll abgefackelt werden. Oder der eingeschlossene Mensch wird im Gegenteil ganz besonders still, zurückgezogen und gehemmt, was im Extremfall zu völliger Apathie, Gefühllosigkeit und sogar dem Vortäuschen von Behinderung führt. Eine dritte Möglichkeit besteht darin, dass körperliche Krankheiten auftauchen, die zum Abreagieren der inneren Spannungen benutzt werden.« Reimar Banis (83)

Es scheint, als ob Menschen (oder vielleicht sogar die ganze Menschheit) in einer (Seelen-)Festung feststeckt. Erst wenn wir die Eierschale verlassen, können wir anfangen, aus unserer wahren Seelenmitte Probleme zu lösen, um wirklich nachhaltig heil und gesund zu werden.

Wir können als verantwortungsvolle und spirituelle Leser dieses Buches nicht darauf warten, dass andere den ersten Schritt tun und zeigen, wo es langgeht. Die innere Einstellung: »Wir müssen uns verändern, fangt ihr schon mal an!« funktioniert nicht (mehr). Jeder Einzelne muss sich selbst auf den Weg machen, dann geht das Kollektiv mit. Im Wassermann-Zeitalter geht es schließlich auch ums »Neue-Wege-gehen«.

Raus aus der Seelenfestung, raus aus der kindlichen Vorstellung der seligmachenden Konsumgesellschaft als verlängerte Gebärmutter bis zum Lebensende. Und raus aus dem siedend heißen Kochtopf, in dem wir alle sitzen.

Wer kennt sie nicht, die Bilder von Kannibalen, die Gefangene abkochen?

Wer nun denkt: Das ist ja weit weg, in der unzivilisierten Welt der Urmenschen und Wilden, für den kommt die folgende wahre Episode vielleicht gerade rechtzeitig:

Wenn man einen Frosch in einen mit heißem Wasser gefüllten Topf setzt, dann springt er sofort heraus, wenn es ihm unangenehm oder gar bedrohlich erscheint. So weit, so gut. Etwas anderes hätten wir bei klarem Menschenverstand auch nicht erwartet. Erwärmen wir das Wasser mit dem Frosch darin immer nur nach gewissen Zeitabständen um ein Grad, dann merkt er nichts. Er bleibt im Topf. Ja, er bleibt so lange, bis er abgekocht wird und eingeht wie eine Primel. »Ein Fall für den Tierschutzverband«, das wird nun mit Recht der eine oder andere denken. Aber bevor wir wieder zur Tagesordnung übergehen, sollten wir uns ernsthaft fragen: »Was unterscheidet mich denn in einer sich erwärmenden Umwelt von diesem Frosch? Bin ich vielleicht selbst zu diesem Frosch mutiert, ohne dass ich dies in der vermeintlichen Sicherheit meiner Wohlstandshöhle bemerkt habe?«

Sicher keine alltäglichen Fragen. Blicken wir einmal gemeinsam hinein in den »Kochtopf« um uns herum, ob wir Anzeichen einer schleichenden Bedrohung erkennen können. Ist es ein gesundes Feld, oder eher ein Feld, welches uns krank macht?

»Der Anstieg von so genannten Zivilisationskrankheiten in Europa seit 1920 ist laut der Weltgesundheitsorganisation (WHO) dramatisch und wirft ein bezeichnendes Bild auf unsere Zivilisation. Herz-Kreislauf-Erkrankungen haben demnach um das 14-Fache zugenommen, rheumatische Erkrankungen um das 17-Fache, Krebs um das 20-Fache, Fettsucht um das 35-Fache, Diabetes um das 56-Fache, Multiple Sklerose um das 59-Fache, Allergien um das 70-Fache und Alzheimer um das 89-Fache«. (84)

Die von der WHO beobachtete Zeitspanne umschreibt auch das krebsartige Wachstum der sogenannten industriellen Revolution, die sich inzwischen nahezu um den gesamten Erdball ausbreitet. Offensichtlich zahlen die »zivilisierten« Menschen einen hohen (internen) gesundheitlichen Preis für ihren äußeren Wohlstand. Sie leben nicht in einem gesunden Feld, sondern eher in einem Feld, welches krank macht.

Wenn wir uns in diesem Buch ausführlich mit der Schwingung der Archetypen beschäftigen, die uns gut tun und heil machen, dann muss es auch Schwingungen und Frequenzen geben, die uns schaden. Nichts anderes besagt das Gesetz der Polarität. Betrachten wir hier wiederum nüchterne Forschungsergebnisse der WHO. Eine Beobachtung überrascht nicht wirklich: Bei Menschen, die durch Lärm am gesunden Schlaf gehindert werden, steigt das Risiko für Bluthochdruck, Migräne oder auch Allergien und so weiter enorm an. Lärm gehört heute zum Alltag dazu. Die Gesellschaft nimmt scheinbar die Folgen in Kauf. Tinnitus und Schwerhörigkeit sind verbreitete Volkskrankheiten, bereits 15 Prozent der Jugendlichen hören laut WHO heute bereits so schlecht wie 50jährige anderer Generationen. Ganz zu schweigen von psychischen Auswirkungen wie Lernbehinderung oder Konzentrationsschwäche.

Und wieder fällt uns das Frosch-Beispiel von oben ein: Natürlich spielen Parameter wie persönliche Empfindlichkeit sowie die eigene Einschätzung, was Lärm ist und was nicht, eine wichtige Rolle.

Wie fassungslos hat die Welt der Erwachsenen auf den »Lärm« der Beatles reagiert? Auch waren einzelne Auftraggeber Mozarts zunächst akustisch *not amused* von der einen oder anderen Komposition. Und heute werden sie in allen Opernhäusern der Welt bejubelt.

Das ist der Gang der Welt, und das ist auch gut so. Denn er zeugt von fließender Entwicklung.

In diesem Kapitel soll es um unangenehme, unerwünschte und vor allem krankmachende Beschallung gehen. Unsere Augen können wir schließen – unsere Ohren nicht. Lärm aus dem Weg zu gehen, ist in der heutigen Welt fast unmöglich.

Der Schalldruckpegel (Lautstärke) wird landläufig in Dezibel (dB) berechnet. Die Schmerzgrenze für unsere Ohren liegt bei 120 Dezibel, aber auch Straßenlärm mit rund 80 Dezibel kann auf Dauer krank machen. In der folgenden Liste sind einige Beispiele von Geräuschen und ihren Schallpegeln aufgeführt. Eine Zunahme um zehn Dezibel (dB) entspricht einer Verdopplung der Lautstärke:

10 Dezibel:	menschliches Atmen, das Rascheln eine Blattes
20 Dezibel:	das Ticken einer analogen Armbanduhr
30 Dezibel:	Flüstern und leise Unterhaltung
40 Dezibel:	leise Musik zum Träumen
45 Dezibel:	»normale« Geräusche in der Wohnung
50 Dezibel:	Regen, Kühlschrankgeräusche
55 Dezibel:	Gespräch in »normaler« Lautstärke
60 Dezibel:	Nähmaschine, Gruppengespräch
65 Dezibel:	Lärm in vollbesetztem Restaurant oder Kantine
70 Dezibel:	Fernseher, Schreien, Rasenmäher
75 Dezibel:	»normaler« Verkehrslärm
80 Dezibel:	lautes Telefonläuten, verkehrsreiche Straße
90 Dezibel:	vorbeifahrender schwerer Lastwagen
100 Dezibel:	laute dröhnende Musik (zum Beispiel Ghettoblaster)
110 Dezibel:	Diskothek, Motorsäge, Hupe, Konzertbesuch
120 Dezibel:	Kettensäge, Presslufthammer, Gewitterdonner
130 Dezibel:	Autorennen, Düsenjäger, Flugzeuglärm

Wohl dem, der frei entscheiden und bestimmen kann, ob er sich auf Dauer Schallwellen ab 85 dB aussetzen will, die langsam aber sicher unsere Gehörzellen schwächen oder bei Dauerbelastung auch zerstören werden.

Wie bereits erwähnt: Dieses Buch will nicht werten, aber es möchte genügend Material zur Diskussion und Bewusstwerdung zur Verfügung stellen. Viele Puzzleteile, aus denen sich jeder selbst sein eigenes Bild zusammensetzen kann, welches in seinen selbstgewählten Lebensrahmen passt. Dieses Buch möchte inspirieren. Inspirieren dazu, die Dinge auch mal auf andere, vielleicht ganzheitlichere Weise wahrzunehmen. Was du dann daraus machst, ist deine Sache.

Im Umfeld dieses Kapitels über krankmachende Schwingung könnte man auch symbolisch das Sprichwort anführen: »Wer nicht hören will, muss fühlen!«

Wer schon einmal im Schwimmbad mit Gegenstromanlage über längere Zeit versucht hat, gegen die Wellenbewegungen anzukämpfen, die da auf den Schwimmer einströmen, der weiß erstens, dass es Kraft kostet und zweitens, dass ihm irgendwann die Kraft ausgeht. Im Schwimmbad kein Problem, im offenen Meer mussten schon viele (über)mutige Schwimmer diese Erfahrung mit dem eigenen Leben bezahlen.

Verlassen wir am Ende dieses Kapitels das hörbare Feld, welches uns krank machen kann und wenden uns einem Feld zu, was wir weder hören, noch riechen oder schmecken können. Doch das Feld ist vorhanden und jeden Tag wird das weltweite Netzwerk dichter und engmaschiger.

Gemeint ist das elektromagnetische Feld, also das Feld, welches durch sämtliche elektrischen und elektronischen Geräte und Instrumente, durch Leitungen und Sender erzeugt und im Alltag als *Elektrosmog* bezeichnet wird.

Man unterscheidet:

Niederfrequente Wechselfelder (bis 30 kHz), hierzu gehören zum Beispiel E-Herd, Haarföhn, Lampen, Beleuchtung von Gebäuden oder Oberleitung von Zügen.

Hochfrequente Wechselfelder (30 kHz bis 300 GHz): Radio, Fernsehen, Mobilfunk, Bluetooth, WLAN, sämtlicher Sprechfunk (Taxi bis Rettungsdienste), Mikrowelle und andere mehr.

Strahlung (über 300 GHz): Das sichtbare Licht, Röntgen- und Gammastrahlung, ionisierende Strahlung zur Strahlentherapie (zum Beispiel Krebsbekämpfung).

Über die Auswirkungen auf den Körper, auf das Wohlbefinden und die Gesundheit von Lebewesen aller Art (inklusive Mensch) gibt es nach Jahren wissenschaftlicher Beobachtungen, Arbeiten und Studien viele besänftigende Worte und vereinzelte Stellungnahmen (85), die zum Nachdenken anregen.

Vermutet werden derzeit folgende Auswirkungen auf den Menschen:

- Auswirkungen auf genetisches Material (Beschädigung der Chromosomen, Entstehung von Tumoren),
- Verhaltensstörungen, Schlafstörungen, Kopfschmerzen, Tinnitus, auch Beeinflussung und Schädigung der kognitiven Abläufe, Empfindlichkeit gegenüber elektromagnetischen Feldern (»Elektrosensibilität«).

Die Zukunft wird die Auswirkungen zeigen. Menschen mit einem klaren Menschenverstand sind schon heute achtsam.

Wenn wir im grobstofflichen Bereich Ungesundes oder zu viel in uns reinstopfen, dann wird uns schlecht. Das gilt für den Verzehr einer fetttriefenden Schweinshaxe ebenso wie bei vier Tafeln Schokolade am Abend. Zum Glück zeigt unser Körper Reaktion, er lässt sich das nicht gefallen und manches findet er zum Kotzen.

Im feinstofflichen Bereich kann es ja nicht anders sein, wenn wir die Gesetze der Analogie zugrunde legen. Allerdings ist hier unser Bewusstsein gefragt. Die Evolution hat uns ja den Kopf (mit Inhalt) geschenkt, um damit bewusst zu denken und zu reflektieren und nicht nur dafür, dass es in den Hals nicht hineinregnet. Also sind wir auch im feinstofflichen Bereich dafür verantwortlich, was wir in uns »reinlassen«. Dies gilt ebenso für die emotionalen Schwingungen, die uns gesund erhalten oder krank machen können.

Schauen wir dazu ehrlich und ohne Selbstbetrug hinein in das Feld, welches uns emotional umgibt. Schon vier Kernfragen können die Nebel lüften:

1) Lebe ich in meiner Beziehung in einem Feld, das mir guttut und Kraft gibt, oder entzieht es mir durch ständige Reibereien meine Lebensenergie?

2) Macht mir die Arbeit, die ich verrichte, Freude und nährt sie mich nicht nur finanziell, oder habe ich innerlich längst gekündigt?

3) Fühle ich mich wohl und geborgen in meinem (häuslichen) Umfeld oder bin ich froh, wenn ich die schlechten Schwingungen nicht ertragen muss?

4) Wenn ich morgen gehen müsste, könnte ich mit dem Gefühl gehen, dass ich nichts Wesentliches für mein Leben versäumt habe?

Womit wir wieder beim Anfang dieses Kapitels wären. Auf Zigarettenpackungen steht heutzutage deutlich und für jeden lesbar drauf: »Rauchen gefährdet ihre Gesundheit« oder »Rauchen kann tödlich sein«.

Jeder ist für das Maß seines Wohlergehens und seiner Gesundheit genauso verantwortlich wie für seine Blockaden und Krankheiten. Es geht um Eigenverantwortung, Rücknahme der Fremdbestimmung und Selbstdisziplin. Es gilt: *»Wer nicht handelt, der wird behandelt.«* (86) Oder der Einzelne lebt weiter in seinem krankmachenden Feld, frei nach dem Motto: *»Lieber ein beschmutztes Nest als gar kein Nest!« (85)*

Spirituell gesehen erschaffen wir uns ein Nest der Geborgenheit. Dieses ist dann *von außen* uneinnehmbar wie eine unbezwingbare Festung, wenn wir uns innerlich den *Tempel unserer Seele* bauen.

Die Schwingungen der Archetypen empfehlen sich hierzu als bewährte Baumeister.

2) Das gesunde Feld

Mit dem Namen Rupert Sheldrake verbinden wir heute bahnbrechende Erklärungen zu den sogenannten *morphogenetischen Feldern.*

Er stellte in den 1980er-Jahren fest, dass es offensichtlich für unser menschliches Auge *unsichtbare* und für unsere Ohren *unhörbare* »Informationsgewebe«, sogenannte *Felder*, geben muss, die sowohl sämtliche Baupläne für die gesamte (lebendige) Formenvielfalt enthalten als auch das gesamte Wissen des Universums in sich abgespeichert haben.

Buchtitel wie »Das schöpferische Universum« verweisen auf die Schöpferkraft um uns und in uns. Denn als Bestandteil des Ganzen haben wir auch Zugriff auf dieses Wissen in Form dieser Felder um uns herum, es ist für uns als eigenständiges lebendiges System jederzeit abrufbar.

Seit Paracelsus kennen wir die Gleichung Mikrokosmos = Makrokosmos und umgekehrt. In Ergänzung können wir heute lebenden Menschen sagen (und auch beweisen): Mikrokosmos Mensch = Makrokosmos Universum und umgekehrt. Immer mehr erfahren wir über den gewaltigen Organismus dieses Universums und stellen immer wieder erstaunt fest, wie alles mit allem irgendwie in Verbindung steht.

Die Weisen der Vergangenheit formulierten es so: *»Alles ist in allem und alles ist in mir.«*

Das heißt: Der einzelne Wassertropfen steckt im großen Ozean und der große Ozean im kleinen Wassertropfen. Das Kleine ist ein Teil des großen Ganzen wie auch umgekehrt.

In unserer heutigen Kommunikationsgesellschaft und hier vor allem durch das Internet ist jeder (sofern er zu jenem privilegierten Teil der Menschheit gehört, der »Anschluss« hat) mit jedem irgendwie miteinander vernetzt. Auch kann er teilhaben am kollektiven Wissen der Menschheit, denn er hat Zugriff auf unendliche Informationsquellen, die in früheren Zeiten vor allem in einer gigantischen Anzahl von Bibliotheken weltweit archiviert wurden. Heute genügt oft ein Mausklick, um sich mit dem gewünschten Wissen zu versorgen. Suchmaschinen übernehmen die Vorarbeit des Selektierens. Milliarden von Datenpaketen werden in jedem Augenblick um die gesamte Erdkugel verschickt, im Netz genauso wie im Äther. Die Welt wächst durch die Vernetzung zu einem *globalen Dorf* zusammen. Ganz zu schweigen von den unzähligen akustischen Informationen, die im gesprochenen Wort mittels Telefon, Handy, Radiowellen und so weiter übermittelt und ausgetauscht werden.

Stellen wir uns der Einfachheit halber die oben erwähnten *morphogenetischen Felder* einmal wie einen gigantischen *kosmischen Sender* vor. Sein »Programm« ist in Novosibirsk genauso deutlich zu empfangen wie in Kopenhagen oder Regensburg. Mehr noch: selbst im entferntesten und abgründigsten Winkel unseres Universums ist er unmissverständlich wahrzunehmen.

Heute wissen wir schon einiges, und vieles können wir im Hinblick darauf lediglich erahnen, wie unser menschlicher Organismus bei der Umsetzung dieser kosmischen Impulse in *biologische Vorgänge* funktioniert.

Und noch tragen die Forscher der Gegenwart immer mehr Mosaiksteinchen zu einem Gesamtbild der Schwingung zusammen.

Amerikanische Forscher um Dr. James Oshman fanden heraus, dass die Reaktionszeit unseres Organismus weitaus kürzer ist, als dies mittels der vergleichbar »langsamen« Nervenleitungen überhaupt geschehen kann. Hieraus schloss das Forscherteam, dass es zwingend ein weiteres Kommunikationssystem zwischen »*Kosmos und Mensch, oben und unten, innen und außen* »geben müsse. Die Vorstellung über dieses *Feldes der Kommunikation* tendiert zu der Annahme, dass es unser gesamtes Körpergewebe umgibt und in seiner Gesamtheit unseren vitalen Grundfunktionen entspricht. Dieses Feld der Kommunikation taucht in Forschung und Literatur unter den Bezeichnungen »Living Matrix« oder auch »Health Matrix« auf, also frei übersetzt: *Das Feld der Gesundheit*.

Schnell wurde in der Erforschung dieses *Feldes der Gesundheit* deutlich, dass der »kosmische Sender« aufs Engste mit dem ausgeklügelten Sende- und Empfangssystem unseres Organismus (und dem aller Lebewesen) verknüpft und verbunden sein muss. Kurz und bündig ausgedrückt: Er steht in Resonanz, er schwingt mit.

Das Erstaunliche und zugleich Wunderbare unserer Gegenwart ist jedoch, dass Wissen und Weisheit immer mehr zusammenwachsen. Aber nicht etwa, weil moderne Vernunftdenker so langsam zu derselben gelangen. Nein, es ist vielmehr so, dass sie auf Grund einer zwingenden Beweislage gar nicht mehr umhin können, umzudenken und ganzheitliches Gedankengut mit einzubeziehen.

Ein Gang durch die Weltgeschichte zeigt, dass es zu jeder Epoche *saturnine Betonköpfe* gab und gibt, die zeitgemäße Denkstrukturen meist aus Ego-Interessen ablehnen. Sie machen dies auch aus Angst vor einer Veränderung, die die eigene Lebenssituation und Existenz vermeintlich bedrohen könnte. Dabei sollten sie aber bedenken: Alles Leben ist Veränderung – Stillstand ist der Tod. Und: »*Wer nicht mit der Zeit geht, der geht mit der Zeit*«.

Wie die Entwicklung aber auch zeigt, ist es nur eine Frage der Zeit, bis sich »richtiges« Denken durchsetzt und altes, überholtes ersetzt. Es ist nicht aufzuhalten, es geht seinen Weg. Dabei geht es nicht darum, das eine durch das andere zu ersetzen. Im Sinne eines »gesunden« Weltbildes bringt es überhaupt nichts, zu polarisieren und in einer starren »Entweder-Oder«-Blockade zu verharren. Es geht um das komplementäre »Sowohl-als-auch«, das Gräben überwindet anstatt neue zu schaffen. Das kann in einer gesunden Wellenbewegung geschehen. Wie bei jeder gesunden Frequenz im Mikrokosmos Mensch (zum Beispiel Einatmen und Ausatmen) oder Makrokosmos Universum (zum Beispiel Tag und Nacht). Jede Frequenz ist eine Schwingung und umgekehrt.

Hierzu zwei Zitate von Alexander Lauterwasser:

»Das Entscheidende an einer Schwingungsbewegung ist aber, dass diese zwei unterschiedlichen Vorgänge nicht einfach nebeneinander herlaufen und sich schließlich in ihrem jeweiligen Extrem verlieren – Erstarrung hier, Auflösung dort – sondern dass sie von einem übergeordneten Prozess durchdrungen werden, der beide Gesten so miteinander verbindet, dass sie zu Momenten eines ganzheitlichen Geschehens werden.«

»Dieses Prinzip, aus zwei polaren oder gar antagonistischen Vorgängen einen Gesamtprozess hervorzubringen, in dem beide Gesten voll zum Zuge kommen (= wirklich ganz vollzogen werden) und doch auch wieder in ihrer Einseitigkeit überwunden und aufgehoben werden und auf diese Weise schließlich in einem einheitlichen Tun zusammenfinden, das ist das innerste Prinzip einer Schwingung.« (86)

Das klingt schwierig, ist aber ganz einfach: Es geht nicht darum, die beiden Pole abzugrenzen, sondern es geht vielmehr darum, durch eine fließende Schwingung zwischen beiden Spannungsfeldern ein heilsames und gesundes Miteinander zu ermöglichen. Dann wird es gelingen, dass sich die Weisheit der Vergangenheit und die Chancen der Zukunft in einem verbindenden »Hier-und-Jetzt« die versöhnende Hand reichen. In einem Feld der Gesundheit, die etwas anderes meint als »Nicht-Krankheit«. Einer Gesundheit, die aus dem schöpferischen Feld des Menschen wie von selbst entsteht, wenn wir unseren inneren Heiler und unsere Selbstheilungskräfte aktivieren, die in uns schlummern. Im Sinne der *Salutogenese als Gesundheitsentstehung*. Es kommt auch darauf an, welche Anteile von uns wir füttern, wie folgende Geschichte am Ende dieses Kapitels zeigen möchte:

Die beiden Wölfe

Ein alter Indianer saß mit seinem Enkelsohn am Lagerfeuer. Es war schon dunkel geworden und das Feuer knackte, während die Flammen in den Himmel züngelten. Der Alte sagte nach einer Weile des Schweigens: »Weißt du, wie ich mich manchmal fühle? Es ist, als ob da zwei Wölfe in meinem Herzen miteinander kämpfen würden. Einer der beiden ist rachsüchtig, aggressiv und grausam. Der andere hingegen ist liebevoll, sanft und mitfühlend.«

»Welcher der beiden wird den Kampf um dein Herz gewinnen?« fragte der Junge.

Der Alte dachte nach. Dann antwortete er: »Der Wolf, den ich füttere.« (87)

In der symbolischen Bedeutung dieser Geschichte spiegelt sich auch die Gretchenfrage unseres Lebens: *»Ist das Glas unseres Lebens immer halb voll oder halb leer?«* Oder: »Entscheiden wir uns für das *gesunde* oder das *kranke* Feld?«

Vom Wesen dieser Polarität erzählt auch dieses fernöstliche Sprichwort: *»Das Wasser, das das Schiff trägt, ist dasselbe, das es verschlingt.«*

3) Der Paradigmenwechsel im Weltbild

»Wenn der Wind des Wandels weht,
bauen die einen Schutzmauern, die anderen Windmühlen.«
Aus China

Wir sind Zeitzeugen eines Wandlungsprozesses in den Weltbildern der einzelnen wissenschaftlichen Disziplinen. Daran besteht kein Zweifel. Unterschiedlich sind dabei die Geschwindigkeit und vor allem das innere Engagement, mit dem neue Erkenntnisse in das bestehende Weltbild integriert werden. Dabei besteht über eine Wahrheit unter den Wissenschaftlern aller Fachrichtungen eigentlich kein Zweifel mehr – dass die alten Weisen Recht haben: »Alles in diesem Universum ist Schwingung« und »Alles schwingt.«

Moderne Atomphysiker formulieren dies vielleicht sinngemäß so: *»Aufgrund unserer wissenschaftlichen Erkenntnisse und Beweisführung müssen wir heutzutage davon ausgehen, dass alle Strukturen der materiellen Welt als schwingende Systeme angesehen werden müssen.«*

Was war geschehen, dass plötzlich die Weisheit der Alten und das Wissen von heute dieselbe Sprache sprechen? Nun, die Wissenschaft hat immer nach *Teilchen* gesucht. Das Atom hat man sich wie ein winzig kleines Sandkorn vorgestellt. Je tiefer man jedoch seit dem letzten Jahrhundert in diese Welt mit immer unglaublicheren und atemberaubenderen technischen Möglichkeiten hineinblicken konnte, umso mehr löste sich das so lange Zeit propagierte Teilchenmodell in Wohlgefallen und in Luft auf. Denn es wurden keine Teilchen gefunden. Auch das Atom seinerseits besteht aus Schwingungen und die Materie aus schwingenden Energiesystemen.

Diese Erkenntnis hatte im Weltbild der Physik gravierende Folgen: War man in der klassischen Vorstellung von einer aus vor-relationalen (das heißt vor aller Bezogenheit zueinander) materiellen Teilchen aufgebauten Welt ausgegangen, so war man plötzlich gezwungen, umzudenken. Die Physik, die sich zum erklärten Ziel macht, die Welt zu verstehen und auch zu erklären, musste sich gedanklich darauf einlassen, was viele Schöpfungsmythen seit Urzeiten sagen:

»Es gibt einen schwingenden Welthintergrund und dieser ist unstofflich.« Vom Standpunkt der neuen Physik aus entsteht eine Beziehungsstruktur nicht durch vielfältige und komplizierte Wechselbeziehungen der vorgestellten Bausteine (Atome und Moleküle), sondern existiert darüber hinaus aufgrund der wesentlich innigeren und, für die Quantenphysik typischen holistischen Beziehungsstruktur. *Materie ist nicht aus Materie zusammengesetzt!* Es gilt nicht mehr die

Vorstellung, dass der Stoff, die Materie das Primäre und die Beziehung zwischen dieser, ihre Relationen, Form und Gestalt, das Sekundäre ist. Die moderne Physik dreht diese Rangordnung um: »Form vor Stoff, Relationalität vor Materialität.« (89)

Wer nun sagt: »Das habe ich doch schon im Kapitel »Von der Ur-Schwingung *OM* bis hin zu *Global Scaling*« gelesen, zwar in etwas anderen Worten, aber inhaltlich durchaus vergleichbar, der hat natürlich vollkommen Recht. Für den Autor dieses Buches ist dies ein wunderbares und erhebendes Gefühl, denn wir erleben eine wissenschaftlich untermauerte Renaissance der Weisheit unserer Vor-Denker. Es liegt an uns allen, diese historische Chance der Metamorphose zu nutzen. Vielleicht müssen erst noch einige Raupen sterben, damit die Schmetterlinge fliegen können.

Jeder Einzelne kann mit seiner Schwingungs- oder Klangarbeit seinen Beitrag zu einem stimmigen Weltbild im aufkeimenden Wassermann-Zeitalter, das für alle die Chance bietet, »Neue Wege« zu gehen, leisten. Entscheidend ist dabei, dass man den ersten Schritt selbst macht und vor allem: *Dass* man ihn macht! Dies kann auch heute kein anderer für uns übernehmen. Und das ist auch gut so, gibt es doch dem Einzelnen die Möglichkeit zur Eigenverantwortung auf seinem Lebensweg. Denn es ist sein Weg, und nur er kann ihn gehen! Auch und gerade im Bereich der Medizin setzen die Erkenntnisse zur Schwingung neue Impulse.

Zitieren wir an dieser Stelle Dr. Ellis Huber (den Präsidenten der Ärztekammer Berlin 1987-1999) mit seinem Geleitwort zum bahnbrechenden Buch: *Schwingung und Gesundheit - Neue Impulse für eine Heilungskultur aus Wissenschaft, Musik und Kunst*, Traumzeit-Verlag der Neuen Klangkultur 2008:

»Schwingung und Gesundheit, *das Thema dieses Buches nimmt die beschriebenen globalen Veränderungsimpulse auf. Seine Autoren sind Pioniere einer zukünftigen Heilkunst, mutige Kundschafter und einfühlsame Entdecker im Gelände einer ganzheitlichen Heilkultur. ... Solche couragierte Gesundheitskompetenz braucht unser Gesundheitssystem nun wirklich. Die oft noch vorherrschende ängstliche Wahrung der eigenen Pfründe und die rigide Verteidigung von gruppenegoistischen Standesinteressen hilft nicht mehr weiter. Das ausufernde Geschäft mit der Krankheit macht keinen Sinn und keine Freude ...*«

Klare Worte, verständlich ausgesprochen.

Das vorliegende Grundlagenwerk zur »Schwingung der Archetypen« möchte und kann Wegbestreiter zu dieser neuen Heilkunst sein, die dem Menschen ganzheitlich dabei hilft, seinen inneren Heiler und seine Selbstheilungskräfte zu (re-)aktivieren. Ganz im Sinne des Montessorischen Gedankengutes: »Hilf mir, es selbst zu tun«.

Wie reagiert die *Biologie* auf die neuen Erkenntnisse?

In ihrem Artikel: »Neue Biologie: vom Molekül zur Zelle« schreibt Frau Dr. Eva Richter-Kuhlmann: »Zurück zur Ganzheit« heißt die Devise, die sich durch die Molekularbiologie des 21. Jahrhunderts ziehen wird … Während in den vergangenen fünfzig Jahren galt, das Genom und das Proteom beziehungsweise die Zelle in ihren Einzelteilen zu erforschen, im Mittelpunkt stand, rückt nun in der »Neuen Biologie« das komplexe biologische System sowie »das Interaktom« in den Vordergrund. *»Der Organismus ist mehr als nur die Summe seiner Moleküle«…* (veröffentlicht im Deut. Ärzteblatt 2007; 104).

Klingt verheißungsvoll, zumal diese Denkweise auch dem Gedankengut dieses Buches und sämtlicher Klangarbeit am »ganzen« Menschen entspricht.

Welche Auswirkungen diese Erkenntnisse auf die westliche Medizin haben werden, wird die Zukunft zeigen. Grund zum Optimismus besteht allemal, und das gilt für alle Bereiche der Naturwissenschaften.

Hören wir hier stellvertretend die Worte des Chemikers Albert Hoffmann, der über 100 Jahre alt und sehr weise geworden ist: *»Es könnte wohl sein, dass der Wert und die Bedeutung der Naturwissenschaften nicht in erster Linie daran liegen, dass sie uns die moderne Technik und den durch sie ermöglichten Komfort und materiellen Wohlstand brachten, sondern dass ihr eigentlicher, evolutionärer Sinn in der Erweiterung des menschlichen Bewusstseins vom Wunder der Schöpfung besteht. Die naturwissenschaftliche Forschung hat sichtbar werden lassen, wie der Mensch in das Ganze der Natur eingebettet ist und wie er einen unablösbaren Teil von ihr darstellt. Dieses Wissen steht in Übereinstimmung mit der emotionalen Erfahrung des Mystikers von der Einheit alles Lebendigen.«* (90)

Im Grunde orientiert sich die in diesem Buch vermittelte »Schwingungskultur der Archetypen« ohnehin nicht am Zeitgeist oder aktuellen Strömungen der vorherrschenden Systeme. Denn in ihrem Wesen ist sie zeitlos. Durch unsere Klangarbeit wird sie lebendig. Wir heben sie ins Bewusstsein, lassen sie ganzheitlich erfahren und genießen.

4) Schwingung als Weg®

Schwingung als Weg® bezeichnet meine archetypische Plattform als Autor dieses Buches. Sie versteht sich als *ABS-System für Körper, Geist und Seele: A = Aufdecken – B = Bewusst werden – S = Selbst entfalten.*

Dazu verwendet sie archetypische Schwingungssysteme. Hieraus entwickelte ich unter anderem die Stimmgabel-Methode nach Schwingung-als-Weg®, ebenso Software für das individuelle Schwingungsmuster oder auch Energetische Schwingungs-Sprays auf archetypischer Grundlage. Unter dem Kapitel *Credo* wird auf *www.schwingung-als-weg.de* das Fundament näher beleuchtet, auf welches sich sämtliches Wirken von Thomas Künne beruft: Die Analogie zu Ruediger Dahlkes Klassiker »Krankheit als Weg« ist nicht zufällig, sondern bewusst gewählt. Als sein Schüler und von ihm zertifizierter »Berater in psychosomatischer Medizin« verfolge ich denselben urprinzipiellen Ansatz:

»Lieber entspannt im Hier und Jetzt als verkrampft im Wenn und Aber«, das ist das angenehme Resultat eines menschlichen Erkenntnisweges, der bewusst alle Anteile der Persönlichkeit integriert, die Licht- und die Schattenseiten.

Hier geht es nicht um Verschleiern oder Zudecken, sondern um Aufdecken, Lindern und Lösen von (häufig) unbewussten, meist seelischen Blockaden und Widerständen, die sich zum Teil auf körperlicher Ebene als Krankheit ins Bewusstsein bringen.

Einen leichten und beschwingten Weg in die »Mitte« beschreitet die von mir erarbeitete sanfte und heilende Methode von »Schwingung als Weg®.«

Zum Einschwingen in das individuelle Körperuniversum werden diejenigen Stimmgabeln von Planetenfrequenzen verwendet, die zuvor unter anderem anhand des Geburtshoroskopes oder durch körperliche und seelische Blockaden offenbar wurden.

Diese bringen unterschiedliche Bereiche des weiten Körperlandes in Resonanz und können somit helfen, »erlernte« Dis-Harmonien, die zu Ver-stimmung, Blockade oder gar Krankheit führten, zu lindern und lösen, zu harmonisieren. Mehr noch: Sie verwöhnen Ihr Zellbewusstsein mit den ursprünglichen Schwingungen, in denen es seit der Geburt gestimmt ist, erinnern an längst vergessen geglaubte oder verdrängte harmonische Grundstrukturen, kurz: Sie aktivieren den inneren Heiler.

»Jede Seele hat ihre eigene Melodie und der Körper ist das Instrument«, unser Ziel ist das harmonische Zusammenspiel.

Die wissenschaftliche Grundlage von Schwingung als Weg bildet zum einen die Phonophorese. Zum anderen ist es mein tiefes Wissen um astrologische Zusammenhänge (Mikrokosmos = Makrokosmos), deren Bedeutung und vor allem Sinn für den Menschen.

Als »Beratender Astrosoph« (nach Randolf M. Schäfer) ist es mein Anliegen, Hilfestellungen bei der Ent-schlüsselung der Symbolik des eigenen Lebens zu geben, basierend auf der ursprünglichen hermetischen Lehre. Die Plattform hierzu stellt die Astrologie.

Aber es geht hier nicht um rein rationale Erklärungen: Mein Vorhaben wäre gelungen, wenn Sie gemeinsam mit mir diese wunderbaren Heil-Schwingungen genießen und in ihr Körperland einschwingen können, so wie sich viele Menschen immer wieder wie kleine Kinder freuen, wenn sie eine weiße Schneeflocke vom Himmel fallen sehen, die dann sogleich auf ihrer Nasenspitze schmilzt und ihnen in ihrer Seele guttut.

Rein wissenschaftlich betrachtet, ist diese Schneeflocke »nur« Wasser (H_2O). Und dabei ist sie so viel mehr, sie bringt unsere Seele in Schwingung, in Ein-Klang mit dem All-Eins, nennen wir es Mikrokosmos-Makrokosmos, nennen wir es »Schöpfung«. Vielleicht stand deshalb über dem Tempel des griechischen Delphi nicht: »Versuche unbedingt erst einmal alles kausal zu erklären, bevor Du glauben kannst!«, sondern: »Erkenne Dich selbst, damit Du Gott erkennst«

»Schwingung als Weg®« möchte helfen, sich auf den Weg in die »Mitte« zu machen, den Vorhang zu lüften.«

Die Positionierung von Schwingung als Weg® liegt, wie bereits an anderer Stelle erläutert, im Bereich der Salutogenese, also der Gesunderhaltung des Menschen, der Aktivierung des inneren Heilers und der Selbstheilungskräfte. Hieraus resultieren auch die Grundsätze von Schwingung als Weg® für Theorie und Praxis, Schulung und Ausbildung:

Klangarbeit nach der Stimmgabel-Methode von »Schwingung-als-Weg®:«

1) Aufgabe und Ziel der Stimmgabel-Methode nach Schwingung-als-Weg® ist einerseits die Aktivierung der Selbstheilungskräfte des Menschen, seines *inneren Heilers.* Andererseits kann sie den Patienten/Klienten auf dessen Weg zur Genesung und Heilung begleiten, um Verstimmungen zu lösen.

2) Dieses Heilen ist ein ganzheitlicher Heilungsweg, der den Menschen in seiner physischen, psychischen, mentalen und kosmischen Ganzheit und Komplexität versteht. Hierbei liegen folgende »Glaubens-Sätze« zugrunde:

- Das menschliche Individuum ist weit mehr als ein »Produkt von Menschenhand«.
- Jedes menschliche Individuum ist ein kleines Universum.
- Dieses *kleine* Universum (Mikrokosmos Mensch) entspricht dem großen Universum (Makrokosmos) und umgekehrt.
- Mikrokosmos und Makrokosmos beeinflussen sich gegenseitig – »von Ewigkeit zu Ewigkeit«.

3) Heiler nach der Stimmgabelmethode von Schwingung-als-Weg® *(die nicht Arzt oder Heilpraktiker sind)* werden in Schulung und Ausbildung darauf hingewiesen, keinerlei medizinisch relevante Diagnosen zu erstellen. Dies ist für den Heilungsprozess selbst auch nicht notwendig, denn:

4) Der Heiler selbst geht davon aus, dass *jeder* Mensch an den universalen, göttlichen Heilstrom angeschlossen ist, und er hilft dem Patienten/Klienten bei der Bewusstwerdung und Nutzbarmachung für sich selbst. Die Stimmgabel-Methode nach Schwingung-als-Weg® dient hierbei als Hilfsinstrument, die lediglich dem Sich-Einschwingen auf dieses Energiesystem dient.

5) Der Heiler weist den Patienten/Klienten (vor Beginn der Behandlung) darauf hin, dass seine Tätigkeit kein Ersatz ist für die Tätigkeit von Ärzten, Heilpraktikern und Therapeuten. Er fordert den Patienten/Klienten auf, dessen Befinden medizinisch-diagnostisch abklären zu lassen und alle für die Genesung dienlichen Möglichkeiten der Behandlung in Betracht zu ziehen und nach eigener Entscheidung zu nutzen.

6) Heiler nach der Stimmgabel-Methode von Schwingung-als-Weg® respektieren die Heilweisen und ethischen Grundsätze ganzheitlicher Heilkunst. Sie verstehen *Heilung als Prozess* und *Kooperation,* die Aktivität des Patienten/Klienten inbegriffen. Sie sind offen für den Austausch und die Zusammenarbeit mit Vertretern aller Heilberufe wie Ärzten, Heilpraktikern und Therapeuten. Sie verstehen ihre Tätigkeit im Sinne der Ganzheitlichkeit als *komplementär*, also *ergänzend* zu anderen Heilmethoden und *nicht* als alternativ im Sinne von »entweder-oder«.

Deshalb steht bei Schwingung-als-Weg® in Praxis und Ausbildung das *persönliche Einschwingen* vor der theoretischen Bearbeitung. Wie formuliert Goethe?

»Wenn ihr es nicht erfühlet, Ihr werdet's nicht erjagen« (...)

H

Seele und Energie

1) »Alles fließt« und Stillstand ist der Tod

»Der Wechsel allein ist das Beständige.«
Arthur Schopenhauer

»Das einzig Beständige ist der Wandel.«
Friedrich Engels

Betrachten wir die sich ständig wandelnden Wolkenformationen am Himmel, so werden wir niemals exakt dieselben wiedersehen, auch wenn sie sich noch so gleichen mögen. Während seines Kunststudiums war es für den Autor dieses Buches ein Hochgenuss, vom Dach des Studentenwohnheims einen markanten Berg inklusive des Himmels darüber zu fotografieren, bei Sonne, Regen, Wind und Wetter, Hagel, Schnee und Gewitter. Und zwar an jedem Tag eines vollständigen Kalenderjahres.

Betrachtet man alle 365 Dias nacheinander, so ergeben sich einige auf den ersten Blick nahezu identische Abbildungen. Aber nur auf den ersten, denn oft sind es Winzigkeiten und Nuancen, die unser Gehirn zunächst irrtümlich für Gleichheit hält.

Auch im symbolischen Sinne empfinden viele Menschen, dass ihr Leben tagein, tagaus in immer denselben (monotonen) Bahnen verläuft. Jeder Tag wird wie der andere empfunden, wie der Tag davor und der Tag danach. Doch das ist eine Illusion, eine Täuschung unserer Denkmaschine *Kopf*, die die Evolution auf dem Hals des Menschen positioniert hat.

So ist auch unser Körper einem ständigen Wandel unterworfen, vom ersten bis zum letzten Atemzug. Auch wenn sich verschiedene Vorgänge zyklisch wiederholen, sind sie doch nicht genau dieselben. In den folgenden Kapiteln werden wir näher auf diese energetischen »Abbildungen« im Innern unserer Körperlandschaft eingehen.

Novalis (1772-1801), der deutsche Dichter und Schriftsteller der Frühromantik schreibt: *»Dass unser Körper ein gebildeter Fluss ist, ist wohl nicht zu bezweifeln.«*

Die Symbolik des Flusses ist eine bildhafte Analogie, die von vielen Dichtern und Denkern der Menschheitsgeschichte aufgegriffen wurde.

Johann Wolfgang von Goethe (1710-1782) formuliert:

»Gleich, mit jedem Regengusse
Ändert sich dein holdes Tal,
Ach, und in demselben Flusse
Schwimmst du nicht zum zweitenmal.«

Goethe hat die Formel *Panta rhei!* (griech: Alles fließt!) des vor-sokratischen griechischen Philosophen Heraklit (ca. 540-375 vor Christus) immer wieder zum Ausdruck gebracht. Trotz des beständigen Fließens als Ausdruck des Wechsels und des Wandels verweist er mehrfach auf das Bleibende hinter der ständigen Veränderung: *»Wohl ist alles in der Natur Wechsel, aber hinter dem Wechselnden ruht ein Ewiges.«*

Der Wunsch des Menschen, die Zeit, vor allem die schönen Augenblicke, anzuhalten, ist so alt wie die Menschheit selbst. Doch eines steht fest: Immer dann, wenn sich der Mensch des Augenblicks bewusst wird, ist dieser im Vergehen. Wenn er andererseits überwiegend auf Momente in der Zukunft hinlebt, so besteht die Gefahr, die Gegenwart zu übergehen. (91)

Diese Gegenwart ist einmalig, und sie kehrt niemals in dieser Form zurück.

Zurück zu Heraklit und seiner Formel des *panta rhei.* Er verweist darauf, dass zwar so vieles fest gefügt und unveränderlich erscheint, und doch befindet es sich in einem ständigen Fluss. Er formuliert dies so: *»Man kann nicht zweimal in denselben Fluss steigen … und nicht zweimal eine ihrer Beschaffenheit nach identische, vergängliche Substanz berühren.«*

Und an anderer Stelle: *»In die gleichen Ströme steigen wir und steigen wir nicht; wir sind es und wir sind es nicht.«*

Auch ist der Zusammenhang zwischen *»Im-Fluss-sein«* und Wohlbefinden unbestritten und Inhalt unzähliger Bücher der Gegenwart: *»Heute wissen wir, dass das Leben in der Tat keinen Stillstand kennt, sondern nur stetigen Fluss, was ja auch unserem Ideal vom Fortschritt als Lösung für all unsere Probleme entspricht. Der Fluss und sein Fließen sind also nicht zufällig zum Zauberwort der modernen Glücksforschung geworden … Nur wenn der Mensch im Fluss ist, kann er sich glücklich fühlen.«* (92)

Die Glücksforschung, die überwiegend in den USA beheimatet ist, hat erkannt, dass sowohl Über- als auch Unterforderung den Menschen auf Dauer krank machen. Glücklich, ausgeglichen und auch gesund sind dagegen Menschen, die sich im Rahmen ihrer Möglichkeiten frei entwickeln können, in einem Feld, das sie gleichzeitig *fördert und auch fordert.* Sie befinden sich im Fluss, und konsequenterweise nennt die Glücksforschung dieses Phänomen *Flow*-Bereich (engl. *to flow= fließen).*

Übertragen wir das äußere Fließen auf die Flüsse in unserem Körperland, so finden wir sogleich Analogien. Wie bereits schon häufiger erwähnt: Bei Zugrundelegen der hermetischen Formel *wie innen, so außen - wie oben, so unten* und der Erkenntnis des Paracelsus *Mikrokosmos = Makrokosmos* kann dies auch nicht anders sein.

»Lebendig zu sein bedeutet, von ... Lebenskraft durchströmt zu sein. Je mehr jemand von Lebenskraft durchströmt wird, umso besser geht es ihm.« (93)

Wechseln wir auf die andere Seite der Polarität, so gilt: Je weniger innere Energie fließt, umso lebloser ist der Mensch, und umso schlechter geht es ihm. Er ist zwar (noch) nicht tot, aber irgendwie auch nicht richtig lebendig. Vielen fehlt es an Lebensfreude, und das, obwohl sie eigentlich in einer materiellen Welt leben, in der an jeder Hausecke ein Leben in Glückseligkeit versprochen wird, vorausgesetzt, man kauft das richtige Produkt.

Im Sinne Shakespeares kann sich jeder an die eigene Nasenspitze fassen und seine persönliche Antwort finden auf: »Leben oder gelebt werden - das ist die Frage.«

Von römischen Kaiser Marc Aurel (121-180 n. Chr.) ist folgendes Zitat überliefert: *»Nicht den Tod sollte man fürchten, sondern dass man nie beginnen wird zu leben.«*

Für die eigene Vitalenergie (Lebenskraft) ist jeder Mensch selbst mitverantwortlich. Diese nehmen wir ständig durch Atmung und Nahrung oder den Austausch mit anderen Menschen auf. Eine lustvoll gelebte Sexualität ist ein wahrhaftiger Kraft- und Energiespender, aber auch tiefer Schlaf, wohltuende Erlebnisse, fantasievolle und befriedigende Tätigkeiten aller Art.

Ein Mensch, der nach diesen Prinzipien lebt, ist mit wahrhaftigem und realem Lebensstrom verbunden, er wird von Lebenskraft durchströmt, er ist lebendig und fühlt sich wohl. Es ist die primitivste, unmittelbarste und auch dynamischste Form der Lebenskraft. Sie ist allgegenwärtig in der Schöpfung vorhanden, wir können uns mit dieser kosmischen Energie (in anderen Bezeichnungen: Chi, Prana, Äther, Orgon, Od et cetera) ernähren. Wir alle haben von Menschen gehört, die ausschließlich von feinstofflichen kosmischer Nahrung leben anstelle von grobstofflichem Essen und Flüssigkeit.

Wir sehen einem Menschen an, wie vital er ist. Versiegt der Lebensstrom des Menschen mit seinem letzten Atemzug, so tritt der Tod ein und die Leichenstarre kündet vom Absterben des Vitalkörpers. Aus spiritueller Sicht könnte man sagen: Leben und Tod sind die zwei Seiten derselben Medaille und derselben Energie. *Leben ist der Strom der Energie und Tod ist Energie in Stille.*

2) Wir sind Energie im Raum

Aus jeder Seite dieses Buches sprechen die Erkenntnisse der Weisen, die auch zu unseren werden, wenn wir bereit sind, sie zu integrieren. Sie verweisen auf eine fundamentale Grunderkenntnis: Alles in diesem Universum besteht und existiert aus demselben Urstoff, aus demselben Urelement, auch wenn es im ersten Moment nicht so aussieht. Und: Dieser Urstoff schwingt miteinander.

Aus diesem Urteilchen, dem Samenkorn aller Welt, ist alles entstanden: Das Universum, die Planeten, die Lebewesen, die Tiere, die Vögel, die Fische, die Pflanzen, die Sträucher, die Bäume, die Materie, auch der Mensch, alles Lebendige und Unlebendige, sämtliche Form und alles Formlose.

Im Wachstumsprozess dieses *Weltensamens,* in seiner Verwandlung, bildeten sich unzählige Manifestationen mit demselben Ursprung. Dabei gilt sinngemäß: Die Moleküle aller Elemente lassen sich in Atome und diese ihrerseits in Elektronen aufspalten. Die Elektronen selbst lassen sich weiter teilen, nicht jedoch das dahinter liegende Uratom-Urteilchen, denn dieses ist unspaltbar. Verdichten sich gleichartig schwingende Uratome, so entstehen daraus die Elemente, die sich in der Folge zu zusammengesetzten Stoffen verbinden. Somit sind die Urteilchen, ganz egal in welcher Form oder Erscheinung, diese Existenz, die *alles* durchdringt und aus der *alles* existiert.

Beziehen wir diese Erkenntnis auf das Thema dieses Kapitels »Wir sind Energie im Raum«, so hilft ein zeitgemäßes Zitat von Dr. Gary Schwartz und Dr. Linda vom Laboratorium für Humane Energiesysteme der Universität Arizona beim weiteren Verständnis. Sie schreiben: »*... dass es möglich ist, das gesamte Universum als ein verschachteltes System zu betrachten, vom Mikro- zum Makroskopischen. Verschachtelt bedeutet, dass sich ein System innerhalb eines höher angeordneten befindet.*«

Das Konzept eines solchen (logischen) Systems erfordert natürlich, dass alle Komponenten auf energetische Weise miteinander gekoppelt sind. Jedes System kann die Kraft aufbauen oder erhalten, die es ihm auch ermöglicht, in höhere Stufen der energetischen Verschachtelung vorzustoßen.

Der Körper des Menschen, sein Denken, seine Psyche wie auch seine Seele, all dies ist eine Zusammensetzung der allerfeinsten Urteilchen, die im *System Mensch* mit dem *System Universum* verkoppelt sind.

Gehen wir weit zurück zur Entstehung des Universums, dann stoßen wir irgendwann auf den Urknall, den Big Bang. An dieser Stelle hört das menschliche Vorstellungsvermögen (zumindest heute) auf. Welche Energie hat allem Lebendigen den Atem eingehaucht und alles scheinbar Unlebendige erschaffen? *War es der göttliche Funke?*

Kleine Kinder stellen ebenfalls sogenannte W-Fragen (also Fragen, die mit einem W beginnen, zum Beispiel: »Warum ist die Banane krumm?«). Folgen wir allesamt dem Bibelzitat »Lasset uns werden wie die Kinder«, so kehren wir zurück zum unverfälschten Staunen. Und wir tauchen ein in das wahre Sein, so wie kleine Kinder das noch intuitiv *einfach machen*, auch wenn die Erwachsenen ihre Fragen nicht beantworten können.

Wenn wir diesen meditativen und beglückenden Zustand des Seins auch für uns als (erwachsene) Leser dieses Buches zugrunde legen, dann können wir beim Anblick der Schöpfung in all ihren Ausprägungen auch staunen wie kleine Kinder. Und was wir nicht verstehen, dem können wir doch Namen geben. Das machen Menschen seit Urzeiten. Hier einige davon: *Schöpfergeist, Göttliches Bewusstsein, Energie des All-Einen, Göttlicher Geist und viele mehr. Und alle meinen doch dasselbe.*

Diese Energie des Schöpfergeistes lässt die Urteilchen in Schwingung geraten. Sie manifestiert sich in der Bewegung ebenso wie im Gesetz der Schwerkraft, im Magnetismus, kurz: In allen existierenden Kräften.

Spirituell betrachtet, könnte man sagen: Die Summe aller Schwingungen und Energien ist also *Schöpfergeist, Göttliches Bewusstsein, Energie des All-Einen, Göttlicher Geist.*

Haupteigenschaften der Materie sind Kraft und Bewegung, alles andere sind untergeordnete Wirkungen.

Im Physikunterricht lernen wir, dass Licht sowohl Welle als auch Teilchen ist, also Energie *und* Masse. Daraus folgt unter anderem, dass Licht als Teilchen eine Ursache aller erscheinenden Formen bildet, da Licht als verlangsamte Energie auch Masse ist.

Ein renommierter Quantenphysiker der Gegenwart, Professor Hans-Peter Dürr, ehemaliger Leiter des Max-Planck Instituts für Physik in München, vertritt heute die Auffassung, dass der Dualismus kleinster Teilchen *nicht auf die subatomare Welt beschränkt, sondern vielmehr allgegenwärtig ist.*

»Der Dualismus zwischen Körper und Seele ist für ihn ebenso real wie der Welle-Korpuskel-Dualismus kleinster Teilchen, also die Tatsache, dass Licht beide scheinbar gegensätzlichen Formen annehmen kann: elektromagnetische Welle und ›handfestes Teilchen‹. Seiner Auffassung nach existiert auch ein universeller Quantencode, in den die gesamte lebende und tote Materie eingebunden ist. Dieser Quantencode soll sich seit dem Urknall über den gesamten Kosmos erstrecken.

Konsequenterweise glaubt Dürr an eine Existenz nach dem Tode. ›Was wir Diesseits nennen, ist im Grunde nur die Schlacke, die Materie, also das, was greifbar ist. Das Jenseits ist alles Übrige, die umfassende Wirklichkeit, das viel Größere‹, zeigt er sich überzeugt. Insofern sei unser gegenwärtiges Leben bereits vom Jenseits umfangen.« Gregg Braden (95)

Kann man Energie überhaupt zerstören? Nein, das kann man nicht, sie bleibt bei allen physikalischen Prozessen konstant, also auch bei der Umwandlung von Energie in Masse.

Über C. G. Jung war in diesem Buch schon viel zu lesen (unter anderem in den Kapiteln »Archetypen: Die Grundbausteine aller Existenz« oder auch »Das kollektiv Unbewusste in uns allen«). In diesem Zusammenhang interessiert seine Begriffsfindung der *Synchronizität.* Ihr Prinzip veranschaulicht verständlich die folgende Grafik (96):

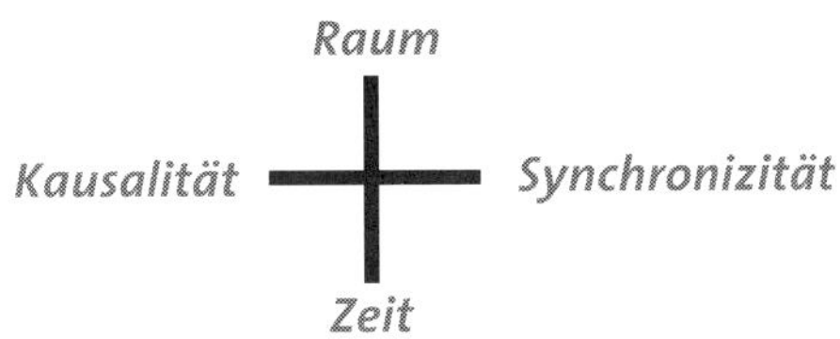

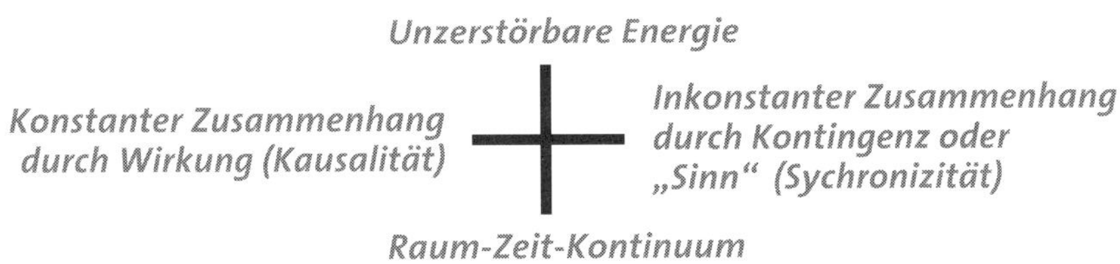

Wir sehen eine sogenannte *Quaternio,* ein Kreuz aus zwei sich jeweils polar ergänzenden Begriffspaaren, die sich diametral ergänzen. Wir können uns ihr Wesen ähnlich vorstellen wie bei das oben beschriebene Begriffspaar *Welle und Teilchen* beim Phänomen Licht: Beide sind parallel existent und doch unterschiedlich, beide fallen in einer Erscheinung zusammen.

In der *vertikalen Achse* sehen wir die unzerstörbare Energie, die unabhängig von der äußeren Erscheinung konstant bleibt. Ihre durch alle ablaufenden physischen Prozesse sich permanent ändernde Form stellt sich C. G. Jung wie einen ewigen Tanz vor, der sich von Ewigkeit zu Ewigkeit als Evolution auf der Bühne des Raum-Zeit-Kontinuums entfaltet.

Auf *horizontaler Ebene* zeigt er, dass jedes der beteiligten Ereignisse und jede dieser Energien zunächst in einer eigenen Kausalkette stehen, die auf der Gegenseite zum akausalen Gegenpol erweitert werden.

Das klingt schwierig, ist aber simpel: C. G. bringt zum Ausdruck, dass die Dinge in ihrer Entwicklung synchron und sinnhaft aufeinander bezogen sind. *Sie sind so angeordnet, wie sie sind* (= acausal orderedness).

Auch hier entdecken wir eine höhere Ordnung. Es scheint, als ob im gesamten Universum alle Einzelteile unter der Führung des *Schöpfergeistes* harmonisch miteinander tanzen, vom kleinsten bis zum größten Teilchen. Und wir alle tanzen irgendwie mit. Aber beileibe nicht jeder ist ein guter Tänzer. Der eine oder andere stolpert über die eigenen Beine. Andere verweigern das Mittanzen.

Dabei könnte es so schön sein, denn:

- *Tanz ist lebendige Hingabe an den Augenblick, an das Hier und Jetzt*
- *Tanz ist Energie im Raum und in der Bewegung*
- *Tanz ist beschwingte Ent-Spannung*
- *Tanz ist das Eins-werden mit dem Rhythmus und der Schwingung von Mikrokosmos und Makrokosmos*

Es scheint: Unter der Anleitung eines göttlichen Tanzlehrers schwingt dieses Universum ewiglich einen energetischen Reigen durch Raum und Zeit.

Let's dance!

3) Energetische Zustände des Körpers können wir sehen

»Ein Bild sagt mehr als tausend Worte.«

Im asiatischen Raum existiert das Bewusstsein um die Existenz energetischer Felder im und um den Körper schon seit Jahrtausenden. Die TCM (Traditionelle Chinesische Medizin) verwendet den Begriff der *energetischen Leitbahnen* seit jeher.

Westliche Wissenschaftler konnten mit ihren objektiven Messungen lange Zeit keinerlei griffige Beweise für die Existenz solcher Felder erkennen und ignorierten sie deshalb. Wie sie auch die Seele des Menschen leugnen, die sie ja ebenfalls nicht unter dem Mikroskop oder sonstwo sehen können.

Chirurgen, die schon so viele Menschen aufgeschnitten haben, berichten davon, dass sie dabei noch niemals eine Seele entdeckt hätten. Dem kann man eigentlich nur entgegnen, dass auch kein Mechaniker, der ein defektes Fernsehgerät geöffnet hat, jemals ein Programm gefunden hat.

Schauen wir zunächst in die überlieferte Tradition: Mit dem Bekanntwerden von ersten Fotografien von Energieentladungen an lebendigen wie auch nicht lebendigen Gegenständen kam langsam (aber sicher) ein Umdenkungsprozess in Gang, der bis in die Gegenwart anhält. Begriffe wie *Elektrografie* machten die Runde, als Pioniere wie der Physiker Navratil (um 1888) oder der Biologe Nardkevitch-Jodko diese Bilder publik machten.

Jeder kennt die Kirlian-Fotografie. Eine Esoterik-Messe ohne diese ist kaum vorstellbar. Der russische Elektriker Semjon Kirlian entdeckte mit seiner Frau Valentina eine Möglichkeit, die Farbschichten der Aura des Menschen fotografisch festzuhalten. Mittels eines elektrischen Wechselfeldes mit hoher Spannung können hierbei Leuchterscheinungen an Lebewesen und Objekten aller Art sichtbar gemacht werden.

In der Folge versuchen Forscher und Erfinder bis heute, elektrische Parameter von Organismen und Objekten in Echtzeit bildlich darzustellen und zu dokumentieren. Durch ihre theoretischen wie auch rasanten technischen Fortschritte mit computergesteuerten Scan-Möglichkeiten leisten sie einen entscheidenden Beitrag, die Bioelektrografie in der westlichen Welt der Wissenschaften zu etablieren und zu manifestieren.

Dank der Quantenphysik kann heutzutage ein allgemein akzeptiertes Grundmodell zur Erklärung bisweilen verwirrender Aspekte und Tatsachen zu Rate gezogen werden. Die fortschreitende Perfektionierung in der Aufzeichnung energetischer Felder löst beim Betrachter ein Gefühl zwischen Faszination, Staunen und Ehrfurcht aus.

Genaugenommen können wir heute sehen, was die TCM schon immer beschrieben hat: Fließendes Chi offenbart sich dem außenstehenden Betrachter ebenso wie energetische Defizite oder Blockaden. Es grenzt an Magie und ist doch real für alle sichtbar: Mit modernen Messinstrumenten können wir energetische Zustände des gesamten Körperlandes, einzelner Körperregionen oder auch gezielt von Organen *vor und nach* dem Einschwingen mit heilsamen Planetenschwingungen betrachten und in der Folge deuten.

Das Ergebnis zeigt umfassende Bilder aller Organe, des Nerven- und lymphatischen Systems, sogar der einzelnen Blutzellen und Chromosomen. Sichtbar werden energetische Störungen. Wir erkennen *ob* und *wo* Zellen gerade ihren Dienst quittieren und von einer gesunden in eine kranke Schwingung wechseln, in welchen Regionen des Körperlandes der untersuchte Mensch verstimmt ist. Diese energetischen Zustandsbilder können in der Folge auch als Grundlage für weitere Behandlungsformen oder »Balancings« wertvolle Dienste erweisen.

Wir wissen heute: Krankheiten beginnen nicht erst mit der körperlichen Manifestation, sie zeigen sich bereits weitaus früher als Störung des spezifischen und ursprünglich gesunden Schwingungsmusters der betreffenden Person.

Wie formulierte es der bereits an anderer Stelle zitierte Schriftsteller Peter Altenburg: »*Krankheit ist der Aufschrei einer beleidigten Seele.*«

Seelische Zerwürfnisse können wir heute in energetisch schwächelnden Regionen wahrnehmen, lange Zeit *bevor* die Allopathie mit ihren Meßmethoden überhaupt eine Verstimmung oder Blockade erkennen kann. Wir können erkennen: Da stimmt was nicht, da ist eine energetische Auffälligkeit, die sich irgendwann (oder vielleicht auch nie in diesem Leben) krankhaft manifestieren kann.

Heutige Bildfindung der menschlichen Energetik bewegt sich auch auf dem Gebiet der Quantenmechanik und Energiemedizin. Herkömmliche Technologien wie Elektrokardiographie, Thermodiagnostik, Mikrobiologie, Immunologie beziehungsweise röntgenologische Methoden oder die Spektroskopie dienen hierbei als Fundament an physischen Parametern.

Die Informationen beziehungsweise Schwingungen der untersuchten Person (en) werden vom Scanner erfasst und minutenschnell mit unzähligen internen Datenbänken abgeglichen.

Im Rahmen der Intensivausbildung zum *Schwingungstherapeut (nach Thomas Künne®)* wurden solche energetischen Bilder *vor* und *nach* dem Einschwingen von archetypischen Planetenfrequenzen (98) erstellt, die wir aber aus rechtlichen Gründen nicht zeigen dürfen.

Welche Chancen liegen in diesen technischen Möglichkeiten der Gegenwart?

4) Die heilende Kraft der Planetenschwingungen

»Der Worte sind genug gewechselt,
lasst mich auch endlich Taten sehen.« (100)

Goethes Zitat führt uns auf direktem Wege zur Quintessenz unserer Überlegungen dieses Buches, angereichert und untermauert durch jahrtausendealtes Wissen und Weisheit, sichtbar gemacht durch Möglichkeiten von heute.

Rekapitulieren wir hier noch einmal kurz und prägnant augenscheinliche Erkenntnisse:

1) Im Kapitel *Mikrokosmos Mensch = Makrokosmos Universum* wird die Analogie von Archetypen und Körperregionen und -organen erläutert.

2) Im Kapitel *Mitschwingen in Resonanz* erfahren wir von der Fähigkeit des Menschen, durch Schwingungsresonanz Prozesse des inneren Heilers und der Selbstheilungskräfte zu aktivieren.

3) Das Kapitel *Der gesunde Fluss des Lebens* verweist unter anderem auf die Traditionelle Chinesische Medizin und die Bedeutung des »normalen« Flusses unserer Lebensenergie.

4) An mehreren Stellen dieses Buches erfahren wir und wissen es selbst aus eigener Erfahrung, dass es uns umso besser geht, je mehr wir von »Lebenskraft« (= Energie oder Fluss des Qi) durchströmt sind oder werden.

Was heißt dies nun konkret?

Eine energetische Veränderung im betreffenden Organ beziehungsweise in einer Körperregion bedeutet demnach eine Resonanz auf archetypische Schwingungen, die in der Klangarbeit zugeführt werden. Eine energetische Verbesserung würde zugleich die Lebenskraft steigern beziehungsweise die Prozesse des inneren Heilers und der Selbstheilungskräfte unterstützen.

Beginnen wir mit dem feurigen Archetyp des Frühlings, des kämpferischen Pioniergeistes wie auch der Aggression, beginnen wir mit *Mars/Widder*. In der archetypischen Körperzuordnung beim Menschen finden wir hier den Kopfbereich, die Zähne, Nägel, Galle und auch die quergestreifte Muskulatur.

Im ersten (energetischen) Beispiel widmen wir unser Augenmerk der *Gallenblase.*

Zum Koordinatensystem von Klientin und durchgeführtem Balancing: Die Klientin ist 41 Jahre alt, die Aggression wird nicht primär nach außen gelebt, sondern implodiert überwiegend im Innen (unter anderem Aszendent Steinbock und Mars in der Jungfrau als »Hemmschuh«). So kann es geschehen, dass irgendwann das Maß voll ist und »die Galle überläuft« und »Gift und Galle gespuckt wird«, wie der Volksmund treffend sagt. Folglich leidet die Klientin auch unter Kopfschmerz, womöglich ausgelöst durch die gestaute Galle.

Kurz: Die arme Galle (im Körperinnern) und der Kopf müssen »ausbaden«, was die Klientin nicht an aggressiver Energie nach außen bringt. Auf Dauer schwächt dies den gesunden Energiefluss eines jedes Menschen, so auch bei der Klientin.

Im Vorgespräch zwischen behandelnder Heilpraktikerin (103) und Klientin wird zunächst der energetische Zustand der Gallenblase *vor* dem archetypischen Balancing erfasst. Diese Messung ist prinzipiell mit einer »CT- Computer-Sonografie« vergleichbar, allerdings hier auf rein feinstofflicher Ebene.

Nun wird mit der Klientin die nachfolgende Anhebung des energetischen Mangelzustandes und der Harmonisierung auf ein gesundes Level besprochen: Hierzu bietet sich eine Phonophorese-Behandlung des Gallen-Meridians mit der Mars-Stimmgabel geradezu an (Dauer circa 15 Minuten pro Seite).

In der Folge wird der komplette Gallen-Meridian beidseitig von oben nach unten mit der Marsgabel eingeschwungen und in Fluss gebracht. Am Ende dieser Harmonisierung wird der energetische Zustand der Gallenblase erneut gemessen und eine Verbesserung *um 29%* festgestellt.

Unser nächstes Beispiel führt uns zum Archetyp *Venus* und hier zunächst in die Verkörperung als *Erd-Element*, wie wir sie im Tierkreiszeichen Stier vorfinden. Zur körperlichen Entsprechung beim Menschen gehören: Hals, Nacken, Rachen, Kehlkopf, Stimmbänder, Mandeln, *Schilddrüse*, Speiseröhre und Haut.

Es handelt sich um dieselbe Klientin wie bei Mars-Gallenblase. Das Phonophorese-Balancing erfolgt hier nun passend mit der Venus-Stimmgabel (221,23 Hz), die intuitiv und punktuell im Bereich der Schilddrüse schwingend aufgesetzt wird. Auch hier beträgt die Behandlungsdauer circa eine halbe Stunde.

Wir stellen nach diesem Balancing mit der stimmigen Venusgabel eine energetische Verbesserung im Schilddrüsengewebe *um 47%* fest.

Diese zusätzliche Lebensenergie in der Schilddrüse, die ja symbolisch auch für Wachstum und Weiterentwicklung steht, kann die Klientin, die gerade in der Startphase ihrer eigenen Naturheilpraxis steht, sehr gut gebrauchen.

Entsprechend »*energetisch aufladend* und *motivierend*« empfindet sie selbst dieses Balancing ihrer Schilddrüse mit der Venus-Stimmgabel.

Beziehen wir nun im nächsten Beispiel ein weiteres Spektrum der *Venus*, nämlich als himmlisch-ästhetisches Tierkreiszeichen Waage (Element Luft) mit ein. Die Körperentsprechungen lauten hier: Nieren, Lenden, Harnleiter, Venen, Bauchspeicheldrüse und empfindsame Haut.

Die Klientin, 43 Jahre alt, ist mit Leib und Seele Ehefrau und Mutter zweier heranwachsender Kinder. Ohne direkte Beschwerden zu haben, stellt sie doch fest, dass sie ihre eigene Weiblichkeit eher zurückgestellt beziehungsweise auf »Spar-Modus« eingestellt hat.

Ein halbstündiges Balancing mit Venus-Schwingung auf der *Kosmoton Klang- und Schwingungsliege* (104) plus zusätzlichem und gleichzeitigem Einschwingen mittels Venus-Stimmgabeln über beide Ohren wirkt offensichtlich wie eine *venusische Klangdusche von innen und außen:* Der energetische Gesamtzustand der Klientin verbessert sich *um 45%.*

In Folgegesprächen berichtete die Klientin von einer überaus wohltuenden Resonanz in ihrer Partnerschaft auf diese venusischen Schwingungen.

Unser nächstes Beispiel führt uns zum Luft-Element Merkur, wie wir es beim Tierkreiszeichen Zwilling erleben. Die Körperentsprechungen lauten: Arme, Schultern, Rippen, Hände, Brustkorb, Luftröhre, *Bronchien*, Lunge, Nerven-Bahnen, Lymphsystem (zum »Transport«).

Der Klient, 82 Jahre alt und äußerst rüstig, wurde von einer heftigen Bronchitis befallen. Zum Zeitpunkt der Behandlung mit der archetypischen Merkur-Schwingung war diese wohl am Abklingen, plagte den Klienten aber nach wie vor heftig beim Essen, Atmen oder auch Schlafen.

Nach halbstündigem Phonophorese-Balancing mit Aufsetzen der Merkur-Stimmgabel im gesamten Lungenbereich lässt der Lungenbaum eine deutliche energetische Verbesserung um 65% erkennen. Eine gleichzeitige energetische Messung im Bronchus-Querschnitt zeigt sogar eine Verbesserung um 81% .

Das letzte Beispiel führt uns zum Archetyp *Mond* und seiner körperlichen Zuordnung: *Magen*, Brustdrüse, Eierstöcke, Hoden, Schleimhaut, Gebärmutter.

Der Klient ist 50 Jahre alt, sehr kreativ und sensibel, sodass das eine oder andere ihm unbewusst auch »auf den Magen schlagen« kann.

Im Augenblick der Erstmessung (*vor* dem Balancing mit Mond-Schwingung) zeigt der energetische Zustand seiner Magen*rück*wand überwiegend schwarze und damit auch energetisch stark geschwächte Stellen und Zellen.

In der Folge wird ein 30minütiges Einschwingen des Magen-Meridians mittels Mond-Stimmgabel durchgeführt, die zu einer vierzigprozentigen energetischen Verbesserung führt. Viele schwarze Stellen erfahren offensichtlich durch das Zuführen der archetypisch analogen Schwingung des Mondes eine energetische Anhebung:

Ein simultan aufgenommenes Energie-Bild der Magen*vorder*wand, die eine kräftigere energetische Ausgangssituation dokumentiert, zeigt eine Verbesserung um 21%.

Diese vier Beispiele wollen exemplarisch die Elemente *Feuer* (Mars-Widder), *Erde* (Venus-Stier), *Luft* (Merkur-Zwilling) und *Wasser* (Mond-Krebs) beleuchten.

Ähnliche positive Anhebung des Energiehaushaltes konnten wir für alle von uns untersuchten und gedeuteten Körperregionen feststellen. Dabei ergibt sich (erwartungsgemäß) folgende Erkenntnis: *Stimmige Planetenfrequenzen (Archetypen) analog zu den diesen zugeordneten Organen und Körperteilen (siehe auch Kapitel Mikrokosmos = Makrokosmos) sorgen für eine energetische Verbesserung und machen somit den Weg frei zur Aktivierung des inneren Heilers und unserer Selbstheilungskräfte. Zudem spürten alle Klienten eine Harmonisierung ihres Wohlbefindens und des Einklangs von Körper, Geist und Seele.*

I

Das Wesen der Archetypen

Der Kreis schließt sich

Ganz zu Beginn dieses Buches findet sich im Kapitel »Ein-Schwingung« folgender Abschnitt: »Wer Klavierspielen möchte, tut gut daran, sein Talent und sein Können in wohltemperierte Bahnen zu lenken. Das erspart den aktiven und passiven Zuhörern mögliche Ver-Stimmungen. Der Weg dorthin führt immer über das Erlernen des theoretischen Wissens wie auch der praktisch-handwerklichen Fertigkeiten«.

Im Folgenden werden wir die einzelnen Archetypen theoretisch kennenlernen. Damit schließt sich der Kreis des theoretischen Wissens über die *»Schwingung der Archetypen«* und bildet ein solides Fundament für deren Anwendung in der Praxis.

In der Reihenfolge der Archetypen-Beschreibung wurde die Anordnung im Sonnensystem zugrunde gelegt, beginnend mit dem Lebensspender *Sonne*, ohne deren Vitalität und Energie keinerlei Leben existieren kann und auch dieses Buch niemals geschrieben worden wäre.

Hier die Reihenfolge: *Sonne, Merkur, Venus, Mond, Mars, Jupiter, Saturn, Uranus, Neptun und Pluto.* Wer sich nun fragt: »Und wo bleibt die Erde, oder Chiron, Lilith oder auch Eros?«, hier die Antwort: Diese zehn Archetypen bilden die ***Grundbausteine allen Lebens,*** oben wie unten, innen wie außen. Sie decken in ihrem Wesen die Gesamtheit allen Seins ab. Diese Grundbausteine enthalten selbstverständlich auch Planetenschwingungen wie Eros, Chiron, Hopi und so weiter. Das kann auch gar nicht anders sein, da im mundanen Tierkreis der Archetypen bereits sämtliche Schwingungen als wesentliche Essenz enthalten sind.

Die tiefe Kenntnis der Archetypen ermöglicht das Verstehen der Analogieketten im senkrechten Weltbild. Sie entsprechen den *Klassischen Archetypen der Antike* ebenso wie dem *Kollektiven Unbewussten* von C. G. Jung oder den Grundlagen der *Archetypischen Medizin.* Sie bilden sozusagen das solide Fundament, auf welches wir durchaus mit weiteren Planetenschwingungen aufbauen können. Aber es macht schon beim Bau eines Hauses wenig Sinn, *nicht* mit dem Fundament anzufangen. *Deshalb beschränkt sich dieses Buch auf das Wesentliche: Die Archetypen und ihre Schwingungen.*

Bevor unsere gemeinsame Reise in die wunderbare Welt der Archetypen beginnt, noch ein Wort zu den Planeten selbst: Diese sind lediglich die Namensgeber, haben aber keinen kausalen Bezug zur *symbolischen* Bedeutung der Astrologie und der Archetypen. Und doch bestimmt ihre Umlaufzeit deren Schwingungsfrequenz. Damit erschaffen sie in unserem Körperland ein Feld, welches mit dem entsprechenden Archetyp in Resonanz tritt.

Zuordnungstabelle aller Archetypen (Radix)

Die nachfolgende Grafik möchte die Verbindung zwischen Archetypen und Sternzeichen, Elementen, Quadranten und auch Häusern auf einen Blick veranschaulichen.

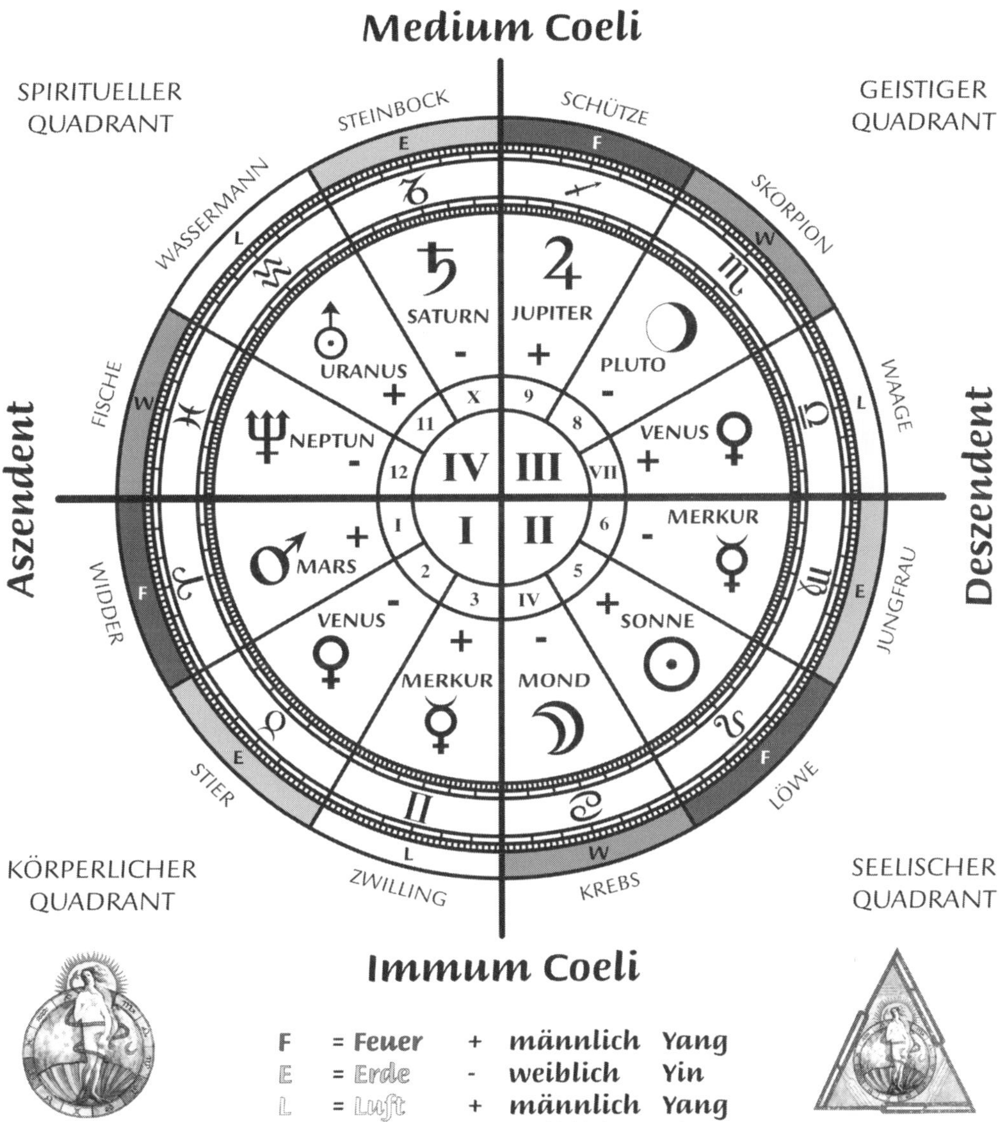

F	= Feuer	+	männlich	Yang
E	= Erde	-	weiblich	Yin
L	= Luft	+	männlich	Yang
W	= Wasser	-	weiblich	Yin

www.quelle-der-kraft.de

www.schwingung-als-weg.de

Das Prinzip der Sonnen-Energie

Die Schwingung des Archetyps Sonne ☉ (= Sternzeichen Löwe ♌) führt uns augenblicklich in Resonanz mit unseren Herzensangelegenheiten, mit der Kraft des Lichtes und des prallen Lebens. Sie stärkt unsere Vitalität und unsere Lebensfreude.

Körperliche Ebene:
Die Resonanz mit der Sonnen-Energie führt direkt in die Lebendigkeit und das pralle Leben. Sie macht die Bewegungen leichter und unterstützt das Wachstum, in der Natur wie auch beim Menschen. Ihre stärkende »Power« unterstützt die Tätigkeit des Herzens und stärkt die körperliche Mitte. Sie lässt uns teilhaben an der hellen Seite des Lebens. Sie versorgt uns mit Vitalität in allen Bereichen des Lebens, von der körperlichen Kraftanstrengung bis zur sinnlichen Sexualität und der Liebe.

Seelische Ebene:
Die Sonne ist der Lebensspender des Universums. Sie gibt Vitalität, sorgt für Expansion, Wachstum und Licht. Sie ist der Sieg über die Dunkelheit. Sie hilft uns, in unsere eigene Kraft (und Macht) zu kommen, (unser) Leben zu organisieren, uns zu zeigen. Sonnen-Energie führt uns aus der Dunkelheit, aus der Depression, aus dem »Winterschlaf« in den aufkeimenden Frühling. Sie gibt uns die Kraft, zu neuen Ufern zu segeln (in der Realität wie in der Imagination). Sie eröffnet neue Dimensionen, neue Begriffe von Raum und Zeit, sie macht unseren Horizont weiter, heller und leuchtender.

Geistige Ebene:
Die Sonnen-Energie entspricht einer höheren Dimension und steht darum auch für das Magische und das Transzendentale. Sonne ist Leben, und viele große Kulturen setzen sie gleich mit der Kraft der Schöpfung.

Sie verbindet die göttliche Energie mit unserer eigenen Herzenswärme, so wie alle Organe im menschlichen Körper vom Herzen versorgt werden. Im Universum übernimmt die Sonne diese Funktion: Die Planeten umkreisen sie von Ewigkeit zu Ewigkeit.

Sonnen-Energie im Alltag in Stichworten:
Kraft, Vitalität, pralles Leben, Extrovertiertheit, Sexualität, Ausdruckskraft, Herzenswärme, Führungsqualität, strahlende Erscheinung, Charisma, Wegweiser im Dunkeln, Lebensspender, Dominanz.

Sonnen-Energie in der Partnerschaft:
Führt aus dem Dunkeln ins Licht, starke männliche Yang-Energie, Chance zur Integration der Herzenswärme, dominante Rolle in der Sexualität, Tatkraft zur Umsetzung gemeinsamer Ideen und Projekte.

Sonnen-Energie bei Kindern:
Gibt Energie bei körperlicher Betätigung, Sport und Spiel; führt in Resonanz mit Spontanität, Kreativität und Ausdruckskraft, bringt die inneren Werte ans Tageslicht, fördert das Selbstbewusstsein und die persönliche Ausstrahlung im sozialen Umfeld.

Merkmale der Sonnen-Schwingung (101)

Frequenz:	126,22 Hz
Ton:	H
Farbe:	gelb-grün (komplementär = violett-rot)
Körperliche Zuordnung:	Herz, Augen, körperliche Mitte, Kronenchakra
Meridiane:	Herz, Kreislauf, Dreifacherwärmer, Du-Mai
Chakren:	2. (Svadisthana) und 3. (Manipura) Chakra

Was uns der Archetyp SONNE mitteilen möchte:

Ich bin die Sonne und bringe Licht in diese Welt. Ohne meine lebenspendende Energie gäbe es auch keine Polarität von *Licht und Schatten* oder *Tag und Nacht*, denn es wäre immer nur dunkel. Keine Blume könnte ihre Blüte nach mir ausrichten, auch keine Sonnenanbeterin ihre Flügel nach mir ausstrecken. Im Gegenteil: Es gäbe überhaupt keine Blume, keine Sonnenanbeterin, kein Leben. Nur klirrende Kälte, abgrundtiefe Nacht und starre Leblosigkeit.

Das ganze System dreht sich um mich: *Merkur* (der Planet, der mir räumlich am nächsten steht), *Venus, Mars, Jupiter, Saturn, Uranus, Neptun und Pluto.*

Und zwischen Venus und Mars versorge ich *Mutter Erde* mit der lebensspendenden Sonnenenergie. Ich lasse mein Licht auf alles und alle leuchten: Auf den scheinbar toten Stein, den stachligen Kaktus, die liebliche Lotusblume, den Bettler, die Geschäftsfrau, den Minister oder auch den Kaiser von China. Ich mache keine Unterschiede oder bewerte, alle bekommen dasselbe Licht und dieselbe Chance zum Wachstum.

Ich bin der aktive Kern des Sonnensystems, der Urgeist, die Energiequelle für jegliches vorstellbare Leben. In meinem Wesen bin ich *männlich,* weil ich das aktive Prinzip vertrete und in die Welt bringe. Andere Sprachen verweisen korrekterweise auf mein männliches Wesen (zum Beispiel franz.: *le* soleil, lat.: *sol*). Die deutsche Sprache macht aus mir *die* Sonne, dafür wird aus dem urweiblichen lat. luna im Laufe der Zeit *der* Mond. Klingt ein wenig wie *der* Mutter und *die* Vater.

Ich symbolisiere die Brücke vom geistigen ins materielle Leben, also vom *Geist* zum *Körper.* Ich bin das Lebenszentrum, der Pol schöpferischer Gestaltung. Meine Darstellung erfolgt als geschlossener Kreis (mit Punkt in der Mitte), das Zeichen für Ganzheit, den Weg und das Ziel gleichzeitig.

Ich stehe für das Bewusstsein und die Bewusstheit. Der Volksmund spricht von einem »hellen Kopf« und meint damit einen klugen und klaren Denker. In der dazugehörigen Polarität wird von »geistiger Umnachtung« gesprochen.

Ich weise den Weg: Mein Licht macht den Blick klar, Dunkelheit eher das Gegenteil. Dagegen gedeihen Nachtschattengewächse gut im Reich der Finsternis, pflanzliche ebenso wie fleischliche.

Der Erkenntnisweg des Menschen, sein Weg der Individuation, führt vom Schatten ins Licht, von der Bewusstlosigkeit zur Bewusstheit.

Es gilt *post tenebras lux (lat.: nach dem Schatten (kommt) das Licht).*

Denn auch an Tagen, an denen ich nicht *direkt* sichtbar bin, weil Wolken oder dichter Nebel zwischen mir und dem Betrachter liegen, weiß doch eigentlich jeder, dass ich dennoch *immer* scheine.

Mein Planet SONNE in Fakten:

Eines vorweg: Die symbolische Bedeutung in der Astrologie und in den Archetypen hat keinen kausalen Bezug zu den körperlichen Planeten, um die sich ja die Astronomie kümmert. Die Planeten sind lediglich die Namensgeber.

Ich bin das Zentralgestirn dieses Planetensystems, die Quelle allen Lichts und Lebens. Ich werde *Fixstern* genannt, weil alle Planeten um mich kreisen und nicht umgekehrt. Im mundanen Tierkreis der Astrologie und Archetypen werde ich (wie auch der Mond) als *Planet* dargestellt.

Eigentlich bin ich ein ganz normaler Fixstern in Kugelgestalt von mittlerer Masse und Größe, sagen die astronomischen Sternegucker. Von *Mutter Erde* bin ich circa 149,5 Millionen Kilometer entfernt. Mein Durchmesser beträgt 1.392.700 Kilometer, meine Masse ist etwa 800-mal so groß wie die aller Planeten des Sonnensystems zusammen. Das klingt nach viel, aber ich verbrauche auch viel: Ich bestehe zu 90% aus Wasserstoff, 8% Helium und zu 2% aus anderen Elementen. In jeder Sekunde verwandle ich 655 Millionen Tonnen Wasserstoff in 650 Millionen Tonnen Helium, die Differenz von 5 Millionen Tonnen wandle ich gemäß der Einstein-Formel *E = mc2* in Energie um. Meine Betriebstemperatur halte ich durch Umwandlungsvorgänge von Atomen konstant: In meinem Innern ist es kuschelig warm, mit geschätzten 15 Millionen Grad Celsius sogar richtig heiß. Dagegen ist die Temperatur an meiner Oberfläche, der *Photosphäre*, mit 5.785 Grad Celsius ein lauer Frühlingswind. Die Photosphäre umgebe ich mit einem selbstleuchtenden schmalen Ring, der *Chromosphäre*. In derselben Richtung wie *Mutter Erde* drehe ich mich in 27 Tagen und 4 Stunden einmal um meine Achse.

Entstanden bin ich zusammen mit den anderen Planeten vor ca. 4,5 Milliarden Jahren, und zwar aus einer großen rotierenden Wolke von Materie. Dieselbe Zeitspanne werde ich ab jetzt nochmals für Euch leuchten, in der Folge werde ich zusehends größer und entwickle mich zu einem rotglühenden Riesenstern, in dem alle Planeten in einem unvorstellbaren Feuersturm verglühen werden.

Wie die SONNE in der Mythologie verehrt wird:

Die Menschen sind in dieser polaren Welt auf Bilder angewiesen, um Mikrokosmos und Makrokosmos zu erfassen und zu verstehen. Und genau hier fängt »*Ungenauigkeit*« an, denn jedes Bild, sei es auch noch so gewaltig, schließt etwas ein und damit etwas anderes aus.

Ich schließe aber absolut nichts und niemanden aus, ich scheine für den Kannibalen ebenso wie für den Heiligen. Ich stehe auf einer anderen Ebene und bin im wahrsten Sinne des Wortes unbeschreiblich. In jeder Hierarchie nehme ich den ersten Platz ein, ich bin das Symbol der Einheit, Transzendenz und des höchsten göttlichen Prinzips.

Meine Beschreibung in Worten kann nur unvollständig bleiben, da die Sprache als Bestandteil der polaren Welt die Einheit nur *annähernd* beschreiben kann. Somit kann sie auch niemals meiner Vollkommenheit gerecht werden. Seit Menschengedenken setzt meine Verehrung folglich ein hohes Maß an Abstraktionsfähigkeit beim Menschen voraus.

Zum besseren Verständnis wurde mein *Sonnenprinzip der Einheit* häufig zerstückelt und in kleinere, mundgerechte Teile zerlegt.

Warum?

In dieser Welt der Polarität war und ist dies notwendig, um im rationalen Verständnis für Menschen begrifflich in Erscheinung zu treten. Alle Betrachtungen in Vielheit lassen die dahinterliegende Existenz von Einheit (nur) erahnen.

Blicken wir zunächst nach *Ägypten:* Als Morgensonne bin ich *Horus,* der Himmels-, Königs-, Welten- und Lichtgott sowie Beschützer der Kinder. Die Mythologie berichtet von meinen Augen als Himmelsgott, wobei das rechte das *Sonnenauge* und das linke das *Mondauge* verkörpert. Als *Ra* bin ich die Sonne des

Mittags, ich bin Erhalter und Beschaffer der Welt, denn mein Wirken ermöglicht erst das Leben auf Mutter Erde. Als Abendsonne bin ich *Atoum* und nachts *Knoum*. Somit teilen die alten Ägypter meinen *Archetyp Sonne* in *vier* Wesenheiten auf, um Anteile der Ganzheit (und damit Einheit) zu erfassen und zu erläutern.

Im Griechenland der Antike bin ich als *Helios* Sohn des Titanen Hyperion und Theia oder Euryphaessa, Bruder der Eos und der Selene. Die Menschen beschreiben mich als jugendlichen und schönen Gott, mein wallendes Haar ist mit einer Strahlenkrone geschmückt. Im hellen Gewand tauche ich an jedem Mittag mit einem von vier weißen Rossen gezogenen Sonnenwagen aus den Fluten des Meeres empor. So nehme ich alles wahr, was auf Erden geschieht, ohne mich dabei in die Angelegenheiten von Sterblichen und Göttern zu mischen. Ich bin so rein und vorurteilsfrei wie der Archetyp Sonne, den ich symbolisch repräsentiere. Gegen Abend erreicht mein Himmelswagen meinen Palast im Westen, hier spanne ich meine vier weißen Rosse aus und lasse sie auf den *Inseln der Seligen* weiden.

Bei den Indern wohnt *Brahma*, ihr höchster Gott, in mir, in der Sonne.

Bei den Inkas bin ich als Sonne ihr einziger Gott.

In unserer christlichen Welt spiele ich als Licht die bedeutendste Rolle, *Gott* wird im Alten Testament immer wieder mit Lichterscheinungen versinnbildlicht. *Jesus Christus* wird als *Licht der Welt* bezeichnet. Gott, sein Vater, als Licht des Himmels. Zur Verdeutlichung möchte ich einige Bibelzitate auflisten:

»Ich bin das Licht, das in die Welt gekommen ist, damit jeder, der an mich glaubt, nicht in der Finsternis bleibt.« *Johannes 12,46*

»Ihr seid allzumal Kinder des Lichtes und Kinder des Tages; wir sind nicht von der Nacht noch von der Finsternis.« *1. Thessalonicher 5,5*

»Ihr seid das Licht der Welt.« *Matthäus 5,14 (Luther 1912)*

»Gott ist Licht. Und das ist die Verkündigung, die wir von ihm gehört haben und euch verkündigen, dass Gott Licht ist und in ihm ist keine Finsternis.« *1. Johannes 1,5 (Luther 1912)*

»Und plötzlich umstrahlte ihn ein Licht aus dem Himmel.« *Apostelgeschichte 9,3*

In der christlichen Mystik schließlich finden wir eine wahre Metaphysik des Lichts. Ein Mystiker wie etwa Meister Eckart verbindet das Herz und seine Möglichkeit zur strahlenden Liebe mit einem unbeschreiblich erhellenden Gefühl und Zustand, den nur ich, der Archetyp Sonne, repräsentieren kann.

Ich lasse mein Licht erstrahlen zum richtigen Weg in und durch die Mitte in Eigenliebe und Individualität, in Vitalität und Großzügigkeit, in Selbst-Bewusstheit und Mitgefühl.

Sonne als Sternzeichen Löwe:

Meine symbolische Erscheinung als Sternzeichen Löwe ♌ (= Archetyp Sonne ☉): 23. Juli bis 22. August, »Vorhang auf - hier kommt der König (der Tiere)«

Das ist die Zeit des *Hochsommers*, die *Sonne* hat in diesen Monaten ihre größte Kraft, das Leben fühlt sich anders an als im fast vergessenen Winter: irgendwie leichter, lebensbejahender und südländischer.

So fühlt sich auch der im *Tierkreis Löwe* Geborene: Er *ist* die Sonne, alles dreht sich nur *um ihn*, er ist der Hauptdarsteller, er *ist* das Zentrum, die Planeten umkreisen *ihn* und sind *sein* Publikum.

Das zum *Löwen* zugehörige *Urprinzip* bin dementsprechend *ich*, die *Sonne*, ohne welches kein Leben auf diesem Planeten möglich wäre. Löwen-Energie ist Sonnen-Energie, und die ist von unerschöpflicher Kraft und Intensität. Oft leben Löwencharaktere demzufolge in einer Art Unsterblichkeitsgefühl, als ob das Leben nur aus Licht und *nicht* aus Schatten bestünde.

In der erlösten Form finden wir hier die geborenen Optimisten, die das Glas immer *halbvoll* und nie *halbleer* sehen, sie bleiben zudem die ewigen Jünglinge, »*forever young*«, frei nach dem Motto: »Wenn Gott mich anders gewollt hätte, hätte er mich anders gemacht!«

Blicken wir in das »Show-Business« der Popmusik und Politik, finden wir hier unter den Löwe-Geborenen charismatische Persönlichkeiten wie *Madonna, Mick Jagger* oder *Arnold Schwarzenegger.*

Madonna, schon zu Lebzeiten *die* unsterbliche weibliche Pop-Ikone schlechthin, Feministin und Sex-Symbol, erfindet sich immer wieder selbst neu. Sie ist *die* Vorkämpferin und *das* Vorbild für unzählige Frauen, nicht nur im Pop-Business. Sie verkörpert die »fleischgewordene Kreativität«.

Mick Jagger, männliches »Gegenstück« zu Madonna, legendärer Gründer und Leadsänger der »*Rolling Stones*«, bekannt für seine wilden Gesten, seine ekstatischen und exzentrischen Auftritte *auf* und *außerhalb* der Bühne – das *Leben* ist seine Bühne.

Arnold Schwarzenegger, ursprünglich österreichisch-amerikanischer Bodybuilder (Mister World, fünfmal Mr. Universum und sechsmal Mr. Olympia), Hollywood-Größe als Schauspieler (»*Terminator*«), politische Größe als Gouverneur von Kalifornien (»I'll be back!«).

»*Wo viel Licht ist, da ist auch viel Schatten*«, sagt der Volksmund. Das kann zum Problem werden, wenn doch tatsächlich andere Menschen dem Löwe-Charakter *nicht* das angeborene Recht einräumen, im Mittelpunkt zu stehen, oder gar ihm *nicht* die Anerkennung zollen, die ihm im Tierkreis gewiss ist: Dort ist der Löwe *König der Tiere.*

Im Schatten des Lichtes verbirgt sich nicht selten der Selbstzweifel in einer tiefen Unsicherheit. Ein übertriebenes, ja fast krankhaftes Festhalten am Ego zeigt sich unter anderem in der »Herrschsucht« über unterstellte Mitarbeiter und Familienangehörige. Soviel Druck erzeugt auf der körperlichen Seite Gegendruck, kann zu Bluthochdruck bis hin zu Kreislauf-und Herzkrankheiten (Herzinfarkt) führen. Das Herz (nicht nur als Organ, sondern auch emotional) ist folglich auch die körperlich-seelische Entsprechung des Tierkreiszeichens Löwe.

Wie zeigen sich unerlöste Schattenanteile für den Archetyp Sonne beim Menschen:

Signatur der Blockaden (101): Störungen der Vitalität (unter anderem Schwächezustände, Ohnmachten, Blindheit, Herzinsuffizienz).

Typische Erkrankungsformen: Herz-und Kreislauferkrankungen (Herzinfarkt, Hochdruck) Depressionen bis hin zu Identitätsverlusten und Selbstaufgabe, Libido- und Schweißdrüsenstörungen, Spielsucht, Sexsucht, Herrschsucht.

Beispiele für Mischformen mit anderen Urprinzipien:
Angina pectoris: Sonne-Saturn
Herzverfettung: Sonne-Jupiter
Herzneurose: Sonne-Pluto
Aortenstenose: Sonne-Saturn
Haarausfall: Sonne-Uranus
Hitzschlag: Sonne-Jupiter-Uranus

Das Prinzip der Merkur-Energie ☿

Die Schwingung des Archetyps Merkur ☿ (= Sternzeichen Zwilling ♊ und Jungfrau ♍) führt uns augenblicklich in Resonanz mit der Leichtigkeit des Seins, der Kommunikation und des Austausches. Sie stärkt unsere soziale Kompetenz und unser vernünftiges Handeln.

Körperliche Ebene:
Die Schwingung des Merkur hilft uns, uns über die Sprache auszudrücken, das heißt über intelligente Kommunikation, über die wir unser Denken und Handeln steuern. Sie unterstützt unsere Fähigkeit zum Be-greifen und Er-fassen der Welt durch den Intellekt, durch den Geist und Verstand. Sprache und Rhetorik, die auf flinker Intelligenz und Geistesgegenwart beruhen, spiegeln eine erlöste Form von Vermittlung.

Seelische Ebene:
Die Merkur-Energie unterstützt die Kommunikation, die Vermittlung und den Austausch von innen nach außen (und umgekehrt in Interaktion). Damit ist sie eine hilfreiche Unterstützung im Aufbau und der Festigung des Sozialverhaltens, der wahrhaften Beziehung mit »Ich« und »Nicht-Ich«. Was wir zur »Sprache bringen«, kann gehört und verstanden werden. Wir können unsere Blockaden und Widerstände zum Ausdruck bringen, indem wir kommunizieren. Und können diese über das Verstehen in Heilung verwandeln, in Freiheit, Wahrheit und Wahrhaftigkeit.

Geistige Ebene:
Hermes/Merkur ist der Götterbote in der Antike, der Vermittler zwischen »oben und unten«, zwischen den Göttern und den Menschen. Er steht im Tierkreiszeichen zweimal: als Luftzeichen (Yang – männlich) im Zwilling und als Erdzeichen (Yin – weiblich) in der Jungfrau. Das heißt auf den Jahresablauf bezogen: leicht und luftig, oberflächlich, anpassungsfähig, beweglich, geistig aktiv in der Zeit des Pollenfluges (Zwilling/Mai – Juni), erdverbunden in der Jungfrau (August – September), die Zeit der Ernte, des Trennens von »Spreu und Weizen«, der Analyse der für das Fortbestehen wichtiger Kriterien.

Merkur-Energie im Alltag in Stichworten:
Kommunikation, Austausch, Interaktion, Neugier, Soziale Kompetenz, Lernfähigkeit, Leichtigkeit des Seins, Vernunft, Ordnung, Interesse, Offenheit, Freude am Dialog,
Geselligkeit, Talent zur Darstellung und Selbstdarstellung, Analyse.

Merkur-Energie in der Partnerschaft:
Fähigkeit zu offener und direkter Kommunikation, erfinderischer Umgang mit sexuellen Themen, luftig-leichte Beziehung, Wunsch nach Freiheit (Zwilling) beziehungsweise geordneten Verhältnissen (Jungfrau), Wunsch zu neuen Erfahrungen und Horizonten.

Merkur-Energie bei Kindern:
Steigerung der Lernbereitschaft, Unterstützung der kognitiven Fähigkeiten, Förderung der Bereitschaft zur Kommunikation in Elternhaus und Schule, weckt und steigert die Neugier und das Interesse für alle Bereiche des Lebens und Lernens, unterstützt die Bereitschaft zu Struktur und Ordnung.

Merkmale der Merkur-Schwingung

Frequenz:	141,27 Hz
Ton:	cis
Farbe:	blau-grün (kompl. = orange-rot)
Körperliche Zuordnung:	Luftröhre, Lunge, Bronchien, Atmungsorgane, Dünndarm, Arme, Hände, Nervenbahnen
Meridiane:	Lunge, Dünndarm
Chakren:	vor allem 5. (Vishudda) Chakra

Was uns der Archetyp MERKUR mitteilen möchte:
Ich sorge für Austausch, Kommunikation und Vermittlung. Als Logistik-Partner stehe ich für alle Bereiche des Lebens immer zur Verfügung: Ich übermittle Botschaften von oben nach unten, von unten nach oben, von innen nach außen und umgekehrt, kurz: Ich bin überall und allerorts.

Dies gilt für den Makrokosmos des Universums ebenso wie für den Mikrokosmos Mensch. Meine Domäne ist der Intellekt und Verstand, Wissen ist *Macht* und demnach ist Nichtwissen *Ohnmacht*.

Meine Verstandestätigkeit ist praktischer und urteilender Natur. Dabei bin ich der Vermittler zwischen *Geist und Stoff*. Im Vergleich zur Weisheit des Jupiters stehe ich eher für eine substanzlosere Rationalität, die in diesem Universum ein breites Spektrum einnimmt. Ich sehe mich als Katalysator, der verschiedene Daseinsebenen im Mikro- und Makrokosmos miteinander verbinden hilft. Symbolisch stehe ich für intellektuelle Fähigkeiten wie Austausch und Vermittlung, Lernen, Schreiben, Wissen, Verbreiter von Informationen, aber auch für praktische Talente des täglichen Lebens wie Bewegen, Hantieren, Fingerfertigkeit mit Geduld und Ausdauer, Organisieren und Umsetzen sowie die vernünftige Analyse.

Apropos Symbol - so sieht es aus, mein Merkur-Symbol: ☿

Das sagt im Grunde alles über mich aus: Da ist zunächst der Kreis, der für das geistige Prinzip steht, darauf eine Halbschale, als Sinnbild des Mondhaft-Lunaren und des empfangenden Prinzips. All dies ruht auf dem Kreuz der Materie. Mit diesen drei Runen in einen Symbol bin ich androgyn, doppel- beziehungsweise übergeschlechtlich. Diese Besonderheit unter den Planeten ermöglicht es mir, einzig und allein die *quinta essentia* zu erlangen. Denn neben den vier Elementen Erde, Feuer, Luft und Wasser gibt es den Äther als »fünften« (= quinta) Grundstoff (= essentia).

Die *Quintessenz* ist also eine Geistsubstanz, die Materie in höchstmöglicher Verdünnung, das Reinste, das aus einer Sache gezogen werden kann. Und: Jedes alchemistische Urbildsystem enthält den Merkur(ius) als vermittelndes Element.

Wie Hermes, der Götterbote, bin ich außergewöhnlich flink. Als Planet Merkur düse ich in knapp 88 Tagen einmal um die Sonne. Das schafft in meinem Tempo keiner. Kein Wunder: Ich bin ja auch der Sonne am nächsten. Da ist Respekt angesagt vor meiner Schnelligkeit.

Mein Planet MERKUR in Fakten:

Da ich der Sonne so nahe stehe, war meine klare Bestimmung von der Erde aus lange Zeit recht schwierig. Aber im Zeitalter der Raumsonden offenbare ich viele Geheimnisse: Mein Durchmesser beträgt knapp 5.000 Kilometer, mein Sonnenabstand schwankt zwischen 46 und 70 Millionen Kilometer, ich kann mich nie mehr als 28 Grad von ihr Sonne entfernen, dann zieht es mich zurück. Für eine Rotation um meine eigene Achse benötige ich mehr als doppelt so lange wie die Sonne, nämlich 59 Tage.

Wie bereits erwähnt, brauche ich nur 87 Tage, 23 Stunden, 14 Minuten und 32 Sekunden für einen Sonnenumlauf. Mein Planetenkollege Neptun braucht da um einiges länger: Satte 165 Jahre! In dieser Zeit habe ich mich mehr als 684-mal um die Sonne gedreht.

Meine Oberfläche zeigt eine verblüffende Ähnlichkeit zu eurem Erden-Mond. Allerdings sind meine Erhebungen bei weitem nicht so hoch, nämlich maximal circa 1300 Meter.

Ich habe keine eigene Atmosphäre, das geht auch gar nicht bei meinem kleinen Körper. Und so prasseln Sonnenhitze und Weltraumkälte seit Jahrmilliarden ungehindert und ungefiltert auf meinen Körper. Und so schrumpele ich vor mich hin, was ja auch kein Wunder ist bei +400 Grad auf der Sonnenseite und -200 Grad Celsius auf der Nachtseite.

Zudem können sämtliche Planetoiden ungebremst auf meiner Oberfläche aufschlagen. Zum Glück bin ich nicht wehleidig, sondern ziemlich hart im Nehmen.

Wie der MERKUR in der Mythologie verehrt wird:

Ich bin *Hermes Trismegistos* (= der Dreifach Große Hermes). Dabei bin ich durch die Verschmelzung des ägyptischen Gottes *Thot* (des Zweifach Größten) mit dem griechischen Gott *Hermes* (dem Götterboten) entstanden, zu dem ich gleich nähere Informationen geben werde.

Als *Hermes Trismegistos* schenke ich der Welt die *Hermetik*. Diese versteht sich als eine Lehre der übergeordneten Naturgesetze mit den Gesetzen der Kausalität und Analogie.

Meine Smaragdtafel, die *tabula smaragdina*, gilt als Grundlagenwerk *wahrer* Einweihung in esoterisches Wissen, als Manifest und Credo. Da viele davon gehört haben und noch mehr meinen, darüber Bescheid zu wissen, möchte ich zur Sicherheit den gesamten Inhalt rezitieren: »*In Wahrheit, gewiss und ohne Zweifel: Das Untere ist gleich dem Oberen, und das Obere gleich dem Unteren, zu wirken die Wunder eines Dinges.*

So wie alle Dinge aus Einem und durch die Betrachtung eines Einzigen hervorgegangen sind, so werden auch alle Dinge aus diesem Einen durch Abwandlung geboren.

Sein Vater ist die Sonne, und seine Mutter ist der Mond. Der Wind trug es in seinem Bauche, und seine Amme ist die Erde. Es ist der Vater aller Wunderwerke der ganzen Welt. Seine Kraft ist vollkommen, wenn es in Erde verwandelt wird.

Scheide die Erde vom Feuer und das Feine vom Groben, sanft und mit großer Vorsicht. Es steigt von der Erde zum Himmel empor und kehrt von dort zur Erde zurück, auf dass es die Kraft der Oberen und der Unteren empfange. So wirst du das Licht der ganzen Welt besitzen, und alle Finsternis wird von dir weichen. Das ist die Kraft aller Kräfte, denn sie siegt über alles Feine und durchdringt alles Feste. Also wird die kleine Welt nach dem Vorbild der großen Welt erschaffen. Daher und auf diese Weise werden wunderbare Anwendungen bewirkt. Und darum werde ich Hermes Trismegistos genannt, denn ich besitze die drei Teile der Weisheit der ganzen Welt. Vollendet ist, was ich vom Werk der Sonne gesagt habe.«

In der *römischen Mythologie* nennt man mich *Merkur(ius)*, in der *griechischen* bin ich Hermes, der Götterbote, Sohn des Göttervaters Zeus und der Nymphe Maia. In dieser Funktion bin ich auch Gott der Kaufleute, Händler und Reisenden, wie auch Gott der Diebe, Wegelagerer und Betrüger. Den Unterschied merke ich dabei oft selbst nicht so genau.

Als Gott der Wege kennt ihr mich als *Psychopompos*, der die Seelen in die Unterwelt geleitet (von griech. Psychopompos: Seelengeleiter). Dieses Amt habe ich als Botengott von meinem Halbbruder Apollon.

Ich sehe meine Bedeutung hierbei nicht nur als »Transporteur« der Seelen, sondern möchte auch als Helfer und Wegbegleiter zur Akzeptanz der irdischen Sterblichkeit des Menschen beitragen. Eine Funktion, die bei den Germanen beispielsweise die Walküren, bei den Ägyptern Anubis oder bei den Kelten Ogma innehatten.

Merkur als Sternzeichen Zwilling:

Meine symbolische Erscheinung als Sternzeichen Zwilling ♊ (= Archetyp Merkur ☿): 21. Mai bis 21. Juni, »Komm in die Leichtigkeit des Seins!«

Zwilling entspricht dem letzten Frühlingsmonat, die Kraft der Helligkeit, der Tagseite des Lebens, strebt ihrem Höhepunkt entgegen. Es ist die Zeit des Pollenfluges, bei dem die Fruchtbarkeit mittels der Luft »weitergereicht« wird. Die Bäume recken und strecken sich nach oben, dem Himmel entgegen. Sie zieht es wie die Zwillingsgeborenen in den freien Raum, den sie ergreifen möchten. Sie wollen die Begrenzungen durchbrechen und draußen auf Erlebnistour gehen, auf Entdeckungsreise in der Außenwelt.

Merkur, der Götterbote, ist das Urprinzip, welches zum Zwilling gehört. Vor allem steht er für *Austausch und Kommunikation*, für redegewandte, lebendige und geistreiche »Unterhaltung«. Dem Zwilling als *Luft*zeichen helfen seine schnelle Auffassungsgabe und sein wacher Intellekt, er ist leicht, locker und erfinderisch, wissensdurstig und freiheitsliebend.

Eine Zeitreise in die jüngere Vergangenheit zeigt uns mit *Otto Lilienthal, Che Guevara und Paul McCartney* drei Zwillingspersönlichkeiten, an denen sich die unterschiedlichen Facetten der Charaktereigenschaften deutlich ablesen lassen.

Otto Lilienthals Lebensthema war die Aerodynamik und das Fliegen. Als Ingenieur und Erfinder studierte er zunächst ausgiebig den Vogelflug, um danach selbst mit eigens dafür konstruierten Hängegleitern über 2000 Gleitflüge zu absolvieren. Sozusagen ein Leben in der *Luft*.

Che Guevara, das Idol der Studentenbewegung, lebte seine Zwillingsnatur als Autor, Autobiograph, Polititiker, Arzt und später als Guerillakämpfer und Revolutionär. Sein Konterfei *kommuniziert* bis heute auf unzähligen T-Shirts und Postern das Thema Widerstand.

Paul McCartney, neben John Lennon der Hauptkomponist der legendären *Beatles*, nutzt die Musik als Sprachrohr seiner Zwillingsenergie. Er schenkt der Welt Melodien für die Ewigkeit, die Gefühle und Lebenseinstellungen einer ganzen Generation zum Ausdruck bringen.

Wer *generell* so vielseitig interessiert ist wie der Zwilling, läuft natürlich auf der anderen Seite Gefahr, sich zu verzetteln. Weil er so vieles, so unglaublich vieles interessant und spannend findet, liegt es auf der Hand, dass er von allem ein wenig, aber nichts richtig weiß. Das Interesse wie auch das Wissen bleibt dann häufig an der Oberfläche und hat kaum Tiefe. Es erinnert so wiederum an die Natur, an die emsige Biene, die kurz an einer Blüte nascht und sogleich zur nächsten fliegt.

Die körperliche Entsprechung des Zwillings sind unter anderem die Atmungsorgane wie Lungen und Bronchien, die Luft wird zum lebensnotwendigen Austausch von *außen und innen.* Sie versorgt uns mit jedem Einatmen mit Sauerstoff und gibt diesen beim Ausatmen zur Regeneration an die Natur zurück.

Merkur als Sternzeichen Jungfrau:

Meine symbolische Erscheinung als Sternzeichen Jungfrau ♍ (= Archetyp Merkur ☿), 23. August bis 22. September, »Vorsicht ist die Mutter der Porzellankiste.«

Vom Jahreszeitenrhythmus her tritt Mutter Erde in den letzten Sommermonat ein: Die Sonne verliert an Kraft, der Herbst steht schon vor der Tür, und der nächste Winter kommt bestimmt.

In der Natur ist es an der Zeit, die Ernte einzufahren: Hier wird *Spreu vom Weizen* getrennt und *Vorsorge* getroffen für die dunkle Jahreshälfte. Jungfrau-Charaktere werden demnach zu Recht als »*vor-sichtig*« im wahrsten Sinne des Wortes bezeichnet.

Das Gefühl der Unsterblichkeit des vorausgegangenen Sternzeichens Löwe verwandelt sich langsam aber sicher in eine Ahnung der Vergänglichkeit, die bisweilen auch Angst macht. So finden Versicherungsvertreter ein gefundenes Fressen in den zum Teil über-vorsichtigen Jungfrau-Charakteren, die sich am liebsten gegen alle Eventualitäten bis an die Zähne *versichern* möchten, am liebsten gegen das Leben selbst.

Sprichwörtlich ist auch die *Ordnungsliebe*, die für die Jungfrau die oft ungeordnete Welt zu einem überschaubaren Platz zum Leben macht. Symbolisch möchte sie damit das Risiko ausräumen, dass *Chaos und Auflösung* in ihr Leben einbrechen.

Drei repräsentative Jungfrau-Charaktere können uns die Bandbreite dieses Sternzeichens anschaulich vor Augen führen:

Franz Beckenbauer, die Lichtgestalt des Deutschen Fußballs, Europameister und Weltmeister, spielte vornehmlich als Libero im Mittelfeld. Von hier aus steuerte er geschickt alle Spielzüge wie Schachzüge, ohne sich selbst im Sturm oder der Abwehr aufzureiben: Klar durchdachte Strategie in Kombination mit perfektem handwerklichen Können, als Spieler, Trainer und Mensch.

Reinhold Messner, die Bergsteigerlegende, bestieg als erster (mit Paul Habeler) *ohne* Sauerstoffgerät den Mount Everest und später den K2. 1986 hatte er alle vierzehn Achttausender erklommen. Bei diesen Expeditionen wäre der kleinste Fehler tödlich, nichts kann und darf dem Zufall überlassen werden, alles muss *im Voraus durchdacht* und *geplant* sein.

Johann Wolfgang von Goethe, das deutsche Dichtergenie, prägte den bekannten Satz, der stellvertretend für alle Jungfrau-Geborenen stehen könnte: »*Ordnung lehrt Euch Zeit gewinnen!*« Wie Mosaiksteinchen hat er in seinem umfassenden Gesamtwerk unzählige Elemente der Welt zusammengetragen und in seiner Dichtkunst neu geordnet.

Die *körperliche Entsprechung* des Jungfrau-Prinzips ist der Darm- und Verdauungstrakt. Wie bei diesem in Bezug auf die Nahrung geht es beim Jungfrau-Charakter in allen Bereichen des Lebens primär um die *Analyse*: *Richtig-falsch, nützlich-unnütz, gesund-ungesund.* Es geht darum, eine gewisse *Ordnung in die Vielfalt* zu bringen, *verlässliche Strukturen* zu schaffen, die den *Naturgesetzen* entsprechen. Erst so ist es möglich, eine gesunde Zelle im großen kosmischen Körper zu sein, ein wichtiges Zahnrad in der Familie oder Gesellschaft, sei es als Pädagoge, Naturwissenschaftler, Mediziner, Krankenschwester oder Kindergärtnerin et cetera.

Beispiele meiner unerlösten Schattenanteile beim Menschen, hier: Merkur in seiner Erscheinung als Zwilling:

Signatur der Blockaden:

Erkrankungen im Bereich der »Kommunikation« und des Austausches

Erkrankungen im Bereich der Weiterleitungssysteme (Nervenausfälle, Reizweiterleitung in Kommunikationsbahnen des Körpers).

Typische Erkrankungsformen:

Lungenkrankheiten (unter anderem Asthma, Tbc), Bronchitis, neurologische Erkrankungen (Multiple Sklerose), Schwierigkeiten mit dem Atmen.

Beispiele für Mischformen mit anderen Urprinzipien:

Stottern: Merkur-Uranus
Besenreiser: Merkur-Venus-Uranus
Bronchitis: Merkur-Mars
Atemnot: Merkur-Saturn
Lungenentzündung: Merkur-Mars
Lungenembolie: Merkur-Saturn
Kehlkopfkrebs: Merkur-Pluto

Beispiele meiner unerlösten Schattenanteile beim Menschen, hier: Merkur in seiner Erscheinung als Jungfrau.

Signatur der Blockaden:
Störungen der Absorption und Assimilation, Blockaden in der Verdauung und dem anschließenden Loslassen.

Typische Erkrankungsformen:
Erkrankungen der Verdauungsorgane (Colitis, Durchfall), Störungen in der Körperentgiftung, Enzymdefekte, mangelnde Adaptionsfähigkeit des Körpers, Bauchfellentzündung.

Beispiele für Mischformen mit anderen Urprinzipien:
Colitis: Merkur-Mars-Pluto
Diarrhoe (Durchfall): Merkur-Pluto-Uranus
Bauchfellentzündung: Merkur-Mars-Mond
Darmparasiten: Merkur-Pluto
Konzentrationsstörungen: Merkur-Neptun
Morbus Crohn: Merkur-Mars

Das Prinzip der Venus-Energie ♀

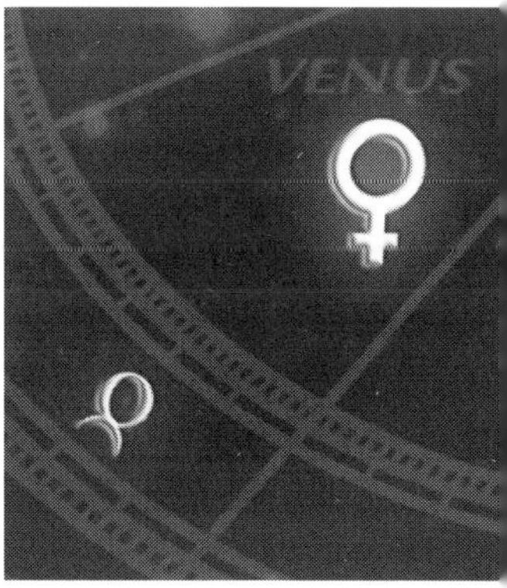

Die Schwingung des Archetyps Venus ♀ (= Sternzeichen Stier ♉ und Waage ♎) führt uns augenblicklich in Resonanz mit der Kraft der (Eigen-)Liebe, der Harmonie und des Genusses. Sie stärkt unsere liebevolle Achtsamkeit und unsere Eigenverantwortung.

Körperliche Ebene:
Auf körperlicher Ebene geht es um die Aufnahmebereitschaft der Süße des Lebens (= Venus-Prinzip), um Lebens- und Liebesenergie verfügbar zu machen. Die Venus-Energie unterstützt einen liebevollen Kontakt und Austausch vom Ich zum Du. Sie balanciert unsere Vitalität und Aktivität und hilft bei der Stressregulierung.

Seelische Ebene:
Die Bandbreite dieser Schwingung reicht von der erdverbundenen körperlichen Sinnlichkeit bis zur himmlischen Ästhetik der göttlichen Liebe, von Opferbereitschaft, Hingabe und Sensibilität bis hin zu Eleganz und Schönheit in Kultiviertheit, das Gleichgewicht zwischen Vernunft und Gefühl, zwischen Erkenntnis und Handlung. Sie vermittelt zwischen Kopf und Herz, wobei das Herz eindeutig mehr angesprochen wird. Erst durch Resonanz mit Eigenliebe kann wahre Liebe im Außen entstehen.

Geistige Ebene:
Die sanfte Schwingung der Venus-Energie balanciert unsere Gefühlskraft in Harmonie, Liebe und Sinnlichkeit. Venus, die Liebesgöttin, aktiviert unsere Anziehungskraft und erotische Ausstrahlung. Diese basiert in der reifen, erlösten Form auf Eigenliebe und Eigenverantwortung. Sie führt in die Erkenntnis, dass es keine Polarität gibt, sondern alles aus der Einheit, aus der selbstlosen (göttlichen) Liebe entspringt.

Venus-Energie im Alltag in Stichworten:
Verwurzelung, Bodenständigkeit, Harmonie, Ästhetik, Genuss, »Schaffen-Sparen-Häusle-bauen«, Tradition, Wertvorstellung, Besitz, Diplomatie, Austausch, Geborgenheit, Schutz, Verantwortung, (Eigen-)Liebe, Vertrauen, Sinnlichkeit.

Venus-Energie in der Partnerschaft:
Gegenseitiges Verwöhnen und gemeinsamer Genuss, Liebe und Eigenliebe in Balance, sinnliche Sexualität, Geben und Nehmen im Einklang, Verwurzelung in der Beziehung als Quelle der Kraft.

Venus-Energie bei Kindern:

Gefühl von Schutz und Geborgenheit, Steigerung des Selbstvertrauens, Familiensinn, Urvertrauen, Gefühl der Zugehörigkeit, Sensibilisieren für die Wertschätzung,

Fähigkeit zu harmonischem Zusammenleben, Erkennen der inneren Werte.

Merkmale der Venus-Schwingung

Frequenz:	221,23 Hz
Ton:	A
Farbe:	gelb-orange (kompl. = violett-blau)
Körperliche Zuordnung:	Kehlkopf, Mandeln, Speiseröhre, Schilddrüse, Nieren, Bauchspeicheldrüse
Meridiane:	Dünndarm, Herz, für alle Meridiane geeignet, Dreifacherwärmer
Chakren:	bei allen: 6. (Ajna) und 4. (Anahata) Chakra

Was uns der Archetyp VENUS mitteilen möchte:

Ich bringe *Liebe* in diese Welt: die venusische, verführerische und sinnliche Liebe genauso wie die Eigenliebe oder auch die selbstlose Liebe zu allem Lebendigen und Unlebendigen, zur gesamten Schöpfung. Während die Sonne vor allem von *außen* wärmt, so wärme ich auch von *innen*. Und das in vielerlei Hinsicht.

Die Menschen sagen: »Liebe geht durch den Magen« und verweisen damit auf einen grobstofflichen Aspekt meiner venusischen Sinnlichkeit, der sich auch im Essen und Trinken als Genuss erweist. Sie sagen auch: »*Wer nicht genießt, der wird ungenießbar.*« Und dies in allen Bereichen der menschlichen Existenz, von der *körperlich-sinnlichen* bis hin zur *himmlisch-ästhetischen.*

Neben der Mondgöttin verkörpere ich nämlich das weiblichste Prinzip *(anima = Seele)* unter allen Archetypen. Und auch im härtesten Mann schlummert dieser Anteil, denn jeder Mensch, egal ob weiblich oder männlich, beinhaltet sowohl *animus* als auch *anima.*

Ich verstehe mich bestens auf das Anknüpfen von Kontakten, nach *außen* genauso wie nach *innen*. Ich zeige mich in Liebkosungen aller Art genauso wie in Zärtlichkeit, Charme, Lust oder auch sinnlicher Berührung.

Zudem verkörpere ich das *bodenständig-verwurzelte* wie auch das *süße* Leben, mein Streben gilt dem Ausgleich und der Harmonie zwischen scheinbar gegensätzlichen Polaritäten (Mann und Frau, Yin und Yang, schwarz und weiß, Licht und Schatten et cetera).

Mein sicherer Sinn für Geschmack umfasst den grobstofflichen Bereich (Essen und Trinken, Körperlichkeit) ebenso wie den feinstofflichen in Ästhetik, ausgeprägtem Kunstsinn oder in meinen kreativen und künstlerischen Fähigkeiten.

Meist bin ich eine liebevolle und gütige Wesenheit, die hingebungsvoll gibt, ohne egoistisch zurückzuverlangen. Ich verkörpere das blühende Leben, bei dem sich im Idealfall *Geben* und *Nehmen* harmonisch die Waage halten.

Innere und äußere Beziehung und Partnerschaft, gemeint ist die gesunde Symbiose von *Ich* und *Du*, unterstützen mein solides Wachstum von *innen* nach *außen,* zur Venus-Blüte, die allen gefällt.

Ohne Sonne gäbe es kein Licht und ohne Venus keine Liebe.

Wenn mein weibliches mit einem männlichen Prinzip zusammentrifft, dann besteht wie in der Alchemie die Chance, dass durch die gegenseitigen Anziehungskräfte aus Yin und Yang eine Einheit wird, zumindest zeitweise. Die Polarität scheint überwunden oder versteckt sich hinter dem Horizont der rosaroten Wölkchen. Das ist das Wunder der Liebe.

Mein Venus-Symbol ♀ ist jedem auch als Zeichen der Weiblichkeit bekannt. Hier ruht das in sich geschlossene geistige Prinzip (Kreis) auf dem materiellen Kreuz, welches auch den Körper versinnbildlicht.

Mein Planet VENUS in Fakten:

Auch im eher unterkühlten Weltraum bin ich ein »heißer Feger«, denn auf meiner rötlich-braunen Oberfläche herrschen Temperaturen von fast 500 Grad Celsius bei einem atmosphärischen Druck von circa 100 Bar, wie er auf Mutter Erde erst ab einer Wassertiefe von 1.000 Metern herrscht.

Trotz meines gewaltigen großen Nickel-Eisen-Kerns habe ich im Gegensatz zur Erde kein augenscheinliches Magnetfeld, da meine Rotation von 243,1 Tagen (im Uhrzeigersinn) um meine eigene Achse zu langsam dafür ist. Diese sogenannte retrograde Rotation verläuft exakt entgegengesetzt der Bahn um die Sonne und ist im Sonnensystem so einmalig wie ich selbst.

Mit einem Durchmesser von 12.100 km bin ich nur etwas schmaler in der Taille als die Erde, meine Umlaufzeit um die Sonne, von der ich 108 Millionen Kilomter entfernt bin, beträgt 325 Tage.

Der Abstand zwischen mir und der Erde beträgt übrigens schlappe 38 Millionen Kilometer, um die ich natürlich auch näher an der Sonne dran bin. Folglich brauche ich vierzig Tage weniger für einen kompletten Sonnenumlauf als die Erde. Von ihr kann ich mich nie weiter als 48 Grad entfernen.

In meiner Atmosphäre aus Kohlendioxid tummeln sich unzählige Schwefelsäure-Tropfen, und heftige Gewitter und Blitze durchzucken meine hitzigen Zustände. Vor langer Zeit hatte ich noch einen Kometen-Schweif und war damit ein außerordentlich heller und überall deutlich sichtbarer Planet.

Aber auch heute bin ich noch klar und deutlich zu erkennen, als sogenannter Morgen- und auch Abendstern. Nach Sonne und Mond bin ich das hellste Objekt am gesamten Firmament.

Wie die VENUS in der Mythologie verehrt wird:

Die wohl bekannteste mythologische Erzählung über meine Entstehung rankt sich um Uranos, den Gott des Himmels und seine Gattin Gaia, also Mutter Erde. Derzufolge wird Uranos von seinem eigenen Sohn, Kronos/Saturn, auf Bitten der Mutter im Schlaf mit einer Sichel entmannt; die Genitalien werden ins Meer geschleudert und sogleich bildet sich weißer Schaum, aus welchem ich, Venus, die *Schaumgeborene (= Aphrodite, griech aphros: Schaum)*, vor der Insel Kythera entsteige, und zwar standesgemäß aus einer Meeresmuschel.

In einer anderen Geschichte finden die Fische des Flusses Euphrat ein wundersames Ei. Sie schaffen dieses mit vereinten Fischkräften ans Ufer, wo eine dahergeflogene Taube das Ei bebrütet, bis ich aus ihm herauswachse.

Diese Tatsachen spiegeln sich in allen Geschichten: Meine vollendete Schönheit, meinen Einfluss auf die Liebe (»Ich bin Göttin der Liebe«) wie auch meine sinnliche Begierde.

Wie formuliert Gustav Schwab (1792-1850) so treffend über meine Entstehung und mein Wesen? *»Sie ist das erste Schöne, was sich aus Streit und Empörung der ursprünglichen Wesen gegeneinander entwickelt und gebildet hat. In ihr bildet sich die himmlische Zeugungskraft zu dem vollkommenen Schönen, das alle Wesen beherrscht und welchem von Göttern wie Menschen gehuldigt wird.«*

Als phönizische *Astarte* besitze ich auch den Aspekt der Zerstörerin beziehungsweise Kriegsgöttin. In meiner Rotsymbolik als Abendstern liegt diese Verbindung zum Kriegsgott Mars/Ares geradezu auf der Hand. Aber diese Verbindung zu Mars/Ares ist nicht nur symbolisch, sondern körperlich und leidenschaftlich erotisch.

Es entstehen unter anderem die gemeinsamen Kinder *Eros* und *Harmonia* (Erotik und Harmonie) wie auch *Phobos* und *Deimos* (Angst und Schrecken). Auch hier spiegelt sich die Polarität allen Seins.

Bei den Germanen bin ich übrigens die Göttin *Freya.* Bis heute habe ich damit dem Wochentag Freitag meinen Namen gegeben, an welchem sich die meisten schon auf den Genuss des Wochenendes freuen. Auch die Bezeichnung *Frau(en)* soll sich von mir ableiten.

Venus als Sternzeichen Stier:
Meine symbolische Erscheinung als Sternzeichen Stier ♉ (= Archetyp Venus ♀), 21. April bis 20. Mai, »Wer nicht genießt, ist ungenießbar.«

Die Natur wird zum Schlaraffenland! Im zweiten Frühlingsmonat, im Stier-Monat, verwurzeln sich zunächst die Pflanzen, die sich zuvor so mutig aus der Finsternis ins Licht gekämpft haben. Diese Wurzeln in Mutter Erde geben den noch unsicheren Pflänzchen *Halt und Sicherheit*, ein Bedürfnis, welches auch den Stier-Geborenen zuzuordnen ist. Die Sonne wird immer kräftiger und im Wonnemonat Mai zeigt sich dann das pralle Leben, die Natur wird üppig und nährend zugleich, weitaus großzügiger und genussfreudiger als in den zurückliegenden Wintermonaten.

Übertragen auf den Charakter dieses Tierkreiszeichens bedeutet dies zunächst eine verwurzelte und bodenständige Lebenseinstellung. Es geht im Leben des Stieres um das Sesshaft-werden, um das sich-Ansiedeln, Verwurzeln und Vermehren, um die Hege und Pflege seiner »Felder«, die er bearbeitet, um immer wieder neues Leben sichtbar zu machen.

Das zum Sternzeichen Stier gehörende Urprinzip ist Venus, das Symbol für Schönheit, Ästhetik, Genuss und Hingabe.

Wichtig ist all das, was der Mensch mit seinen Sinnen wahr-nehmen kann, was er sinnlich be-greifen kann und weniger um geistige Höhenflüge oder spinnige Abgehobenheit.

Eine bedeutende Rolle spielt auch die materielle Sicherheit. »Schaffen, Sparen, Häusle bauen« und »my home is my castle« sind Sprichwörter, die gut hierzu passen. Ein angenehmes und zufriedenes Leben in Harmonie und Frieden ist ein fester Wunsch des Stier-Charakters, mit zunehmendem Alter auch der Wunsch zu geistigem Wachstum und Verwurzelung.

Interessante Persönlichkeiten aus der Vergangenheit finden wir unter anderem in *Buddha, Karl Marx* oder auch *Sebastian Kneipp*. Sie zeigen schön, auf welch verschiedenen Arten Menschen mit der Stier-Qualität umgehen:

Die ganzheitliche Anwendung der wunderbaren Natureinflüsse auf das Wohlbefinden des Menschen bei *Sebastian Kneipp* ist ein schönes Beispiel einer Verbindung des Stier-Prinzips mit Mutter Erde.

Buddha entstammt reichen und üppigen Verhältnissen, einem Stier-Leben in Saus und Braus. Die Wahrnehmung der anderen Seite dieser Medaille, der tiefen Armut und des Bettelns für das tägliche Brot, bringt ihn zum Nachdenken über die Wichtigkeit irdischer Güter.

Karl Marx, Begründer des Marxismus, hat ein zentrales Lebensthema: Es ist die gerechte Besitzverteilung unter den Menschen.

In der Übertonung der Bedeutung von Geld und Reichtum besteht die Gefahr, dass der Mensch im Extremfall stur und unbeweglich wird, »Starr-Stur-Stier«, sagt der Volksmund. Dagobert Duck ist der typische Vertreter eines Geizhalses, er kann den Hals nicht voll genug kriegen.

Die körperliche Entsprechung des Tierkreiszeichens Stier ist unter anderem der Bereich von Hals und Nacken, somit passt der Ausdruck Geizhals sehr gut.

Stier im Sternzeichen Waage:

Meine symbolische Erscheinung als Sternzeichen Waage ♎ (= Archetyp Venus ♀), 23. September bis 22. Oktober, »All you need is love.«

In der Natur ist dies die Zeit der *herbstlichen* Tag-und Nachtgleiche, des harmonischen Ausgleiches zwischen Sommerhitze und Winterkälte. Die Stimmung im ersten *Herbstmonat* ist zwar noch sanft und freundlich, aber auch schon leicht melancholisch, denn in den wunderbaren Farben des verblühenden Herbstlaubes ist auch schon der Winter latent greifbar.

Das Symbol dieses Tierkreiszeichens, die Waage, hat in ihrer tiefen Bedeutung mit der *Ausbalancierung und Aussöhnung von Gegensätzen* zu tun: Sommer und Winter, Yin und Yang, hell und dunkel.

Somit erklären sich auch die Aufgaben der Waage-Charaktere: *Für ein gerechtes Gleichgewicht sorgen, Gegensätze verbinden beziehungsweise versöhnen.*

Justitia, die römische Göttin der Gerechtigkeit, trägt deshalb symbolisch eine *Waage.*

Ein Lebensthema der *Waage*-Menschen ist die *Beziehung*, die Verbindung vom »Ich« zum »Du« und »Wir«. Sie sind hervorragende Diplomaten, versuchen, es allen Recht zu machen, niemanden zu übergehen oder gar vor den Kopf zu stoßen. Dabei geht es weniger darum, Entscheidungen zu treffen, als vielmehr, scheinbar Gegensätzliches in Beziehung und Harmonie zueinander zu bringen und eine sinnvolle Synthese herzustellen. Tragischerweise vergessen sich Waage-Menschen bisweilen selbst bei der Vergabe von Streicheleinheiten.

Waage ist das (Luft-) Zeichen des Urprinzips *Venus*, der Göttin der Liebe und der Schönheit. Ästhetik und Erotik sind hierbei ebenso feste Bestandteile wie ausgleichende Gerechtigkeit und Harmonie im freundlichen Miteineinander.

Ein Blick auf drei unterschiedliche *Waage-Persönlichkeiten* kann uns die Bandbreite dieses Sternzeichens näher beleuchten:

Catherine Deneuve, einer der Top-Stars der französischen und internationalen Filmszene, erreichte 1980 mit Truffauts Werk »Le dernier métro« wohl ihren größten Erfolg. Mit ihrer sinnlichen und sensiblen Schönheit ist sie zugleich auch ein »schönes« Beispiel einer Waage-Venus.

John Lennon, einer *der* legendären Pilzköpfe der »Beatles«, schenkte der Welt ästhetische Kompositionen für die Ewigkeit. Nach der Hochzeit mit Yoko-Ono und Beginn seiner Solo-Karriere verstärkte er sein Engagement für Frieden (»Give peace a chance«) und Gleichberechtigung (»Woman is the nigger of the world«). Er wurde 1980 erschossen.

Mahatma Gandhi, in Indien geboren, war der Vater der indischen Unabhängigkeit gegen Englands Kolonialmacht. Sein Name gilt bis heute als Synonym des *gewaltlosen Widerstandes* für die Freiheit und die Wahrung der Menschenrechte. Gandhi wurde 1948 von einem fanatischen Hindu erschossen.

Körperentsprechung des Sternzeichens *Waage* sind die *Nieren* und die *Haut*. Steht die *Haut für die eigene sinnliche Wahrnehmung*, so hat der Waage-Charakter im übertragenen Sinne die Möglichkeit, in seinem *Umfeld* als *Niere* zu wirken, diese *Welt* zu *entgiften* und dadurch *schöner* zu machen. Das ist das folglich auch das *Leitmotiv der Waage*: *Der schöne Mensch*.

Schönheit von innen heraus, heiter und gelassen, mit einer tiefen, verbindlichen und verbindenden Freundlichkeit, zum Wohle aller und auch von sich selbst.

Beispiele meiner unerlösten Schattenanteile beim Menschen, hier: Venus in ihrer Erscheinung als Stier:

Signatur der Blockaden:

Störungen im Gleichgewicht der Aufnahme beziehungsweise Abgabe (zum Beispiel Übergewicht, Fettsucht), Störungen im Fortpflanzungsbereich, Halsbereich.

Typische Erkrankungsformen:

Schilddrüsenerkrankungen (Kropf, Morbus Basedow), Angina tonsilirias (Mandelentzündung), Heiserkeit, Parotitis (Mumps), Nackensteife, Stoffwechselerkrankungen, Adipositas (Fettsucht), Habsucht.

Beispiele für Mischformen mit anderen Urprinzipien:

Mandelentzündung: Venus-Mars
Schmerzunempfindlichkeit = Hypäthesthesie: Venus/Saturn-Neptun
Nasenbohren: Venus-Mars
Nackensteifigkeit: Venus-Saturn
Schluckstörung = Dysphasie: Venus-Uranus
Gleichgewichtsstörungen: Venus-Neptun
Gürtelrose: Venus-Mars

Beispiele meiner unerlösten Schattenanteile beim Menschen, hier: Venus in ihrer Erscheinung als Waage:

Signatur der Blockaden:

Störungen des Gleichgewichtes und der Balance im makroskopischen Körperbereich wie auch im biochemischen Bereich.

Typische Erkrankungsformen:

Morbus Menière (Drehschwindel mit Übelkeit), Nieren- und Blasenerkrankungen, Hautkrankheiten (von Akne bis Ekzeme), Diabetes, Azidose (Übersäuerung pH < 7,35), Alkose (pH > 7,44, Normwert von pH 7,35-7,44).

Beispiele für Mischformen mit anderen Urprinzipien:

Azidose: Venus-Mars
Nierenbeckenentzündung: Venus- Mars
Niereninsuffizienz: Venus-Pluto-Neptun
Nierenkrebs: Venus-Pluto
Gleichgewichtsstörungen: Venus-Neptun
Menière-Krankheit: Venus-Neptun
Akne/Ekzeme: Venus-Mars
Gesichtsrose: Venus-Mars

Das Prinzip der Mond-Energie ☽

Die Schwingung des Archetyps Mond ☽ (= Sternzeichen Krebs ♋) führt uns augenblicklich in Resonanz mit unserer Seele, unserem Gefühl und unserer Intuition. Sie stärkt unseren emotionalen Haushalt und unseren empfindsamen wie leicht verletzlichen Anteil.

Körperliche Ebene:
Der menschliche Körper besteht über zwei Drittel aus Wasser; medizinisch bewiesen ist, dass der Mond auch unser Gemüt, unsere Seele beeinflusst. Seele ist Wasser (Yin) und Wasser ist Seele. Seelische »Ebbe« und »Flut« registrieren wir als Stimmungsschwankungen, die sich im körperlichen Geschehen manifestieren kann. Die Resonanz auf die Schwingung des Mondes spiegelt sich im weiblichen Menstruationszyklus, im Yin-Anteil des Menschengeschlechtes.

Seelische Ebene:
Tag und Nacht, Leben und Sterben, Yin (Mond) und Yang (Sonne), Ebbe und Flut sind Zeugnisse von der Polarität des Lebens. Die Resonanz auf die Mondschwingung hilft uns dabei, Übergänge harmonisch und im positiven Licht zu erleben, wie zum Beispiel Pubertät, Wechseljahre, Stirb- und Werdeprozesse, Lösen von symbiotischen Abhängigkeiten (Mutterthematik, Partnerschaft). Sie unterstützt uns, in Harmonie loszulassen.

Geistige Ebene:
Neben der Sonne ist der Mond eine zentrale Wurzel des Menschen. Schön ist die Bezeichnung: »die nächtliche Sonne«. Ohne Rückbindung (religio) zu unseren Wurzeln sind wir nicht »geerdet«, das heißt die Stürme des Lebens können uns »entwurzeln« und uns dem eigenen Unbewussten, dem »Widerspiegelnden«, dem Schatten ausliefern. Wasser und Spiegel sind in unzähligen mythischen Überlieferungen eine Metapher für unsere innere Selbstbetrachtung. Beide finden ihre analoge Zuordnung im Mondprinzip. Die Resonanz mit der Mond-Energie verwurzelt den Menschen mit seiner Seele; Yin (Mond) und Yang (Sonne) kommen in Einklang.

Mond-Energie im Alltag in Stichworten:
Gefühl, Nestwärme, Intuition, Sensibilität, Verletzlichkeit, Geborgenheit, Familie, Herkunft, Rückbindung, seelische Verwurzelung, weiblicher Anteil, emotionaler Haushalt, musische Begabung, Kreativität, Subjektivität.

Mond-Energie in der Partnerschaft:

Verständnis auch jenseits des gesprochenen Wortes, Sanftmut und Sensibilität im Umgang mit Gefühlen, Gegenpol zur harten und rauen Wirklichkeit, Sinn für Familie, tiefempfundenes Zusammengehörigkeitsgefühl, Blick nach innen.

Mond-Energie bei Kindern :

Zugang zu den eigenen Gefühlen und Emotionen, Kontakt mit der eigenen Kreativität und den musischen Begabungen, Gefühl von Geborgenheit und Nestwärme, Aufbau einer Verwurzelung im eigenen Gefühl, Kontakt mit den eigenen Seelenanteilen.

Merkmale der Mond-Schwingung

		Frequenz	Ton
Mond	Kulminationsperiode	187,61	Fis
	Synodischer Monat	210,42	Gis
	Siderischer Monat	227,43	B
	Metonischer Zyklus	229,22	B
	Mondknotenumlauf	234,16	B
	Sarosperiode	241,56	H
	Apsidenumlauf	246,04	H

Körperliche Zuordnung:	Magen, Brustdrüse, Eierstöcke, Hoden, Schleimhaut, Gebärmutter
Meridiane:	alle, Harmonisierung durch das Yin
Chakren:	vor allem 1.-3., Harmonisierung des Yin
Planetarische Zuordnung:	Für sämtliche obigen Schwingungen: Mond

Was uns der Archetyp MOND mitteilen möchte:

Ich bin der weibliche Gegenpol (Yin) zum männlichen Archetyp Sonne (Yang). Wie deutlich sich eure Männergesellschaft den Zugang zum meinem urweiblichen Yin-Prinzip verschüttet hat, zeigt sich schon im Artikel »*der*« Mond. Zudem wurde in der Arbeitswelt der *Mond*-Tag (= Montag) zum unattraktivsten Tag der Woche abgestempelt, während der *Sonnen*-Tag (= Sonntag) allseits eher beliebt ist.

Dabei sorgt erst ein harmonisches Miteinander der Polaritäten für Balance und Harmonie im Mikro- und Makrokosmos: Tag *und* Nacht, Ebbe *und* Flut, Einatmen *und* Ausatmen und auch Yin *und* Yang.

Mir geht es nicht um einen Ersatz des männlichen Prinzips durch das weibliche, denn das führt in die Einseitigkeit und Isolation. Vielmehr suche ich den Ausgleich in der Mitte, in der gegenseitigen Befruchtung. Als urweibliches Yin nehme ich in meinem widerspiegelnden und mondhaften Schoß das urweiblich Sonnenhafte auf und gebäre dort neues Leben. *Aufnehmen* und *Ausstoßen* wie auch *Werden* und *Vergehen* liegen in meinem Archetyp sehr dicht beieinander. So entspricht mein *Neumond* der Empfängnis, gefolgt von der Phase des Wachstums im *zunehmenden Mond*. Mein *Vollmond* steht für die Geburt neuen Lebens, während die Phase des *abnehmenden Mondes* dem Vergehen, dem Sterben und schließlich der Rückkehr in den ewigen Ablauf der Schöpfung entspricht.

Ich bestimme große Anteile des Kreislaufes der Natur bis hin zum Zyklus des weiblichen Geschlechtes.

Mein *siderischer Monat* (Wortstamm = Mond) von 27,321 Tagen (Frequenz 227,43 Hertz) entspricht exakt der Zeitspanne eines Mondumlaufes, gemessen am Fixsternhimmel. Solange benötige ich übrigens auch für eine komplette Drehung um meine eigene Achse.

Mein *synodischer Monat* entspricht dagegen mit 29,530 Tagen der mittleren Zeit zwischen zwei Neumonden, wenn Sonne (Yang) und Mond (Yin) in unmittelbarer Konjunktion stehen. So bilden ursprünglich zwölf *synodische Monate* (Kalender) das *Mond*jahr.

Während mein männlicher Gegenpol pro Monat lediglich *ein* Sternzeichen durchläuft, so muss ich analog des *siderischen Monats* tatsächlich *dreizehn* Tierkreiszeichen pro Monat durchwandern, um im Gleichklang mit der Ekliptik der Sonne zu bleiben.

Ich sage ja: Als weibliches Wesen hat man es nicht immer leicht. Das Einschwingen in sämtlicher Klangarbeit mit Mond-Frequenzen führt die Menschen direkt und ohne Umwege mit ihrer Seele in Kontakt und Berührung. Sie lässt diesen von uns zu oft vernachlässigten Anteil spüren, erleben und genießen.

Der MOND in Fakten:

Ich bin die Sonne der Nacht. Allerdings strahle ich nicht aus eigener Energie, sondern reflektiere (lediglich) das Sonnenlicht. Eigentlich bin ich eher ein kalter und dunkler Himmelskörper mit einem Durchmesser von 3.476 Kilometer. Meine Umlaufbahn um die Erde, von der ich eine mittlere Entfernung von 384.000 km habe, verläuft in Form einer Ellipse, dem Uhrzeigersinn entgegengesetzt.

Meine Masse entspricht einem 81stel der Erdmasse, die Schwerkraft beträgt ein Sechstel der von Mutter Erde.

Meine Oberfläche wurde im Laufe der Jahrmillionen durch heftiges Meteoriten-Bombardement mehrmals kräftig umgekrempelt, sodass neuere Krater ältere Strukturen zerstörten oder überlagerten. Auch wurden dadurch immer wieder verschiedene Stadien der Verwitterung aufgeworfen, die nun sichtbar sind.

Ich besitze keine eigene Atmosphäre, denn ich bin zu klein, um diese halten zu können. So können die Menschen seit Urzeiten schon mit bloßem Auge auf meine Oberfläche mit ihren helleren und dunkleren Gebieten blicken.

Apropos Oberfläche: Wegen meiner sogenannten »gebundenen« Rotation kann man von der Erde aus immer nur dieselbe Seite des Mondes sehen und niemals die Rückseite (»The dark side of the moon«).

Es gibt auf mir keinerlei aktive Vulkane, und die irdischen Experten streiten sich bis heute, ob es die wohl jemals gegeben hat. Meine höchsten »Bergformationen« erreichen wie auf der Erde fast 10 Kilometer Höhe.

Genauso wie sich Mond und Sonne gegenseitig brauchen und ergänzen, so ist es auch bei der Erde und »ihrem« Mond: Sie bleiben ewig verbunden durch ihre gegenseitige Anziehungskraft.

Wie der MOND in der Mythologie verehrt wird:

Jedes Kind sucht auf meiner Oberfläche den »Mann im Mond« und viele finden ihn auch.

Alle früheren Hochkulturen erkannten auf mir analog zu Mutter Erde Meere und auch ganze Kontinente. Vor allem mein scheinbar unregelmäßiges und doch geordnetes Erscheinen (als »Kreislauf«) am Firmament und erst die unterschiedlichen Phasen meiner Beleuchtung gaben unendlich viel Raum für Spekulation und Mythenbildung.

So verehrt mich die griechische Mythologie als Darstellung dieses Kreislaufs des Mondes als *Göttin Kore*. Hier bin ich die uneheliche Tochter der *Demeter*, der ebenfalls dem Mond zugeordneten *Göttin der Kornfelder*. Als mein Vater gilt Zeus, der Göttervater und »Chef des Olymp«. Und dieser Zeus leistet praktische Hilfe, als sich Hades, der Gott der Unterwelt unsterblich in mich, in die *Göttin Kore*, verliebt und mit Gewalt in die Finsternis des Totenreiches entführt. Meine Mutter sucht mich neun Tage und Nächte verzweifelt und findet mich erst mit Hilfestellung der schrecklichen Mondgöttin der Nacht, der *Göttin Hekate*. Zeus schlichtet nun den heftigen Streit unter den Beteiligten mit einem gangbaren Kompromiss: Als *Persephone* verbringe ich als *Königin der Unterwelt* ein Viertel des Jahres bei Hades, drei Viertel des Jahres verbleibe ich im Licht der Welt, bei meiner Mutter Demeter. Hekate überwacht die Einhaltung dieses Paktes.

Apropos Hekate: Die griechische Mythologie personifiziert in ihr meinen dunklen Anteil als schreckliche Mondgöttin und auch Mutter, ähnlich der *Lilith* in der jüdischen Religion. Meine Attribute sind Geißel, Dolch und Fackel, begleitet werde ich des Nachts auf meinem von schwarzen Pferden gezogenen Wagen von den *Empusen*, meinen furchteinflößenden Töchtern, die für Alpträume und *lunatische* (Wortstamm lat. *luna*= Mond) Fantasien sorgen.

Ich verführe die Männer im Schlaf, sauge ihr Blut aus und verzehre genüsslich ihr Fleisch. Mein Symbol ist der *Neumond* und damit der *schwarze Mond.*

Als eigentliche Mondgöttin trete ich bei den Griechen als *Selene* und bei den Römern als *Luna* in Erscheinung. Dergestalt bin ich die Göttin aller Frauen, die ihre Gefühle und ihr Liebesleben vollkommen beherrschen und hierin auch *Venus/Aphrodite* nahestehen.

In meiner großen Fruchtbarkeit unterscheide ich mich dagegen von ihr, auch in der vollkommen wortlosen liebenden Hingabe voller Ergebenheit, Instinkt und Natürlichkeit. Auch als sorgende Mondgöttin *Hera* oder *Artemis*, der Göttin der Jagd, werde ich in der Mythologie von den Menschen verehrt. Oder auch in *Mutter Maria*, der christlichen Mutter Gottes, die häufig auf einer Mondsichel stehend dargestellt wird.

Symbolisch gesehen werde ich bei den Griechen in meiner Inkarnation vor allem als *Demeter*, der (Mond-)Göttin des Ackerbaus, »ganzheitlich« dargestellt: Neumond (= Empfängnis), zunehmender Mond (= Wachstum), Vollmond (= Geburt) und abnehmender Mond (= Vergehen).

Noch umfassender trete ich nur als babylonische Mondgöttin *Ischtar* in Erscheinung, denn diese herrscht uneingeschränkt über alles *auf* und *unter* der Erde. Als *Ischtar* bin ich zugleich Göttin der Fruchtbarkeit wie auch Göttin der Unterwelt, des unbewusst Dunklen und Verschlingenden. Ich bin der *weiße* und *schwarze* Mond, gebärende und verschlingende Mutter in *einer* Verkörperung.

Generell gilt: Für die Menschen früherer Epochen, bei denen eine gute oder schlechte Ernte über Leben und Tod ganzer Völkerstämme entscheiden konnte, war ich als *Mond* ein (für alle) sichtbarer Wegweiser auf dem Lebensweg der Menschheit. Dieses Angebot gilt von Ewigkeit zu Ewigkeit, so auch heute. Ich bilde das harmonische Gleichgewicht (Yin der Nacht) zur Sonnenenergie (Yang des Tages). Wer mit mir in Resonanz geht, spürt in sich selbst sogleich die Vereinigung scheinbarer Gegensätze im natürlichen seelischen Gleichgewicht.

Mond im Sternzeichen Krebs:

Meine symbolische Erscheinung als Sternzeichen Krebs ♋ (= Archetyp Mond ☽), 22. Juni bis 22. Juli, »Zeit für Gefühle.«

Mit dem Eintritt der Sonne in das Tierkreiszeichen Krebs legt die Sonne den »Rückwärtsgang« ein. Der längste Tag ist vorbei, die Nächte werden wieder länger. Nach der Sonnenwende beginnt auch die Verminderung der alles durchflutenden Sonnen- und Lebenskraft, sie wendet sich in der Folge von »außen« nach »innen«.

Bei den Krebs-Charakteren sorgt dieser Wesenszug für ein empfindsames, sensibles und weiches Inneres, das sie häufig wie der Krebs in der Natur nach außen hin schützen wollen: »harte Schale – weicher Kern«, sagt der Volksmund dazu.

Das Tierkreiszeichen Krebs ist (neben Skorpion und Fische) eines der drei Wasserzeichen. Wasser ist das Seelenelement, das weibliche Yin-Element, das in unserer Männerwelt (= Yang) häufig zu kurz kommt.

Dem entsprechenden Urprinzip Mond unterstehen alle wässrigen Prozesse in der Natur: Die Gezeiten Ebbe und Flut der Meere, die Pflanzensäfte, das Fruchtwasser. Der Mondzyklus steht in direktem Zusammenhang zum Monatszyklus der Frau. Mond/Krebs verkörpert das Urweibliche, das aufnehmende und gebärende Prinzip.

In einer Partnerschaftsanzeige könnte sich zum Beispiel eine Krebs-Frau so darstellen: »Sensible, einfühlsame, anpassungsfähige, gefühlvolle, fantasievolle, romantische, künstlerisch-kreative Sie mit Hang zu Häuslichkeit, Familiensinn und Kinderliebe sucht Schutz, Geborgenheit und Sicherheit. Wer kommt in meine Höhle?«

Betrachten wir uns drei Krebs-Persönlichkeiten einmal näher: Franz Kafka, Antoine de Saint-Exupéry und den Dalai Lama.

Franz Kafka litt zeitlebens unter einem übermächtigen Vaterkomplex und Versagensängsten. Er schenkte der Welt durch seine schriftstellerischen Werke Zeugnisse für die schier endlosen Verstrickungen einer sensiblen und irritierten Krebsseele.

Antoine de Saint-Exupery, bekannt vor allem durch die Erzählung »Der kleine Prinz« und das hieraus oft zitierten Leitthema: »Man sieht nur mit dem Herzen gut« stellt unserer rationalen Wirklichkeitsbetrachtung die wunderbare Welt der Gefühle und Wunder gegenüber.

Der *Dalai Lama*, geistiges und weltweites Oberhaupt Tibets, ist seit seiner Flucht aus Tibet 1959 zu einem lebendigen Symbol der Güte und des gegenseitiges Respektes unter allen Menschen geworden. 1989 erhielt er für sein selbstloses Wirken den Friedensnobelpreis. »Das Buch der Menschlichkeit«, eine seiner bekanntesten Schriften, ist ein zeitloses Zeugnis eines mitfühlenden Krebscharakters.

In der körperlichen Entsprechung gehören zum Sternzeichen Krebs der Magen wie auch die Organe der Fortpflanzung bei Mann und Frau.

In der Übertonung der eigenen subjektiven Gefühlswelt besteht beim Krebs die Gefahr, dass er sich lieber schmollend, unzufrieden, vom Leben enttäuscht in seine Höhle zurückzieht, nach dem Motto: »Die Welt versteht mich nicht, ich bin das Opfer, alle anderen sind die Täter.«

Beispiele meiner unerlösten Schattenanteile beim Menschen:

Signatur der Blockaden:

Störungen der Absorption und Störungen des Wasser- und Elektrolythaushaltes, krankhafte Veränderung der Lymphe und Lymphknoten, Irritationen der Schleimhäute.

Typische Erkrankungsformen:

Erkrankungen des Magens, Erbrechen, Erkrankungen der weiblichen Brust (Mastitis), Gebärmutter, Eierstockentzündungen, Erkrankungen der Bauchspeicheldrüse.

Beispiele für Mischformen mit anderen Urprinzipien:

Brustkrebs: Mond-Pluto
Bettnässen: Mond-Pluto
Fruchtblasensprung: Mond-Uranus
Schlafwandeln = Lunatismus: Mond-Neptun
Einschließzwang = Klaustrophilia: Mond-Pluto
Tränendrüsenentzündung: Mond-Mars
Magendurchbruch: Mond-Mars

Das Prinzip der Mars-Energie ♂

Die Schwingung des Archetyps Mars ♂ (= Sternzeichen Widder ♈) führt uns augenblicklich in Resonanz mit der Kraft des Frühlings, des Aufbruchs und des Neubeginns. Sie stärkt unsere Willenskraft und unser Durchsetzungsvermögen.

Körperliche Ebene:
Die Mars-Energie ist eine starke und männliche Energie (Yang). Kraftvoll wie der Kriegsgott Mars in der Antike baut sie Energien auf und macht bereit für den »Kampf des Lebens«. Auf körperliche Ebene unterstützt sie die Muskulatur, die notwendigen Energien freizusetzen. Sie hilft, sich im Leben durchzubeißen und, wenn nötig, die Krallen zu zeigen.

Seelische Ebene:
Die Mars-Energie führt in Resonanz mit der Kraft des Anfangs, mit dem jede Form des Lebens beginnt (Frühling, Geburt, Eroberung aller Art). Mars-Energie ist Aggression. Aggression aus der Welt schaffen zu wollen (oder noch schlimmer: in den Schatten zu verdrängen), ist der Versuch, das Leben abzuschaffen. Leben ohne Mars ist nicht möglich. Aggression selbst ist wertfrei (lat. aggredi = herangehen). Sie ist der Impuls, der einen Anfang erst möglich macht. Sie fördert unsere Willenskraft sowie die Energie, die auf ein Ziel gerichtet ist. Es ist die Kraft der »Initialzündung«, der Schöpfung, des Urknalls.

Geistige Ebene:
In der Polarität des Lebens können wir ohne Mars nicht als Ego existieren, auch nicht, wenn wir uns für unendlich friedlich halten, pazifistisch quasi. Es geht darum, Mars in der erlösten Form zu leben und nicht in den Schatten oder die Blockade abzuschieben. Mars ist ein Urprinzip und will gelebt werden, Aggression als Möglichkeit und Herausforderung, neue Impulse zu setzen, Pioniergeist zu entwickeln, »heiße Eisen« (Eisen als Element gehört zum Urprinzip Mars) anzupacken, Neuland in allen Bereichen des Lebens zu erobern, das Wunder des aufkeimenden Lebens (im Frühling = Sternzeichen Widder/Urprinzip Mars) immer wieder zu erspüren und zu erleben.

Mars-Energie im Alltag in Stichworten:
Spontanität, Aktivität, Durchsetzungsvermögen, Willenskraft, Eroberergeist, körperliche Kraftanstrengung, Kampfgeist, Impulskraft, sportliche Wettkämpfe und Turniere, Kampfsportarten (Boxen, Squash, Stürmer im Fußball et cetera).

Mars-Energie in der Partnerschaft:

Beschützermentalität, Krieger und Eroberer, männliche Ausstrahlung, Konfliktbereitschaft (Gewitter mit anschließendem Sonnenschein), männliche Sexualkraft.

Mars-Energie bei Kindern:

Energie zu einem eigenen Willen, Impulsivität, Bereitschaft zu selbständigem Handeln, kraftspendende Wirkung bei körperlichen Aktivitäten (zum Beispiel Judo, Staffellauf, Bundesjugendspielen), weckt den Kampfgeist.

Merkmale der MARS-Schwingung

Frequenz:	144,72 Hz
Ton:	D
Farbe:	blau (komplementär = orange)
Körperliche Zuordnung:	Kopfbereich, Gallenblase, quergestreifte Muskulatur, Arterien, Nägel, Zähne
Meridiane:	generell in allen Bereichen der Muskeln und Sexualität, Blase, Niere
Chakren:	1. (Muladhara), 2. (Svadisthana) und 6. (Ajna) Chakra

Was uns der Archetyp MARS mitteilen möchte:

Schon aus dem Symbol meines Archetyps Mars ♂ lässt sich viel Wahres ablesen: Zunächst einmal gilt dieses als Zeichen der Männlichkeit und Manneskraft; der Pfeil, der direkt und geradlinig nach außen und oben strebt, verkörpert *zentrifugale Kraft* von *innen* nach *außen, Impuls und Aktivität.*

Meinem geraden Weg folge ich kompromisslos und pfeilgerade. Im Gegensatz zu meinem Halbbruder Merkur/Hermes, der lieber taktiert oder argumentiert. Ich bin der klassische Kämpfer und Krieger, bin ein Freund von schnellen Entschlüssen und klaren Entscheidungen, ohne Wenn und Aber.

Nicht zufällig haben die Menschen den ersten Frühlingsmonat März (nach lat. *martes* = Mars) genannt. Im Altertum wurden in dieser Zeit mir zu Ehren Wettrennen und Waffentänze durchgeführt.

Wo immer meine Mars-Energie auftaucht, da drängt sie nach sofortiger Entladung (und damit Ent-Spannung). Dabei geht es mir nicht um Gut oder Böse, sondern um das dynamische Prinzip an sich, das gelebt werden muss. Meine Lieblingsbeschäftigung ist Kampf und Krieg, den Heraklit zu Recht als »Vater aller Dinge« bezeichnet. Symbolisch gesehen hat er recht, denn ohne Kampf (Aggression) kommt kein neues Leben in diese Welt: Bei jeder Geburt braucht das Baby Mars-Energie, um vom Dunklen ins Helle zu gelangen. Ebenso die aufmüpfigen Frühlingsboten beim Durchstoßen der (zum Teil noch gefrorenen) Erdschicht.

Ich bin das schöpferische Urfeuer, denn mein Archetyp Mars verkörpert das erste Feuerzeichen (neben Sonne und Jupiter). Nur Taten und Aktionen geben meinem Leben einen Sinn, denn Stillstand ist der Tod. Ich brauche im Gegensatz zur Sonne immer etwas, das ich mit meinem Feuer verbrennen kann. Aus mir selbst heraus kann nicht existieren, geschweige denn brennen.

Berühmt und bisweilen auch berüchtigt ist meine Impulskraft des Anfangs, da ich mit enormer Schubkraft loslege und meine Mars-Energie sofort entfalte. Auf Dauer verliert jede neue Eroberung und jedes Neuland an Reiz. Dann setze ich meine Mars-Energie auf Sparflamme und suche insgeheim nach neuen Herausforderungen, denn Ausdauer ist mir viel zu langweilig.

Mein Planet MARS in Fakten:

Mars-Energie ist rot, und passend dazu leuchtet der Planet ebenfalls rot. Ich bin der erste Planet, der außerhalb der Erdbahn um die Sonne kreist. Dafür benötige ich knapp 686 Tage, 22 Stunden und 10,30 Minuten, also fast zwei Erdenjahre. Für eine Drehung um meine eigene Achse benötige ich 24 Stunden, 37 Minuten und 23 Sekunden.

Mit meinem Durchmesser von 6.768 km bin ich zwar nur etwa halb so groß wie Mutter Erde, aber wegen meiner kompakten Masse halte ich eine dünne Atmosphäre aus Kohlendioxid.

Von der Sonne bin ich 225 Millionen, von der Erde 56 Millionen Kilometer entfernt.

Vor Urzeiten hat es wohl auf meiner Oberfläche große Mengen an fließendem Wasser gegeben. Die noch heute existierenden »Flussbetten« haben viel Ähnlichkeit zu den irdischen. Heute sind die Temperaturen auf meiner Oberfläche viel zu niedrig, und die Atmosphäre ist zu dünn.

Unter meinen Polkappen, die ihre Größe und Gestalt verändern, vermutet man große Mengen an gefrorenem Wasser. Auch an meinem Äquator steigen die Temperaturen niemals über den Gefrierpunkt.

Auf mir gibt es nachweislich kein Leben, *in mir* brodelten wohl mehrere große Vulkankomplexe, die heute nicht mehr aktiv, aber als erloschene Krater deutlich sichtbar sind.

Mich umkreisen zwei winzige Monde, Phobos und Deimos, mit 15 beziehungsweise 25 Kilometern Durchmesser. In einem Abstand von 5.900 beziehungsweise 19.800 Kilometern brauchen diese nur wenige Stunden pro Umlauf.

Wie der MARS in der Mythologie verehrt wird:

Ich bin der Sohn von Zeus und Hera. Die beiden wie auch die meisten der anderen Götter lehnen mich ab oder hassen mich sogar wegen meiner ungezügelten Leidenschaft in allen Bereichen des Lebens, auch für Kampf und Mord. Lediglich meine Schwester *Eris* mag mich und meine Einstellung, auch *Hades und Persephone*, Gott und Göttin der Unterwelt, sympathisieren mit mir. Das ist nicht uneigennützig, sind sie doch Nutznießer und Empfänger der Opfer meiner unzähligen Kriege und Schlachten.

Ich verachte das geschriebene und nur noch verwaltete Gesetz von Recht und Ordnung. Mein Gesetz ist die Tat.

Als *Mars* bin ich der römische Kriegsgott, zugleich bei den italischen Stämmen auch Gott des Wachstums, Beschützer der Felder und Herden. Mein Symbol ist die Lanze, der Speer. Menschen, die durch Kriege und Seuchen bedroht wurden, zelebrierten für mich den »heiligen Lenz« (= Frühling): Die Geburten vom Vieh wurden geopfert, und die Frühlingsgeborenen wurden als junge Männer über die Grenzen geschickt, um mit dem Schwert »Neuland« zu erkämpfen.

Bei den Griechen bin ich *Ares,* laut Homer der *Unersättliche im Kampfe,* der Schilddurchbrechende und Bluttriefende. Bei allen Taten und Schandtaten, die über mich berichtet werden, verwundert es nicht, dass ich auch als Zerstörer bei vielen in Verruf geriet. Dabei ist meine Kampfkunst offen und klar, taktieren liegt mir fern. Es geht um den Kampf an sich oder um Rache. Meine unbändige Kraft der Erneuerung schneidet alte Zöpfe ab und macht den Weg frei für die »Zukunft«.

Wer mich als Urkraft für Leben (ohne Wertung von Gut und Böse) erkennt, und dazu gehören auch Begriffe wie *Weiter*leben oder *Über*leben, der weiß auch, dass Leben ohne Mars-Energie überhaupt nicht existieren kann.

Mars als Sternzeichen Widder:

Meine symbolische Erscheinung als Sternzeichen Widder ♈ (= Archetyp Mars ♂), 21. März bis 20. April, »Ich kam, sah und siegte – veni-vidi-vici«.

Der Winter hat ausgedient und ist klar besiegt.

Wenn die Sonne den Himmelsabschnitt betritt, den wir Widder nennen, werden die Tage wieder länger und die Nächte kürzer, der Frühling ist nicht mehr aufzuhalten, es ist der Sieg des Lichtes über die Dunkelheit.

Die Energie der Natur im Frühling hat sehr viel mit Aufbruch und Neuanfang zu tun: Die Natur drängt nun vehement und impulsiv an die Erdoberfläche, der

Blick ist nach vorne gerichtet, die kraftspendende Sonne kommt mit jedem Tag mehr zu Kräften.

Das Wesen der Widder-Geborenen entspricht diesem Naturgeschehen: Nur Taten und Aktionen geben dem Leben einen Sinn, Stillstand und Monotonie wird als tödlich (langweilig) empfunden, als schal und unlebendig.

Das zum Sternzeichen Widder gehörige Urprinzip ist Mars, der Krieger, der Kämpfer, der Impulsgeber und Pionier, der ständig Neuland betreten muss. Das ist die Neugier auf das blühende Leben in allen Bereichen, auf das Unbekannte, das es zu erobern gilt.

Ein Blick in die Kulturgeschichte hilft uns, diese Eigenschaft besser zu verstehen:

Ein hervorstechendes Beispiel unter den Widder- Persönlichkeiten ist das Genie der Renaissance, *Leonardo da Vinci*, dessen Kunst und Erfindungen Geschichte gemacht haben, ein Pionier in unzähligen Bereichen des Lebens.

Erinnern wir uns weiter an den kämpferischen und impulsiven Pinselstrich von *Vincent van Gogh*, voller Leidenschaft und feuriger Lebenskraft, ganz im Zeichen des Widders.

In der jüngeren (sowjetischen) Politik bleibt sicher die Widder-Persönlichkeit *Nikita Chruschtschow* unvergessen, der mit lautem Hämmern seines eigens dafür ausgezogenen Schuhs die Bedeutung seiner Worte am Rednerpodest unterstrich.

Die körperliche Entsprechung des Widder-Prinzips ist der Kopf, weniger im Sinne vom Verstand, als vielmehr als Symbol: Das Baby kommt (normalerweise) zuerst mit dem Kopf durch den Geburtskanal, es ist der (erste) Sieg des Lichten über die Dunkelheit, es ist die erste Heldentat des Neugeborenen, die Geburt von etwas unbekanntem Neuen!

Ein widderbetonter Mensch tritt sein Leben folglich mit der Aufgabe an, immer wieder in seinem Leben für neue »Geburten »zu sorgen. Es gilt, Altes, was dem Leben nicht mehr nützt, mit seinem Schwert des Mars abzusäbeln, »Ent-Scheidungen« klar und deutlich herbeizuführen und umzusetzen.

Somit verhält er sich wie der Frühling, der mit Widder-Energie aus der nach Sonne und Leben lechzenden Natur herausbricht, ohne Bedenken oder Skrupel, einfach dem inneren Drang und der Energie des Neuanfangs folgend.

Beispiele meiner unerlösten Schattenanteile beim Menschen:

Im Allgemeinen akut und heftig verlaufende Blockaden und Krankheiten, vor allem Entzündungen, Verletzungen, Fieber.

Scharfer, aggressiver Ausdruck der Krankheit (unter anderem Keuchhusten).

Typische Erkrankungsformen:

Kopfschmerzen, Zahnschmerzen, Gesichtsneuralgien (zum Beispiel Trigeminus), Gallenblasenleiden, Augenkrankheiten, Apoplexie.

Beispiele für Mischformen mit anderen Urprinzipien:

Gürtelrose: Mars-Venus
Impotenz: Mars-Saturn
Magengeschwür: Mars-Mond
Menstruationsschmerzen: Mars-Mond
Bruxismus (Zähneknirschen): Mars-Saturn
Hyperaktivität: Mars-Uranus
Fieberkrämpfe: Mars-Uranus

Das Prinzip der Jupiter-Energie ♃

Die Schwingung des Archetyps Jupiter ♃ (= Sternzeichen Schütze ♐) führt uns augenblicklich in Resonanz mit der Sinnhaftigkeit unseres Lebens, unseren ideellen Werten und Potenzialen. Sie stärkt unser Urvertrauen in die Schöpfung und gibt uns innere Kraft.

Körperliche Ebene:
Die Jupiter-Energie wirkt ebenso harmonisierend wie ausgleichend und hilft der Leber auch beim Entgiften, Aggressionen und Ekel in vernünftige Bahnen zu lenken, bevor wir »Gift und Galle spucken« oder uns »grün und gelb ärgern«. Sie vermittelt zwischen den Polaritäten Spannung und Entspannung, innen und außen, oben und unten, deren Bindeglied beim Menschen die Hüfte bildet, die Basis unseres Fortschrittes und unseres aufrechten/aufrichtigen Ganges und unseres Aktionsradius (innere und äußere Reise).

Seelische Ebene:
Jupiter macht uns großzügig, ohne verschwenderisch zu sein. Er lässt uns universelle Gesetze verstehen und leben; er bringt (göttliche) Harmonie und Entspannung und vermittelt Hoffnung auf einen positiven Weg oder Ausgang. Die Jupiter-Energie hilft, realistische Visionen von unrealistischen zu unterscheiden. Sie führt ins Verständnis, dass es so wie es ist, gut ist, und dass sich hinter jedem Schatten oder Widerstand ein göttliches Geschenk verbirgt. Jupiters Schwingung führt uns in die Gerechtigkeit zu uns selbst, zur Welt und zur Schöpfung; sie führt uns in unsere Harmonie und Mitte.

Geistige Ebene:
Eine erlöste Jupiter-/Schütze-Persönlichkeit lebt und verkörpert die Lebenshaltung: »Verehrung nach oben und Liebe nach unten«, eine unerlöste, unreife dagegen das Motto: »Verehrung nach oben und Verachtung nach unten«. Die Schwingung von Jupiter hilft bei der Religio, bei unserer Rückbindung an die Schöpfung, an das All-Eins, begleitet von allumfassender (selbstloser) Liebe nach oben und unten. Erst dann kann die (göttliche) Energie durch uns durchfließen und aus uns heraus in die Resonanz zur Welt gehen.

Jupiter-Energie im Alltag in Stichworten:
Erkenntnis, Sinn des Lebens, Analyse, Glaube, Religion, Rückbindung zu den eigenen Wurzeln, Verwurzelung auch nach »oben«, Spiritualität, geistige Energie, Gerechtigkeit, Weisheit, Glück, Expansion, Fülle.

Jupiter-Energie in der Partnerschaft:

Chance zu reifem Wachstum geistiger Werte und Spiritualität, verwurzelte Wertschätzung und Wertevorstellungen, persönliches Glück und Zufriedenheit, gerechter Umgang mit Beziehungsthemen, gemeinsame innere und äußere Reisen.

Jupiter-Energie bei Kindern:

Neugier, Suche nach Erklärungen für Gott und die Welt, geistige Beweglichkeit, Forscherdrang, Wissensdurst, Mut, Durchsetzungsvermögen, Intelligenz, Spürsinn, Freude am Lernen und Experimentieren.

Merkmale der Jupiter-Schwingung

Frequenz:	183,58 Hz
Ton:	fis
Farbe:	rot (komplementär = grün)
Körperliche Zuordnung:	Leber, Hüfte, (glatte) Muskulatur, Becken, Gesäß, Oberschenkel, Kreuzbein
Meridiane:	Leber, Galle, Magen
Chakren:	3. (Manipura) Chakra

Was uns der Archetyp JUPITER mitteilen möchte:

Ich bin Jupiter (Zeus), der großmütige, tolerante und gütige »Vater der Götter und Menschen«. Ich bin der geborene Optimist mit dem Drang nach Expansion und Weite, Ferne und Fülle. Dabei verbinde ich mein instinktmäßiges Urvertrauen auf logische Art mit dem Geistigen und bilde aus beiden Anteilen eine sinnvolle Synthese. Im Laufe des Lebens stelle ich immer wieder die Sinnfrage: »Wo komme ich her? Wo gehe ich hin?«.

Das ist die Frage der Religion, der *religio*, das heißt der Rückbindung an das All-Eine, an die Schöpfung und auch an den Schöpfer.

Auch das Glück, das mir zugeschrieben wird, hat sehr viel mit dem Sinn des Lebens zu tun: Glückliche Menschen erkennen den Sinn *in* ihrem Leben selbst und suchen nicht zeitlebens woanders.

In meiner Lebenswelt gibt es keine Probleme, sondern Lösungen. Ich bin das geistige Feuer, welches expansiv von innen nach außen alle Themen bewusst und tatkräftig angeht. Dabei spielt die soziale Gerechtigkeit von »Leben und leben lassen« eine bedeutende Rolle. Mein Aktionismus ist niemals blind, sondern oft weise und tolerant.

Auch wenn die Situation schwierig oder gar aussichtslos erscheint, so lautet doch mein Lebensmotto: »Immer wenn du denkst, es geht nicht mehr, kommt irgendwo ein Lichtlein her«.

Als oberster Gott des Olymps bin ich nicht mit dem all-einigen Gott der Christenheit zu vergleichen. Ich bin somit nicht das Symbol der Einheit, sondern lediglich eines der Einheit nahestehenden Archetyps. Eigentlich bin ich »Primus inter pares«, also Erster unter Gleichen.

Mein Planet JUPITER in Fakten:

Mit 143.000 Kilometern Äquatordurchmesser bin ich der Gigant unter den Planeten. In 11 Jahren und 315 Tagen umkreise ich einmal die Sonne, meine minimale Sonnenentfernung beträgt 750 Millionen, die zur Erde rund 590 Millionen Kilometer.

Umgeben werde ich von 16 Monden, die zum Teil schon 1610 von Galileo Galilei entdeckt wurden. Diese sind etwa gleich groß wie oder größer als der Erden-Mond, mein Mond *Io* beherbergt mindestens acht aktive Vulkane, die die Lavafontänen bis zu 200 Kilometern Höhe hinaus ins All schleudern.

Als Archetyp bin ich ja das dritte Feuerzeichen (nach Mars und *Sonne*). Auch als Planet zeige ich also durchaus Analogien zu meinem Sonnen-Kollegen, denn: Im Grunde bin ich aus den gleichen Elementen zusammengesetzt wie unsere Sonne: Überwiegend Wasserstoff, auch Helium, Deuterium, Methan, Ammoniak und Wasserdampf.

Eigentlich bin ich ein riesiger Gasball ohne klar definierbare Oberfläche, umgeben von starken Strahlengürteln entlang der Magnetfeld-Linien.

Meine »Jupiter-Wolken« schimmern in allen Farbnuancen von Rot, Braun, Gelb bis Blau und Grün. Diese verschiedenfarbigen Wolkenmassen wirbeln ständig wild umher, der Druck und die Temperatur nehmen schlagartig und rasant zu. Bei diesen überdimensionalen Wirbelstürmen wurden Geschwindigkeiten von über 500 Stundenkilometern gemessen. Dieses Phänomen sorgte wohl auch dafür, dass die Gase im Laufe der Zeit immer mehr komprimiert wurden, sodass sich in meinem Jupiter-Zentrum ein metallener glühender Kern ausgebildet hat.

Wie JUPITER in der Mythologie verehrt worden ist:

Laut Mythologie sind *Kronos/Saturn* und dessen Schwester *Rhea* meine Eltern. Offensichtlich war es keine Seltenheit in der Götterwelt, mit den eigenen Geschwistern Kinder zu zeugen.

Schon früh erlebte ich die Hölle auf Erden: Mein eigener Vater *Kronos* fing nämlich nach einer Prophezeiung seines Vaters *Uranus* an, seine Kinder zu verspeisen. Das Orakel hatte nämlich vorausgesagt, dass eines von ihnen Uranus eines Tages entthronen werde. Um wenigstens eines ihrer Kinder zu retten, gebar Rhea mich, Zeus/Jupiter in dunkelster Nacht auf dem Berg Lykaion in Arkadien, dort, wo es keine Schatten gibt. Im meinem späteren Exil in der Diktischen Höhle des Idagebirges auf der Insel Kreta konnte mich Kronos nicht finden.

Zunächst befreite ich mit einer List meine verschlungenen Geschwister (Vater musste sie erbrechen) und anschließend die verbannten Kyklopen, die mir als »Dankeschön« den Blitz schenkten, mich dem ich meinen Vater Kronos/Saturn für alle Zeiten entmachtete, aber nicht tötete. In der Folge trete ich meine Herrschaft an und regiere die Welt der Götter und Sterblichen vom Olymp aus.

Auch wird das Zeugen von Göttern und Halbgöttern zu einer meiner Hauptbeschäftigungen. Neben meinen Geschwistern *Neptun/Poseidon*, *Pluto/Hades* und *Demeter* bevölkern alsbald meine eigenen Kinder den Olymp. Meine eigene Schwester *Hera* begehre ich zur Gemahlin und übertölple sie mit einer List, indem ich mich in einen mitleidserweckenden Kuckuck verwandle. Unsere Hochzeitsnacht verläuft üppig und dauert 300 Jahre. Dabei werden unsere Kinder *Mars/Ares*, *Hephaistos* und *Hebe* gezeugt und geboren.

Meine Lust kennt keine Grenzen, auch nicht die der Ehe. So zeuge ich mit *Maia,* der Tochter des Atlas, den *Hermes/Merkur*, mit *Leto* die Zwillinge *Apollon* und *Artemis*. Mit sterblichen Frauen zeuge ich herausragende Helden des Menschengeschlechtes: mit Danae den *Perseus*, mit Europa den *Minos* und mit Alkmene den *Herakles*, den Begründer der Olympischen Spiele, um nur wenige zu nennen.

Neben meiner unglaublichen Potenz schätzen mich die Sterblichen und Unsterblichen vor allem wegen meiner Weisheit, jovialen Güte und Großmut. Auch meine Offenheit und Weite, meine Freiheit in der Entfaltung, in Wachstum und Expansion schaffen immer wieder neue Verhältnisse, oben im Olymp genauso wie unten auf der Erde. Auf diese Weise entwickelt sich das Leben permanent weiter und droht nicht stillzustehen.

Im Vergleich zur brachialen und ungestümen Dynamik meines Sohnes *Mars/Ares* ist mein Handeln bewusster, auch wenn es im ersten Moment nicht immer so aussieht. Mein Feuer ist eher geistiger Natur.

Jupiter im Sternzeichen Schütze:

Meine symbolische Erscheinung als Sternzeichen Schütze ♐ (= Archetyp Jupiter ♃), 22. November bis 21. Dezember, »Es werde Licht ...«

Die Natur betritt mit dem Tierkreiszeichen Schütze das letzte der drei Herbstzeichen. In diesem Monat geht es langsam aber sicher auf die längste Nacht und den kürzesten Tag des Jahres zu. Erst die Wintersonnwende am Ende des Schützen markiert den Wendepunkt: Das Licht kommt allmählich in die Welt zurück. Das passt gut zur Stimmung der Schütze-Charaktere: Es ist die Erwartung des (neuen) Lichtes, welches das vorausgehende Dunkel aufhellt.

Schütze ist neben Widder (Frühling) und Löwe (Sommer) das dritte Feuerzeichen, das geistige Feuer sozusagen. Dieses Feuer, wie zum Beispiel das Leuchtfeuer eines Leuchtturms, kann verirrten Schiffen den rechten Weg weisen. Mit diesem Bild verdeutlicht sich auch der Auftrag der Jupiter-betonten Menschen ein wenig (Jupiter ist das zum Schützen gehörige Urprinzip): Orientierung, Sinn und Erkenntnis zunächst in sich selbst zu finden und (erst) dann weiterzugeben.

Es ist die innere Verpflichtung, zu wachsen und sich entwickeln, um ein höheres Ideal anzustreben.

Drei bekannte Schütze-Persönlichkeiten können uns dies in Kunst, Wirtschaft und Politik vor Augen führen:

Ludwig van Beethoven (1770-1827) hinterließ der Welt neun unsterbliche Symphonien, fünf Klavier- und 16 Streichquartette, 32 Klaviersonaten, zwei Messen sowie die Oper »Fidelio«. Heute ist Beethoven, der seine letzten Jahre in vollkommener Taubheit verbrachte, einer der meist aufgeführten Komponisten der Welt. Bezeichnend für das Schütze-Ideal sind sicher Worte aus seiner neunten Symphonie wie »Freude schöner Götterfunken »oder »Über dem Sternenzelt muss ein lieber Vater wohnen«.

Carl-Friedrich Benz (1844-1929) zählt zu den herausragenden Industrieingenieuren der Weltwirtschaftsgeschichte. Er ist der Erfinder des Automobils und Wegbereiter seiner industriellen Fertigung. Die Fusion mit Daimler 1926 bescherte der Welt die Daimler-Benz AG, die als Daimler-Chrysler AG einen der größten Arbeitgeber der Welt darstellte. Seine Vision machte die Welt (auto-)mobil.

Willy Brandt (1913-1992), SPD-Politiker und vierter Bundeskanzler der BRD, ist dank seines Einsatzes in der Versöhnungspolitik sicher einer der Jahrhundertpersönlichkeiten der internationalen Politik. Er wurde für seine Verdienste mit dem Friedensnobelpreis ausgezeichnet, sein Kniefall am Mahnmal für die Opfer des Warschauer Ghettoaufstandes ging als Ausdruck deutscher Wiedergutmachungsbestrebungen um die ganze Welt. Er kommentierte den Fall der Mauer zwischen Ost und West 1989 in Berlin mit den visionären Worten: »Jetzt wächst zusammen, was zusammengehört«. Sein Ideal von Ost und West wurde Realität.

Ältere Darstellungen des Schütze-Jupiter-Prinzips zeigen einen Pferdemenschen, einen Menschen mit einem Pferdeunterkörper, der nach oben, in den Himmel also, einen Pfeil abschießt. Hierin zeigt sich auch die eventuelle Schwierigkeit des Schützen: Das Ziel ist nach oben gerichtet und basiert auf einer niederen, vielleicht unvollkommenen und animalischen Seite, die er zum Teil nicht wahrhaben oder verdrängen möchte.

Die körperliche Entsprechung findet sich in der Leber (unser Labor zur Analyse in »brauchbar und unbrauchbar«) wie auch unter anderem in der Hüfte.

Reife Schütze-Persönlichkeiten zeigen sich mit einer inneren Grundhaltung: »Verehrung nach oben (Glauben, Religion, Spiritualität) und Liebe nach unten«, das heißt das bewusste Erleben des höheren Ideals wie auch Respekt vor den (eigenen) niederen Eigenschaften wie auch denen des sozialen Umfeldes.

Beispiele meiner unerlösten Schattenanteile beim Menschen:
Signatur der Blockaden:
Wucherungen (gutartige Tumore, aber auch der *Aspekt der Wucherung* bei Krebs), Schwellungen (Fettleber, Schwellungen bei Verletzungen, Übergewicht, Fettgewebserkrankungen).

Typische Erkrankungsformen:
Hüftleiden (zum Beispiel Hüftarthrose), Lebererkrankungen (Gelbsucht, Leberzirrhose, Fettleber).

Beispiele für Mischformen mit anderen Urprinzipien:
Leberkrebs: Jupiter-Pluto
Leberabszess: Jupiter-Mars
Leberzirrhose: Jupiter-Saturn
Herzverfettung: Jupiter-Sonne
Hüftgelenksschmerzen: Jupiter-Saturn
Elephantiasis: Jupiter-Mond

Das Prinzip der Saturn-Energie ♄

Die Schwingung des Archetyps Saturn ♄ (= Sternzeichen Steinbock ♑) führt uns augenblicklich in Resonanz mit der Kraft, Wesentliches von Unwesentlichem unterscheiden zu können. Sie stärkt unsere Objektivität und unseren gesunden Menschenverstand.

Körperliche Ebene:
Die Schwingung von Saturn fördert unsere Standhaftigkeit und trennt Subjektives vom Objektiven, Wesentliches vom Unwesentlichen, Spreu vom Weizen. Sie lässt unsere Blockaden erkennen und führt zu der Erkenntnis: »Nur, wer die inneren und äußeren Gesetze akzeptiert, ist wirklich frei«. Dies gilt auch auf körperlicher Ebene, denn sie bremst, wenn wir uns sehr verausgaben wollen.

Seelische Ebene:
Die Saturn-Energie macht uns an all den Stellen eng, wo wir nicht hinsehen wollen, an denen wir verdrängen, in den Schatten abrutschen. Durch diese Begrenzung hilft sie uns, über den Widerstand diese Schattenthemen bewusst anzugehen, Licht ins Dunkel zu bringen. Sie hilft, uns auf das Wesentliche zu konzentrieren, realistisch und klar, selbstgenügsam, sparsam statt verschwenderisch und damit ökonomisch zu sein. Sie zeigt uns den Weg aus der Enge, aus der Isolation, aus der Ab-Grenzung und führt dazu, dass wir Erfahrungen verarbeiten und letztendlich loslassen können, um uns auf unseren Weg zu machen.

Geistige Ebene:
Leben ohne Widerstand ist ein Leben in der vollkommenen Dunkelheit. Das Licht erklärt uns dies auf wunderbare Weise, denn das (Sonnen-)Licht ist auf seiner weiten Reise nicht wahrnehmbar, es ist nicht sichtbar. Erst durch einen Widerstand (Erde, Mond oder andere Himmelskörper) zeigt es sich als Licht (und Schatten), wir können Licht wahrnehmen. Diese wunderbare Entdeckung bietet für den Menschen eine einmalige Chance, die eigenen Widerstände und Blockaden zu bearbeiten. Die Saturn-Schwingung hilft, durch Bewusstsein unsere Schattenthemen ins Licht zu führen.

Saturn-Energie im Alltag in Stichworten:
Sachlichkeit, Objektivität, gesunder Menschenverstand, Fakten, Klarheit, Nüchternheit, Ausdauer, Durchhaltevermögen, Disziplin, Moral, Ethik, Tugend, Rückzug, Abgrenzung, Reinheit, Standhaftigkeit, Struktur, Ordnung.

Saturn-Energie in der Partnerschaft:

Möglichkeit zu klaren Strukturen, geregelte Ordnung statt labilem Chaos, Fähigkeit zu sachlicher und konstruktiver Auseinandersetzung, Ausdauer in allen Bereichen, eigene Prinzipien mit solider Bindung.

Saturn-Energie bei Kindern:

Ausdauer und Durchhaltevermögen beim Lernen und in der Freizeit, sorgt für Struktur, bremst das Chaos und die Konturlosigkeit, fördert die Selbstdisziplin, unterstützt die Abgrenzung und Eigenständigkeit, verwurzelte Bodenständigkeit.

Merkmale der Saturn-Schwingung

Frequenz:	147,85 Hz
Ton:	D
Farbe:	blau (komplementär= orange)
Körperliche Zuordnung:	Milz, Knochen, Sehnen, Bänder, Schienbein Knie, Skelett, Zahnschmelz, Hornhaut
Meridiane:	Blase, Niere
Chakren:	1. (Muladhara) Chakra

Was uns der Archetyp SATURN mitteilen möchte:

Ich bringe die Sachlichkeit in diese Welt, die manchmal vor ungestümen Ego-Eskapaden Einzelner ins Verderben zu stürzen droht. Ich verkörpere den *Ernst des Lebens*, den *Sinn für die Realität*, *Disziplin*, *Ordnung* und auch das *Pflichtgefühl*.

Nüchternes und klares Denken ohne hitzige Ablenkungen entspringen meinem klaren Kopf. Meine Kräfte setze ich sparsam und ökonomisch ein, ohne meine Energien sinnlos zu verschleudern. Das hat viel mit der *Konzentration auf das Wesentliche* zu tun, auch mit *bewusster Entsagung*, um mich nicht so sehr zu verzetteln, dass ich mein eigentliches Ziel aus den Augen verliere. Denn in dieser *Klarheit* erkennt man sich selbst am besten. So wie in der Dunkelheit das Licht ein willkommener Wegweiser ist, so ist es das helle Bewusstsein für das dunkle Unbewusste.

Bewusstheit (Licht) führt die Menschen zu ihrem wahren Selbst und in die Erkenntnis, dass die irdische Persönlichkeit nur eine Maske ist, ein Werkzeug für das *höhere, göttliche Selbst.*

Somit bin ich auch der Archetyp der *Selbstdisziplin* und der unermüdlichen Arbeit an sich selbst. Ich setze Schranken und Grenzen, damit alles »im Rahmen« bleibt.

Ich bin der Wissende, der schweigende Weise und das Gewissen des Individuums wie auch des Kollektivs. Meine Kommunikation ist für jeden verständlich, meine Sprache klar, kein »dummes Geschwätz«, das um den heißen Brei herumredet, verurteilt oder Gerüchte streut.

Als »Karmaplanet« repräsentiere ich auch die »Gerechtigkeit Gottes« (105): Ich greife erst dann ein, wenn der Mensch irgendwo seine Grenzen überschreitet, seine inneren Schwierigkeiten nach außen projiziert oder auch konkretisiert.

Seit Ewigkeiten bewährt hat sich hierbei das kosmische Spiegelgesetz: Massiv auftauchende *Blockaden* und *Widerstände* zwingen dazu, den *inneren* Widerstand im *Außen* zu finden und auch zu lösen. Und hierin liegt auch die letztlich lohnenswerte Lebenserfahrung mit mir, dem Archetyp Saturn: Die Lasten und Pflichten werden im Laufe der Zeit auf dem Weg zum Gipfel immer leichter. Dabei gilt: »Wirklich frei ist nur derjenige, der alles tun *kann*, aber nicht tun *muss*!« und: »Wirklich frei ist nur der, der die ehernen Gesetze akzeptiert und bewusst nach diesen lebt«.

Auch wir Planeten müssen uns von Ewigkeit zu Ewigkeit an unsere festgelegten Bahnen halten. Was würde wohl geschehen, wenn ich verkünden würde: »Ich habe keinen Bock mehr, mich immer zwischen Jupiter und Uranus im Kreise zu drehen. Ab morgen findet ihr mich zwischen Venus und Erde.«

Wer immer gegen etwas ankämpfen *muss*, wird auf Dauer ermüden oder erlahmen. So wie Don Quichote, der ein Leben lang gegen Windmühlen kämpfte, ohne wirklich im Leben voranzukommen.

Den Autofahrern unter den Menschen sei gesagt: »Wer immer gleichzeitig Gas gibt und bremst, riskiert irgendwann defekte Bremsen oder Kupplungsscheiben«. Und ergänzen möchte ich als Wissender (und nicht etwa als Spielverderber): »Wer im Leben nach vorne preschen will, obwohl Rückzug oder Enthaltsamkeit angesagt ist, auch der läuft Gefahr, am Wegesrand liegen zu bleiben.«

Mein Planet SATURN in Fakten:

Wie Jupiter bin ich ein gewaltiger Gas-Gigant, mit 120.798 Kilometern Durchmesser kaum kleiner und damit der zweitgrößte Planet. Von der Sonne, die ich einmal in 29,59 Jahren umlaufe, bin ich circa 1,5 Milliarden Kilometer entfernt. Eine Rotation um meine eigene Achse dauert zehn Stunden und vierzehn Minuten.

Mich selbst umschwirren 23 Monde mit einem Durchmesser zwischen 150 und 1.500 km, mit der Ausnahme des 5.100 km großen Mondes *Titan*, welcher eine dichte Stickstoff-Atmosphäre besitzt, aber mit minus 180 Grad Celsius viel zu kalt ist für Leben.

Viele sagen, dass mich mein hell ausladendes Ringsystem zum Schönsten aller Planeten macht. Dieses Ringsystem hat einen Durchmesser von 280.000 km und schwebt frei über meinem Äquator.

Es besteht vor allem aus unzähligen überwiegend aus Silikaten bestehenden Eis- und Steinbrocken, die das Licht perfekt reflektieren. Auch sollen drei bis vier Einzelringe im sogenannten F-Ring ineinander verflochten sein.

Mein Kernplanet besteht aus Wasserstoff, Helium, Methan und Ammoniak, mein Druck im Innern wird auf 50 Millionen bar geschätzt, bei einer Temperatur von 15.000 Kelvin.

Wie der SATURN in der Mythologie verehrt wird:

Mein Vater *Uranus* (griech. *Uranos* = der Himmel) zeugte mit *Gaia*, Mutter Erde, vielerlei Kreaturen, unter anderem auch die Kyklopen, die Uranus kurzerhand nach einem geplanten Aufstand in den Tartaros hinabwarf. So wurde ich mit dem nächtlichen Abschneiden der Genitalien meines leibeigenen Vaters beauftragt, was mir auch gelang, wie ihr in der Mythologie der *Venus* nachlesen könnt.

Apropos Abschneiden: Immer wieder werde ich als Sensenmann dargestellt, der mit dem Tod das Leben abschneidet. Auch nennt mich die Mythologie bisweilen »Hüter der Schwelle«. Dabei ist jeder Tod (des Alten, Überholten, Ausgedienten) erst die notwendige Voraussetzung für die Wiedergeburt des Neuen und Lebendigen. Die Schwelle zwischen diesen beiden Welten hüte ich, der »Hüter der Schwelle«.

In der vorolympischen Zeit sorge ich in der Götterwelt für *Recht* und *Ordnung*. Mein häufiges »Nein-Sagen« sorgt für klare Strukturen, auf die sich jeder verlassen kann. Als Zeus in der Folge den Vorsitz übernimmt, trauern viele auch der »guten alten Zeit« des Saturns nach, wo ein Tag noch ein Tag war und eine Nacht eine Nacht. Der joviale Führungsstil von Zeus/Jupiter erlaubt mehr, als dass er verbietet. Viele sagen, es gehe drunter und drüber.

Also folgt die lange Phase der »Ja-Sager«, denen Disziplin und Pflichterfüllung oft wie Fremdworte aus einer anderen Welt erscheinen.

Mephistos Worte aus *Goethes Faust* sind nah mit meinem saturnischen Wesen verwandt:

»Ich bin der Geist, der stets verneint
Und das mit Recht; denn alles, was entsteht,
Ist wert, dass es zugrunde geht;
Drum besser wär's, dass nichts entstünde,
So ist alles, was ihr Sünde,
Zerstörung, kurz das Böse nennt,
Mein eigentliches Element.«

Doch das Negative bildet dieselbe Polarität zum Positiven wie die Nacht zum Tag oder das Sterben zum Leben, kurz: Es sind zwei Seiten derselben Medaille.

So zeigt mich die Mythologie auch in der *doppelgesichtigen Janusgestalt:* In meiner Jugend bin ich der harte und kompromisslose Herrscher, der seinen eigenen *Vater* entmannt und die eigenen Kinder auffrisst. Als reifer Mann dagegen bin ich der gute und weise König, der sich einzig und allein dem Wohlergehen seines Volkes widmet.

Die Rolle des Vaters ist meine liebste Rolle. Ich bin der Urvater der olympischen Götter und somit das Urbild des Vaters schlechthin, der weise Alte.

In der Mythologie symbolisiere ich vor allem den Widerstand und die Abgrenzung, mein Wappentier ist die schwarze Krähe, der Vogel des Orakels und des Schicksals.

Apropos Abgrenzung: Erst durch die »Abgrenzung« aus dem Diffusen und Ungeformten entsteht unser Leben. Ersetzen wir das Wort *abgrenzen* durch *absondern*, sind wir dicht bei *sündigen* und der christlichen Entstehungsgeschichte unserer Welt. Durch den *Sünden*fall kommt es zur *Absonderung* von der Einheit, die Polarität (von Gut und Böse) entsteht.

In der heutigen Zeit gelte ich oft als Spielverderber. Läuft etwas im Beruf, in der Beziehung oder generell im Leben schief oder gar nicht, dann ist schnell ein Sündenbock gefunden: Das ist der Saturn-Einfluss. Dabei ist diese kausale Beziehung so absurd wie das Blutzuckermessgerät für die eigene Diabetes verantwortlich zu machen. Oder das Alkoholmessgerät des Polizisten für die eigenen 2,3 Promille. Wird aber tagtäglich gemacht und das ist auch ein »Mythos« dieser Welt.

Saturn als Sternzeichen:

Meine symbolische Erscheinung als Sternzeichen Steinbock ♑ (= Archetyp Saturn ♄), 21. Dezember bis 20. Januar, »Nur wer die (inneren) Gesetze anerkennt, ist wirklich frei.«

Mit dem Zeitpunkt der Wintersonnwende tritt die Sonne in das Tierkreiszeichen Steinbock: Der dunkelste Tag, die längste Nacht des Jahres ist nun erreicht, und langsam aber sicher beginnt die Geburt des neuen Lichtes. Die Freibäder und die Eiscafés haben geschlossen, es herrscht die Kälte und die Klarheit des Winters. Lebewesen, die in den Winterlandschaften überleben wollen, müssen hart und anpassungsfähig sein, die müssen etwas aushalten können und entsagungsfähig sein. Schneemassen liegen auf der Erde, Flüsse und Seen sind zugefroren. Die Natur ist aber nicht tot in dieser Zeit, denn im Innern entwickelt sich frisches Leben, und ein neuer Frühling wächst heran. Das Leben hat sich von Außen nach Innen verlagert. Es ist die Zeit der langen Winterabende am wärmenden Kamin im Kreise der Lieben, es ist auch die Zeit von Weihnachten.

Das zum Steinbock gehörige Urprinzip ist Saturn: die Einfachheit, die Reduktion auf das Wesentliche und Notwendige, die Klarheit der Natur. Das sind auch die Qualitäten der Steinbockcharaktere, in allen Bereichen ihrer Persönlichkeit: körperlich, geistig und auch seelisch.

Drei bekannte Steinbock-Persönlichkeiten können uns diese Charaktermerkmale näher verdeutlichen: *Konrad Adenauer*, der erste Bundeskanzler der Bundesrepublik Deutschland vollzog im Zuge des Kalten Krieges konsequent und nachhaltig die Verankerung der noch jungen BRD im westlichen Wirtschafts- und Verteidigungsbündnis. Damit schuf er (mit Ludwig Erhard) die Grundlagen zur sozialen Marktwirtschaft, zu Wachstum und Wohlstand.

Friedrich Dürrenmatt, Schweizer Schriftsteller mit Weltruhm, verstand seine literarischen Bemühungen als moralischen Zweck. Hinter der Übersteigerung und Verzerrung der Wirklichkeit versteckt sich der nüchterne Blick auf Recht und Gerechtigkeit. Unvergessen sein Klassiker: »Der Besuch der alten Dame.«

Michael Schumacher, erfolgreichster Pilot aller Zeiten in der Geschichte des Motorsports, wurde mit inzwischen mit sieben Formel-Eins-Weltmeistertiteln zur lebenden Legende. Mit den richtigen Partnern, der Präzision eines Uhrwerks und asketischer Disziplin gelang ihm eine beispiellose Karriere, die eine wahre »Formel-Eins-Hysterie« auslöste.

Natürlich hat das Saturn-Steinbock-Prinzip auch Schattenseiten. Die nüchterne Sachlichkeit kann im Extrem zu Freudlosigkeit und Geiz führen, zu einer Kälte, die andere zum Frieren bringt. Es zählt nur das, was ernst, schwer und anstrengend ist. Alles, was »nur« Spaß macht, Freude, Tanz und Leichtigkeit bedeuten könnte, ist folglich anrüchig oder sogar verboten. Dann besteht die Gefahr, dass das Leben in Erstarrung und verbitterten Rückzug mündet. Jegliche Lebendigkeit ist verschwunden, der Zustand droht, *chronisch* zu werden.

Saturn heißt im griech. *Chronos*, die *chronischen* Krankheiten gehören somit zu diesem Urprinzip. Hier herrscht ein schmerzhafter »Kalter Krieg« im Körper: Kein offener Krieg, aber auch kein Frieden.

Die Entsprechungen im Körper sind unter anderem die Knochen, das Skelett und auch das Knie. Rückenschmerzen bis hin zum Bandscheibenvorfall können Folgen der »Last des Lebens« sein, die auf den Schultern lasten und nicht mehr tragbar erscheinen.

Gerade in schwierigen Zeiten kann der eigene Blick auf die Steinbock-Saturn-Qualitäten helfen, das Wichtige vom Unwichtigen, das Wesentliche vom Unwesentlichen, kurz: *Spreu vom Weizen* zu trennen. Denn: »Nur wer die (inneren) Gesetze anerkennt, ist wirklich frei.«

Beispiele meiner unerlösten Schattenanteile beim Menschen:

Signatur der Blockaden:

Sklerosen (Verhärtungen), Steinleiden (Nieren-, Blasen-, Gallensteine), Schrumpfungsprozesse, Alterungsprozesse, Verschlusskrankheiten (unter anderem Magen-, Darmverschluss, Thrombosen), Mangelerscheinungen, chronische Krankheiten.

Typische Erkrankungsformen:

Gelenkrheuma, Knochen- und Wirbelsäulenerkrankungen, Osteoporose, Schuppenflechte, extreme Hautverhornung (Ichthyosis), Verhärtungen und Versteifungen.

Beispiele für Mischformen mit anderen Urprinzipien:

Alzheimer-Krankheit: Saturn-Neptun
Angst: Saturn-Pluto
Bandscheibenvorfall: Saturn-Mond
Depression: Saturn-Mond
Schleimbeutelentzündung: Saturn/Mond-Mars
Verstauchung: Saturn-Mars
Schuppenflechte: Saturn-Venus
Kniegelenksentzündung: Saturn-Mars

Das Prinzip der Uranus-Energie ♅

Die Schwingung des Archetyps Uranus ♅ (= Sternzeichen Wassermann ♒) führt uns augenblicklich in Resonanz mit der Kraft der Umpolung, des Neue-Wege-Gehens und des Entdeckerdranges. Sie stärkt unseren Willen zur Freiheit und gegenseitigen Toleranz.

Körperliche Ebene:
Die Uranus-Schwingung entspannt auf körperlicher Ebene. Sie hilft dem Körperbewusstsein beim Finden neuer Wege, bei der Aufhebung von scheinbar unüberbrückbaren Polaritäten und Spannungssituationen, indem sie die Kraft des Uranus (Elektrizität) in sinnvolle Bahnen lenkt, in die Schöpfung statt in die Zerstörung. Die Uranus-Energie kann somit bei der Besänftigung von Nervenanspannungen mithelfen.

Seelische Ebene:
Die Uranus-Energie bringt die un(ter)bewussten Strukturen nach oben, führt uns in die Wahrheit und lässt uns diese in Freiheit leben; die Erkenntnisse kommen plötzlich und unerwartet, bisweilen erscheint es uns wie eine Revolution (lat. revolvere = umwälzen, umstürzen). Sie deckt Bevormundung und Zwänge, die uns in die Unfreiheit führen, auf und macht uns bereit, in die Umpolung zu gehen, neue Wege einzuschlagen, in die eigene Identität zu kommen, in die eigene Schöpferkraft, intuitiv und originell, freiheitsliebend und unabhängig, idealistisch und humanitär, als Schwimmer gegen den Strom, sie ist der Himmel (Uranus) auf Erden (Gaia).

Geistige Ebene:
Das Prinzip der Uranus-Energie hasst Einschränkungen, es ist das Prinzip der Umpolung, das Prinzip des »neue-Wege-Gehens«. Das ist das Prinzip des Christoph Columbus, der Indien sucht und Amerika entdeckt, das ist Böttcher, der für seinen Auftraggeber Gold herstellen soll und dabei Porzellan erschafft. Bei der Uranus-Energie geht es um Erweiterung, um das Sprengen von Grenzen, um die Verbindung von menschlicher und kosmischer Energie, es geht um Ein-Klang von oben und unten.

Uranus-Energie im Alltag in Stichworten:
Ungezwungenheit, Freiheit, Einfallsreichtum, Teamfähigkeit, Gleichheit, Brüderlichkeit, Idealismus, Humanismus, Originalität, Skurrilität, Umpolung, Entladung, Bruch, Neue-Wege-Gehen, Karneval, Kosmos, Welt der Ideen.

Uranus-Energie in der Partnerschaft:
Zwangloses Miteinander, Respekt vor individuellem Freiraum, Platz für Spontanität, hohe Ideale an Beziehung, Überbrückung scheinbar unvereinbarer Gegensätze, Wahrhaftigkeit und Unabhängigkeit, Originalität statt Langeweile.

Uranus-Energie bei Kindern:
Ideenreichtum, Fantasiereisen, Faszination für das Universum, Sprunghaftigkeit, Freiheitsliebe, »Eigener Kopf«, Erfindergeist, Rebell, Widerstandskämpfer, Vordenker, Teamplayer, Mut, Ehrgeiz, Individualität, Kreativität.

Merkmale der Uranus-Schwingung:

Frequenz:	207,36 Hz
Ton:	gis
Farbe:	orange (komplementär= blau)
Körperliche Zuordnung:	Zentralnervensystem, Hirnhaut, Hypophyse, Sprunggelenk, Waden, Knöchel, Schienbein
Meridiane:	alle
Chakren:	5. (Vishudda) Chakra

Was uns der Archetyp URANUS mitteilen möchte:
Ich stehe für das »Neue-Wege-Gehen« und das Verlassen ausgetretener Pfade, die nirgendwo hinführen außer in stumpfe Monotonie, einseitiges Scheuklappendenken oder passive Lethargie.

Ich bin ein aktives Luftzeichen (das dritte und damit »höchste« nach *Merkur-Zwilling* und *Venus-Waage*). Dieses (Luft-)Element verkörpert symbolisch den Verstand und Intellekt, das geistige Prinzip sowie die Leichtigkeit des Seins.

Mich interessiert das Unangepasste, das Innovativ-Skurrile oder das erneuernde Moment im Weltenlauf, welches sich plötzlich und unerwartet aufgrund eines Geistesblitzes zeigt und manifestiert, wie *aus heiterem Himmel* sozusagen. Denn ich bin das Prinzip des Originellen, des Plötzlichen, der spontanen Zustandsveränderung durch schlaglichtartigen Energiefluss und intuitive Erkenntnis.

Uranos bedeutet im Griechischen konsequenterweise *Himmel*, das Reich also, in dem die Götter und die Ideen zu Hause sind.

Im Zusammenspiel mit dem Irdischen, dem Materiellen, treffe ich auf das Erdelement und verbinde mich mit diesem bestenfalls zu einer gut verwurzelten Symbiose, ähnlich wie bei einem gesunden Baum. Dieser entwickelt seine Wurzeln nach *unten* (Mutter Erde), um sich Sicherheit und Halt zu ermöglichen und wächst in der Folge sicher nach *oben* (zu Vater Himmel), hin zur Freiheit in den Raum hinein, in das Unbegrenzte und Unberührte. In der Folge entwickle ich eine unerschöpfliche Schöpferkraft, die aus sich selbst schöpft und schafft, aus dem Nichts heraus.

Ich bin das Prinzip der Umpolung überholter Strukturen.

Mein Planet URANUS in Fakten:

Ich wurde am 13. März 1781 von F. W. Herschel entdeckt, einem Engländer mit deutscher Abstammung.

Astronomen vermuten meine Existenz eigentlich bereits seit Menschengedenken, konnten mich aber wegen fehlender (technischer) Möglichkeiten nicht exakt nachweisen.

Für meinen (fast kreisförmigen) Umlauf um die Sonne benötige ich 84.019 Jahre, von der Erde bin ich *minimal* 2.580 und *maximal* 3.160 Millionen Kilometer entfernt. Mich selbst umschwirren 27 Monde, wobei *Titania, Oberon, Ariel, Umbriel* und *Miranda*, allesamt kraterbedeckte Eiskugeln, die größten sind (Durchmesser zwischen 480 und 1.550 und Kilometer). Ähnlich wie Saturn (und Jupiter) verfüge ich über Ringe, bei mir sind es derer 13.

In der Taille (Äquator) habe ich einen Durchmesser von 51.000 km, also etwa viermal größer als die Erde, und bin somit nach Jupiter und Saturn der drittgrößte Planet. Von der Sonne bin ich circa 2,9 Milliarden Kilometer (1 Milliarde = 1000 Millionen) entfernt.

Für eine komplette Drehung um meine eigene Achse benötige ich 17 Stunden, 14 Minuten und 24 Sekunden, meine Achsneigung ist mit knapp 98 Grad extrem hoch.

Meine Zutaten als »Gasplanet« bestehen mit Sicherheit aus Wasserstoff, Helium, Ammoniak und Methan. Meine blaue Farbe erhalte ich durch das Reflektieren des Sonnenlichtes im Methan. Auch bin ich manchmal von einer Wolkenhülle umgeben, um einige meiner »Geheimnisse« zu bewahren, wie zum Beispiel die quirligen Wirbelstürme, die mehrere Monate dauern können.

Wie der URANUS in der Mythologie verehrt wird:

Die griechische Mythologie sagt: *Am Anfang war das Chaos*. Und dann kam ich, als Erstgeborener von Mutter Erde, von Gaia. Sie brachte mich ohne Begattung im Schlafe hervor, damit ich sie als *Uranus* ständig umgebe (griech. *Uranos* = der Himmel, das Himmelsgewölbe) und auf ewige Zeit allen Göttern ein sicheres Zu Hause gebe.

Mit mir kommt auch das *männliche Prinzip* in diese Welt, das es zuvor nicht gab. Und in der Folge macht es mir auch mächtig Spaß, »meinen Mann zu stehen«: Erst zeuge ich mit »Mama« Gaia die zwölf Titanen (*Okeanos*, Tethys, *Koios*, Phoibe, *Hyperion*, Theia, *Iapetos*, Themis, *Krios*, Mnemosyne, *Kronos/Saturn* und Rhea), schön verteilt in sechs Mal männlich (= *kursiv*) und sechs Mal weiblich.

Auch die Kyklopen, Hekatoncheiren oder Giganten stammen von mir ab. Somit bin ich der Urvater der Schöpfung. Vielleicht bin ich auch mein eigener Schöpfer, denn mein Vater ist nicht bekannt. Jedenfalls erzeuge ich urplötzlich aus mir selbst heraus, aus heiterem Himmel sozusagen.

Aus Liebe und Dankbarkeit zu Gaia schenke ich der Welt Regen, der aus mir, dem Himmel herausfällt und auf der Erde Leben und Wachstum ermöglicht. Das Zeugen selbst machte mir große Lust und Freude, aber die Kinder selbst waren mir so abgrundtief verhasst, dass ich diese in der Tiefe von Mutter Erde, im *Tartaros* versteckte und verbarg. Außerdem fand ich sie so potthässlich, dass Wegsperren die einzige Alternative war.

Das konnte natürlich auf Dauer nicht gutgehen und tat es auch nicht: Gaia brachte den *grauen Stahl* hervor, aus dem mein eigen Fleisch und Blut, mein Titanen-Sohn Kronos/*Saturn* eine gewaltige Sichel schmiedete. Damit entmannte er mich heimtückisch, als ich mich mal wieder genüsslich zu Gaia legen wollte.

Bei der Mythologie von Venus/Aphrodite könnt ihr nachlesen, was dann geschah. Hier nur soviel: Aus dem Samen meines abgeschnittenen Geschlechtes entstand endlich einmal etwas sehr Schönes, nämlich die Göttin der Liebe. Der Rest ist schnell erzählt: *Kronos/Saturn* übernimmt nach meiner Ent-Mannung (und damit Ent-Machtung) die Herrschaft über die Welt, bis auch er (wiederum von seinem eigenen Sohn *Zeus/Jupiter)* gestürzt und abgelöst wird.

In der weiteren griechischen Mythologie spiele ich nach meiner Entmannung keine wesentliche Rolle mehr, mein Verdienst bei der Urzeugung zwischen Himmel und Erde bleibt für immer unbestritten.

Uranus als Sternzeichen Wassermann

Meine symbolische Erscheinung als Sternzeichen Wassermann ♒ (= Archetyp Uranus ♅), 20. Januar bis 18. Februar, »Freiheit, Gleichheit, Brüderlichkeit.«

Die Natur liegt im Tierkreiszeichen des Wassermanns in überwiegend kühler Klarheit. Es ist aber auch bereits der Wechsel von sternenklaren Winternachten in klirrender Kälte mit ersten zarten Ausbruchsversuchen der Natur, die Starre des Winters zu sprengen. So sind es unter anderem die Krokusse, die ans Licht streben, sobald die ersten Sonnenstrahlen ihr Leben erwecken. Plötzlich peitschende Schneeregen im scheinbaren Gegensatz zu aufmüpfigen Frühlingsboten, es ist so, als ob Polaritäten abgeschliffen würden beziehungsweise sich gegenseitig aufheben oder umpolen wollen.

Wassermann-Charaktere haben genau diesen Anspruch: Durch Aufhebung der Gegensätze den Anspruch auf Freiheit ans Licht zu bringen und Ketten zu sprengen, die das Ego fesseln. Die Kämpfer der Französischen Revolution brüllten: »Freiheit, Gleichheit, Brüderlichkeit!« Voller wassermännischer Sehnsucht nach einer neuen Form der Gesellschaft, in der die starren und unmenschlichen Schranken und Beschränkungen unter den Menschen zum Einsturz gebracht werden.

Wassermann-Geborene sind anders als andere, sie tanzen gerne aus der Reihe, sie sind intuitiv und originell, freiheitsliebend und unabhängig, idealistisch und humanitär, der Schwimmer gegen den Strom, das Prinzip Christoph Columbus, der Indien sucht und Amerika entdeckt.

Drei berühmte Wassermann-Persönlichkeiten können uns das Urprinzip Uranus (Herrscher des Sternzeichens Wassermann) noch näher bringen:

Wolfgang Amadeus Mozart (1756-1791) gilt als unumstrittenes Genie der Musikgeschichte, der mit seinen musikalischen Geistesblitzen die Musikwelt aus den Angeln hebt und der Menschheit für sein sehr kurzes Leben ein gewaltiges Werk der lieblichsten und göttlichsten Kompositionen schenkt: 24 Bühnenwerke (Opern), 17 Messen, über 50 Sinfonien und mehr.

Berthold Brecht (1898-1956), sprengte mit seinem Dramenwerk und seiner Theaterarbeit die festgefahrenen Traditionen der Bühne. Mit seinem Begriff vom epischen Theater entwickelte er neue Darstellungskonzepte, die lehrhafte mit künstlerischen Aspekten publikumswirksam verbanden. Er gilt als bedeutendster Dramatiker und Theatertheoretiker des 20. Jahrhunderts.

*James Dean (*1931-1955) zählt zu den größten Filmstars aller Zeiten. Der US-amerikanische Schauspieler symbolisiert wie kaum ein Zweiter den Wassermann-Charakter des fast kühlen, unnahbaren und doch empfindsamen Rebellen, der sich in wehmütiger und auflehnender, fast narzisstischer Art gegen starre gesellschaftliche Regeln wehrt. Er ist eine glaubhafte Mischung aus Trotz und Dünnhäutigkeit, die bis heute jedem erlaubt, sich darin wiederzufinden.

Unsere Erde befindet sich nun für die nächsten 2.500 Jahre im Wassermann-Zeitalter. Die Geburtswehen sind allerorten zu spüren und tun sicherlich bisweilen auch weh. Das rein materielle Weltbild bröckelt derzeit langsam aber sicher in vielen Bereichen unseres täglichen Lebens ab, die sozialen Haltegriffe und Hängematten werden nach und nach abgeschraubt. Etwas Neues will kommen und wagt sich ab und zu schon vorsichtig aus dem Boden, wie die neugierigen Krokusse im Frühling.

Die körperliche Entsprechung des Sternzeichens Wassermann findet sich unter anderem in allen elektrischen Körperfunktionen wie zum Beispiel der Reizübertragung der Nervenbahnen. Alle nervösen Fehlfunktionen finden sich hier, so auch die Neigung zu Krampfzuständen oder Unfällen und Brüchen.

Das Urprinzip der Umpolung (Uranus/Wassermann) ist lebensnotwendig, um uns die »andere« Seite der Medaille zu zeigen, um nicht zu starr, festgefahren und unbeweglich zu werden. Bitte also nicht über folgenden Satz wundern, wenn man einen »Wassermann« vor sich hat: »Wenn dies Kaffee ist, möchte ich Tee, aber wenn dies Tee ist, dann möchte ich Kaffee«.

Beispiele meiner unerlösten Schattenanteile beim Menschen:

Signatur der Blockaden:

Brüche sowohl im körperlichen Bereich (Knochen) als auch jeder anderen Kontinuität (zum Beispiel plötzliche Anfälle), Unfälle, Spasmen und Koliken.

Typische Erkrankungsformen:

Neigung zu Krampfzuständen (vom Wadenkrampf bis zur Epilepsie), einfache Tics (Zucken der Augenlider) bis hin zu zentralnervösen Erkrankungen wie Veitstanz (Chorea), Krampfadern, Unterschenkelgeschwüre (offene Beine).

Beispiele für Mischformen mit anderen Urprinzipien:

Veitstanz (Chorea): Uranus-Saturn
Amasie (= angeborenes Fehlen der Brustwarzen)*:* Uranus-Mond
Amoklaufen: Uranus-Pluto-Mars
Bruch des Armes: Uranus-Mars, Merkur
Hysterische Neurose: Uranus-Sonne
Krampfadern (Varizen): Uranus-Mond-Pluto
Krämpfe aller Art: Uranus-Pluto-Mars
Fieberkrämpfe: Uranus-Mars
Hyperaktivität: Uranus-Mars

Das Prinzip der Neptun-Energie ♆

Die Schwingung des Archetyps Neptun ♆ (= Sternzeichen Fische ♓) führt uns augenblicklich in Resonanz mit unserer Spiritualität und der Unendlichkeit des Kosmos. Sie hilft uns beim Loslassen in Demut und beim Erleben des »Dein Wille geschehe«.

Körperliche Ebene:
Die Neptun-Energie unterstützt auf körperlicher Ebene das Loslassen und die Reinigung (unter anderem der Meridiane und des Lymphsystems), was zu einer Aufrechterhaltung des energetischen Gleichgewichtes beitragen hilft (Yin/Yang). Sie schafft die Verbindung zwischen unserem animalischen, körperlichen Anteil mit »oben«. Auf diese Weise führt sie in die Sinnhaftigkeit.

Seelische Ebene:
Die Energie des Neptuns hilft bei der Aufdeckung aller Arten von Verschleierung, des Selbstbetruges und der Lüge. Sie balanciert die Gratwanderung zwischen Sehnsucht und Sucht und führt uns in unsere wahren Träume und Visionen, aktiviert unsere Kreativität, die Inspiration und unsere Fantasie. Defizit und Mangel an Eigenliebe und Eigenverantwortung können als solche entlarvt und somit bearbeitet werden.

Geistige Ebene:
Der Beginn des Neptun-Fische-Zeitalters war geprägt von den Religionsstiftern wie Buddha oder Jesus Christus, der stellvertretend das Leid der ganzen Welt auf sich nimmt, indem er am Kreuz stirbt. Aus erlösten Fische-Charakteren spricht die Qualität der allumfassenden Liebe, selbstlos und altruistisch. Ego-Strukturen werden losgelassen in der Sicherheit, dass es keinerlei Sicherheit gibt. Es ist die Hingabe an ein höheres Leben, die Sehnsucht nach göttlicher Vollkommenheit in Demut, die bei der Neptun-Energie mit uns in Resonanz geht.

Neptun-Energie im Alltag in Stichworten:
Sehnsucht, Loslassen, Demut, Träumerei, Spiritualität, Selbstlosigkeit, Hilfsbereitschaft, Aufopferung, Mitgefühl, Fluss des Lebens, Glaube, Altruismus, Romantik, Schöpfermentalität, Hingabe, Sensitivität.

Neptun-Energie in der Partnerschaft:
Lösen und Loslassen von festgefahrenen Strukturen, tiefe Seelenverwandtschaft, romantische Sensibilität, fließende Liebe, Suche nach Vollkommenheit, Verschmelzung von Yin und Yang zu einer Einheit, aufopfernde Hingabe.

Neptun-Energie bei Kindern:
Musische Begabung, enorme Sensibilität (»hört das Gras wachsen«), Sympathie, Schutzbedürfnis und Rückzug, Ur-Vertrauen, Gefühl, Fantasie, Mitschwimmen im Fluss des Lebens, Nestwärme ohne Worte, Intuition, Geistesblitz.

Merkmale der Neptun-Schwingung

Frequenz:	211,44 Hz
Ton:	gis
Farbe:	orange (komplementär = blau)
Körperliche Zuordnung:	Leberreinigung auf psychologischer Ebene, Lymphsystem, Wasserhaushalt, Füße
Meridiane:	Kreislauf, Lunge, Leber, Dreifacherwärmer
Chakren:	6. (Ajna) Chakra

Was uns der Archetyp NEPTUN mitteilen möchte:
Ich bin in einem gewissen Sinne die »Oktave zur Venus«, der Göttin der Liebe, denn ich stehe für die *universelle* Menschenliebe (Agape) oder auch die *göttliche* Demut. Mein (weibliches) Element ist das Wasser und damit das seelische Prinzip. Ich bin das Tor zu einer übersinnlichen, feinstofflichen Wirklichkeit, die nur erfühlt, erahnt oder ertastet werden kann, aber nicht direkt mit den Augen gesehen wird. Ich symbolisiere die Fantasie, Inspiration, Mystik, Traum und Traumwelt, die Kraft der Visionen.

Mein Sinnbild ist das sensible Chaos, der kreative Schöpfergeist, das Geheimnisvolle, Nebelhafte, Okkulte, die Sucht und Flucht, der (religiöse) Wahn-Sinn, die Verschleierung oder auch der Blick ins Jenseits.

Ich biete dem Leben die Loslösung von überholten (Ego-)Strukturen und trügerischen Sicherheiten an, und zwar in der Hinwendung zum Schöpfergeist, zum *All-Eins-Sein* mit Gott. Das löst irdische Blockaden und menschliche Anhaftungen an scheinbar verlässliche Werte, die sich doch früher oder später in Luft auflösen.

Mitgefühl ist mein elementarer Wesenszug, der leidenden Kreatur schenke ich meine gesamte Herzenswärme. »Wie man in den Wald hineinruft, so schallt es heraus«, sagt das Sprichwort.

Da ich so sensitiv bin und alles in mich aufsauge wie ein Schwamm, bin ich eher leise, zart und verletzlich als laut, auftrumpfend und verletzend. Das unterscheidet mich von anderen Archetypen (vor allem den aktiv-männlichen, also den Feuer- und Luftzeichen).

Mein Planet NEPTUN in Fakten:

Bis 1846 habe ich mich erfolgreich versteckt und verschleiert, aber der Franzose Leverrier und der Engländer Adams sind mir wegen Störungen in der Uranus-Planetenbahn dann doch auf die Schliche gekommen. Wirklich entdeckt hat mich in der Folge der Observator der Sternwarte Berlin, Johann Gottfried Galle, und zwar am 23. September 1846.

Ich umlaufe die Sonne in 164,794 Jahren, minimal bin ich von Mutter Erde 4.330 bis maximal 4.680 Millionen Kilometer entfernt.

Mein Äquatordurchmesser beträgt 50.200, an den Polen 49.200 Kilometer.

Mich umschwirren acht eigene Monde mit einem Durchmesser zwischen 58 und 2.705 Kilometern sowie ein filigranes Ringsystem.

Ganz interessant und einzigartig im Sonnensystem ist die Umlaufbahn meines Mondes *Nereid* (Durchmesser 340 km), denn diese schwankt zwischen 1,3 und 9,6 Millionen Kilometern. Alle meine Monde drehen sich *gegen* den Uhrzeigersinn, bis auf einen, *Triton*, mit 2.705 km Durchmesser zugleich mein größter Mond. Meine Atmosphäre besteht aus 83% Wasserstoff, 15% Helium und 2% Methan, welches mir (wie auch Uranus) im Sonnenlicht unsere markante blaue Farbe gibt. Wahrscheinlich besteht mein Inneres zum größten Teil aus Felsmaterial und diversen Eissorten (auch 15% Wasserstoff), mein harter Kern dürfte etwa die Größe der Erde besitzen.

Wie der NEPTUN in der Mythologie verehrt wird:

In der griechischen Mythologie höre ich auf den Namen *Poseidon (= Neptun).* Ich gehöre zum Geschlecht der olympischen Götter, meine Brüder sind *Zeus/Jupiter* und *Hades/Pluto*, meine Schwestern Hestia, Demeter und Hera.

Ich bin der (Be-)Herrscher der Weltmeere. Mit meinem Dreizack bringe ich Felsen zum Bersten, verursache Erdbeben oder erschaffe auch neue Inseln. Auf Grund dieser geballten Energien bin ich den Griechen auch niemals so ganz geheuer, eher ein wenig unheimlich.

Bin ich gut gelaunt, lasse ich die See ruhig und schiffbar sein. Um mich milde zu stimmen, versenken die Seefahrer als Opfergaben Pferde in den Wogen des Meeres. Sie wissen: Das Pferd ist mir heilig.

Mir stehen für meine Aufgaben zahlreiche Nymphen und Meerjungfrauen zur Seite, sie helfen mir dabei, den weiblichen Pol (anima) in die Welt zu tragen, denn Wasser ist weiblich (Yin).

Mit meiner Gattin Amphitrite bewohne ich standesgemäß ein goldenes Schloss auf dem Meeresgrund. Ich bin der leibliche Sohn von *Kronos/Saturn* und Rhea.

Als die Weltordnung nach der Entmachtung meines Vaters mithilfe der Titanen neu geordnet wurde, erhielt mein Bruder *Zeus/Jupiter* den Himmel, mein anderer Bruder *Pluto/Hades* die Unterwelt und ich die Ozeane und damit das Wasser.

Aus dem Meer entstammt alles irdische Leben und wird eines Tages dorthin zurückkehren, wie der Wassertropfen, der bei Verdunstung auf der Meeresoberfläche entsteht und eines Tages wieder im Meer landet, auch wenn er um (weite) Teile der Welt geflossen ist.

Neptun als Sternzeichen Fische

Meine symbolische Erscheinung als Sternzeichen Fische ♓ (= Archetyp Neptun ♆), 19. Februar bis 20. März, »Alles ist in allem und alles ist in mir.«

Wenn die Sonne am 19. Februar in das Sternzeichen Fische wandert, singen die Kinder in der Schule: »Winter ade, scheiden tut weh!«. Die Zeit der klirrend kalten Winternächte neigt sich ihrem Ende zu, die plötzlich aufpeitschenden Schneeregen im scheinbaren Gegensatz zu aufmüpfigen Krokussen als erste Frühlingsboten lassen spürbar nach. Der Frühling klopft an, ist aber noch nicht da! Vielmehr löst sich die Natur vom Winter unaufhaltsam durch die Schneeschmelze, *das Wasser* schiebt das Geröll ins Tal und beseitigt die letzten Blockaden, reinigt die Natur, löst das Alte auf und schafft Lebensraum für das Neue.

Fische ist vom Jahreszeitenzyklus der Tierkreiszeichen der *letzte* Monat. Das astrologische Jahr beginnt ja mit dem Frühlingsanfang, mit dem kämpferischen und impulsiven Widder und endet mit den rücksichtsvollen Fischen, dem absoluten Gegenpol zu Widder.

Wie die beiden anderen *Wasser*zeichen Krebs und Skorpion sind Fische-Geborene voller Gefühl, Fantasie und Intuition.

In der Geschichte der Menschheit gibt es so berühmte Fische-Charaktere wie Michelangelo, das Universalgenie aus der Renaissance, das der Welt durch seine Schöpferkraft unsterbliche Werke geschenkt hat.

Denken wir an die Wissenschaftler Kopernikus, Galileo Galilei oder Albert Einstein, die mit ihren Forschungen und Entdeckungen die Sicht der Welt und des Weltalls nicht nur relativiert, sondern auch unendlich erweitert haben.

Schauen wir auf die Bilder von Auguste Renoir, lauschen wir der Musik von Giacomo Rossini, Frédéric Chopin oder Maurice Ravel, all dies vermittelt uns einen Eindruck des neptunischen Prinzips.

Fische/Neptun-Charaktere sind (wie die obengenannten »Genies«) jenseits des gesprochenen Wortes fantasievoll, einfühlsam, fließend (wie das Wasser), sensibel, intuitiv in der vielseitigen Welt der Töne, Farben und emotionalen Schwingungen.

Das Abtrennen der Nabelschnur wirkt häufig für Fische-Geborene wie ein kleiner Schock, an dem sie lange Zeit zu »knabbern« haben. Zu wunderbar war die nährende Welt im Frucht*wasser*, kosmisches Schweben voller Geborgenheit. Erst das vollständige Inkarnieren in dieses irdische Leben macht sie zu bodenständigen und im Urvertrauen verwurzelten Menschen, die durch ihre mitfühlenden Wesenszüge zu herausragenden Persönlichkeiten heranwachsen können. Sie leben in der Sicherheit, dass es keine Sicherheit gibt. Die Quelle ihrer Kraft ist die Demut und die Erkenntnis einer »höheren Ordnung«, einer Schöpferkraft, von der alles kommt und zu der alles geht: »*Alles ist in allem und alles ist in mir.*«

Beispiele meiner unerlösten Schattenanteile beim Menschen:
Signatur der Blockaden:
Schleichende und nebulöse Erkrankungen, Infektionen (Seuchen), Vergiftungen, Lähmungen, Ausfälle, Siechtum.

Typische Erkrankungsformen:
Süchte aller Art (vor allem Alkohol und Drogen), psychische Erkrankungen, Neigung zu Fußerkrankungen.

Mischformen mit anderen Urprinzipien:
Delirium: Neptun-Pluto
Demenz: Neptun-Merkur
Schlafwandeln: Neptun-Mond
Lähmungserscheinungen: Neptun-Mars
Multiple Sklerose: Neptun-Merkur-Saturn
Cholera: Neptun-Merkur-Mars
Vergiftung (Intoxikation): Neptun-Pluto

Das Prinzip der Pluto-Energie ♇

Die Schwingung des Archetyps Pluto ♇ (= Sternzeichen Skorpion ♏) führt uns augenblicklich in Resonanz mit der Kraft der Transformation, der Metamorphose und der Veränderung. Sie stärkt unseren Mut zur Wandlung und zur tiefen Selbsterkenntnis.

Körperliche Ebene:
Die Schwingung der Pluto-Energie unterstützt uns bei allen Verarbeitungs-, Loslass- und Regenerationstätigkeiten. Sie unterstützt den Prozess des freiwilligen Betrachtens und Bearbeitens unserer »Schattenanteile«, um sie bewusst zu lösen. Sie hilft uns dabei, uns intensiver mit unseren inneren Themen des Wohlbefindens auseinanderzusetzen. Sie hilft bei der Erkenntnis, in welchen Bereichen wir uns selbst zum Feind machen (zum Beispiel Autoaggression).

Seelische Ebene:
Die Pluto-Energie holt tiefliegende Gefühle nach oben, die Schätze der Unterwelt (Pluton) können transformiert werden, in dem sie ins Licht gebracht werden, bewusst gemacht werden. Plutonische Prozesse sind Prozesse der Wandlung, des »Stirb-und-Werde«, der Regeneration, des Phönix aus der Asche, des Erkennens des eigenen Schattens und der eigenen dunklen Seite. Erst nach Integration der Schattenanteile ist der Mensch ganz und damit »heil«.

Geistige Ebene:
»Die Raupe muss tot sein, damit der Schmetterling fliegen kann«. Im Goetheanischen Sinne erleben wir bei Pluto/Skorpion die »Stirb-und-Werde«-Prozesse, die Natur blüht in Wehmut ein letztes Mal auf (leuchtender Blätterwald, »Indian-Summer«), um dann abzufallen, abzusterben. Pluto ist aber nicht der Totengräber des Lebens, er ist der große Transformator, der zerstört und sterben lässt, um Neuem Platz zu machen und zu erschaffen. Pluto führt von einer Lebensform in die andere, der Tod und das Absterben (Loslassen) sind die Grundbedingungen dafür, dass wieder (neues) Leben entstehen kann – immer und immer wieder.

Pluto-Energie im Alltag in Stichworten:
Veränderung, Metamorphose, »Stirb-und-Werde Prozesse«, Selbsterkenntnis, Schattenarbeit, Schöpfergeist, Entwicklungsprozesse, seelischer Tiefgang, Kreativität, Spiritualität von innen heraus, Kampfgeist, Reifung.

Pluto-Energie in der Partnerschaft:

Chance zu tiefem Verständnis bei gemeinsamer Häutung und Wachstum, Reifung und ständige Erneuerung der Beziehung, Verständnis und tiefempfundene Liebe statt Projektion und Schuldzuweisung, gemeinsame »Stirb-und Werde-Prozesse«.

Pluto-Energie bei Kindern:

Führt direkt in innere Vorgänge (bei (zu-)viel Ablenkung im Außen), lässt das wahre Innere zum Vorschein kommen, unterstützt Wandlungen und Übergänge (Kindheit, - Pubertät, Kindergarten - Schule), stärkt den emotionalen Haushalt.

Merkmale der Pluto-Schwingung

Frequenz:	140,25 Hz
Ton:	cis
Farbe:	blau-grün (komplementär = orange-rot)
Körperliche Zuordnung:	Dickdarm, Mastdarm, Enddarm, After, Genitalorgane, Prostata
Meridiane:	Dickdarm, Leber
Chakren:	2. (Svadisthana) und 3. (Manipura) Chakra

Was uns der Archetyp PLUTO mitteilen möchte:

Ich bin das Prinzip der *Transformation* und *Veränderung*, der *Häutung* und *Metamorphose*. Dabei bin ich nicht der Totengräber allen Lebens, im Gegenteil: Ich schaffe Raum und Bewusstsein für *neue* Lebensformen, deren Zeit gekommen ist.

Da Menschen die notwendige Weiterentwicklung nicht (immer) verstehen, akzeptieren oder sogar offen begrüßen wollen, bin ich häufig so beliebt wie Allergien oder Hämorrhoiden. Oder ich werde verdrängt. Dann rutsche ins Unterbewusstsein, in die Unterwelt. Das war zu allen Zeiten so, und wenn die Menschheit nicht bewusst(er) wird, dann wird das auch so bleiben. Oder sie geht unter.

Ich wurde 1930 entdeckt, in einer Zeit, in der im faschistischen Deutschland alle anderen schuld waren am Elend der Deutschen: Ausländer, Behinderte und vor allem die Juden, die in der Folge verfolgt, gequält und ausgemerzt wurden. Es war die Zeit, als *Pluto*nium auch zum Bau einer Atombombe verwendet wurde.

Und auf der anderen Seite der Polarität drangen Freud, Adler und Jung in die *Psyche* der menschlichen Existenz ein, in sein Schattenreich, das ich beherrsche.

Dieses *kollektive Unbewusste* kann wie ein gewaltiger evolutionärer Speicher der Menschheit Wunderbares ans Tageslicht bringen, oder es kann wie ein wildgewordener Mob durch die Straßen fegen. Dann herrscht das Dunkle und das Verdrängte, wütet, mordet, sucht und findet Sündenböcke an jeder Hausecke. So war es in Zeiten der Inquisition, der Hexenverfolgung, der Rassenverfolgung, und so ist es auch heute an unzähligen Stellen dieser Welt.

Nur wo Licht hinfällt, hat das Dunkel keine Chance. Dieses Licht heißt Bewusstsein und Bewusstheit. Und die kann jeder erreichen, vorausgesetzt er konfrontiert sich mit seinem *eigenen* Schatten, und nicht nur mit dem seines Partners oder Nachbarn.

Meine plutonische Form der Energie ist wie die von Mars aggressiv, ich bin die archetypisch weibliche Form der Aggression (= Yin, Element Wasser). Konsequenterweise repräsentierte mich mein Archetypen-Kollege Mars auch bis zu meiner Entdeckung am 18. Februar 1930.

An kaum einem Archetyp kann man die Polarität von Licht und Schatten, von erlöster und unerlöster Form so deutlich erkennen wie an mir. Ich bin zugleich *Schöpferkraft* und *Zerstörung, Leben* und *Tod, Licht* und *Schatten, Bewusstheit* und *Bewusstlosigkeit.*

Mein Planet PLUTO in Fakten:

Planet war ich eigentlich nur 76 Jahre und sechs Monate, dann hat mich eine Kommission in Prag zu einem Kleinplaneten mit der Nummer 134340 gemacht.

In der Tat bin ich mit 2.300 Kilometern Durchmesser kleiner als der Erdenmond. Aber auf meine symbolische Bedeutung als *Archetyp Pluto* hat dies keinerlei Auswirkung, denn ich bin lediglich der Namensgeber und nicht der »Verursacher«.

Für eine komplette Sonnenumrundung benötige ich 247,68 Jahre, in circa 6,4 Tagen rotiere ich rückläufig um meine eigene Achse. Auffällig ist, dass ich mich in der Zeit, in welcher Neptun *dreimal* um die Sonne läuft, *zweimal* herumbewege. Irdische Fachleute sprechen hier von einer 3:2 Bahnresonanz, die viele Objekte des Kuipergürtels, dem auch ich angehöre, zeigen. Und obwohl meine Planetenbahn im Vergleich zu anderen deutlich exzentrischer ist, so ist sie doch seit Jahrmillionen stabil und konstant.

Bei einer mittleren Dichte von zwei Gramm pro Kubikzentimeter kann man bei mir von einer Zusammensetzung aus 70% Gestein und 30% Wassereis ausgehen. Meine sehr dünne Atmosphäre besteht wohl zum größten Teil aus Stickstoff, geringen Mengen an Methan und eventuell Kohlenmonoxid. Die Temperatur liegt bei minus 180, am Boden bei minus 220 Grad Celsius.

Ich besitze einen Mond. Dieser heißt *Charon* und ist mit 1.207 km Durchmessern im Vergleich zu mir selbst sehr groß. *Charon* dreht sich in derselben Zeit (circa 6,4 Tage) wie ich einmal um die eigene Achse, das heißt: Unsere Rotation ist gegenseitig gebunden, eine bisher einmalige Entdeckung im Sonnensystem.

Wie PLUTO in der Mythologie verehrt wird:

In der griechischen Mythologie bin ich *Hades* (der »Unsichtbare«), in der römischen heiße ich *Pluto* (der »Reiche« als Herrscher über alle Erze und Edelmetalle).

Mit Hilfe des Fährmanns *Charon* werden die Toten in mein Reich geleitet, nachdem zuvor eine Geldmünze, der sogenannte *Obulus*, entrichtet wurde. Wer mein Reich betritt, hat fast keine Chance zur Rückkehr. In meiner Unterwelt herrscht kein wirkliches Leben, die Seelen huschen als scheue Schatten umher. Auch richte ich über diese Seelen, und besonders schlimme Übeltäter (wie Sisyphos, Tantalos oder die Danaiden) werden ewig im *Tartaros* bestraft.

Mein Werdegang: Dank meiner Brüder Poseidon/Neptun, Jupiter/Zeus und auch der Titanen befreite ich mich aus der Gefangenschaft meines Vaters Kronos/Saturn, der uns zuvor aufgefressen hatte.

Von den Kyklopen erhielt ich ein geniales Geschenk: Eine unsichtbar machende Tarnkappe, die mich später auch vollkommen unsichtbar in der Unterwelt schalten und walten lässt.

Mein Schattenreich verlasse ich nur selten, zum Beispiel nur, um mir eine Gemahlin zu stehlen (Persephone). Auch den Olymp, die Heimat der Götter, zu denen ich eigentlich dazugehöre, besuche ich mit meinem düsteren Pferdegespann an goldenen Zügeln nur wenige Male.

Zu meinem Gefolge gehören die Brüder *Thanatos* (»der Tod«) und *Hypnos* (»der Schlaf«), die Rachegöttinnen der *Erinnyen* (lateinisch *Furien)*, *Charon*, der Fährmann ins Totenreich, mein dreiköpfiger Hund *Kerberos*, der den Eingang zur Unterwelt bewacht. Nicht zu vergessen *Hekate*, die gefürchtete »Göttin des Nachtzaubers«.

Auch wenn dies alles im ersten Moment nicht sehr lebensbejahend klingt, so bin ich doch ein existentieller Bestandteil der Polarität allen Lebens von *oben* und *unten, innen* und *außen, Leben* und *Sterben, Sterben* und *Leben.*

Pluto als Sternzeichen Skorpion:

Meine symbolische Erscheinung als Sternzeichen Skorpion ♏ (= Archetyp Pluto ♇), 23. Oktober bis 21. November, »Die Raupe entpuppt sich zum Schmetterling«.

Ein Blick in die Natur spricht Bände: In diesem mittleren Herbstmonat, dem Monat des Skorpion, lassen die Bäume die Blätter los, sie fallen herab und verbinden sich mit der ruhenden Erde.

Der Verfall der äußeren Natur ist deutlich spürbar, die Früchte als Ausdruck der Lebenskraft, die seit dem Frühling (Sternzeichen Widder) in die Welt drängte, machen sich bereit zu gehen, zu sterben, um im nächsten Frühjahr mit neuer Kraft auferstehen zu können.

So haben auch Skorpion-Charaktere die Anlage und Aufgabe zur Metamorphose, Wandlung und Transformation. Dem voraus geht immer der (manchmal schmerzvolle) Bewusstwerdungsprozess, dass alles in Leben seine zwei Seiten hat: Licht *und* Schatten, schwarz *und* weiß, Tag *und* Nacht, Leben *und* Sterben, Macht *und* Ohnmacht. Das ist die Polarität des Lebens. Auch das Gift (unter anderem des Skorpion-Stachels) hat *zwei* Seiten: Es kann als Medizin dem Leben *dienen* oder in falscher Dosis und Anwendung *schaden*.

Goethe, selbst Aszendent Skorpion, fasst Polarität und Wandlung in diese wunderbaren Worte: »*Und solange Du das nicht hast, dieses ›Stirb-und-Werde‹, bist Du nur ein trüber Gast auf dieser dunklen Erde.*«

Das entsprechende Urprinzip zum Tierkreiszeichen Skorpion ist Pluto/Hades, der Gott der Unterwelt, des Schattens. Hier im Verborgenen liegen unter anderem sämtliche Metalle und die Bodenschätze (zum Beispiel Diamanten, Öl und Erdgas), die der Mensch erst erlangt, wenn er ins Reich der Dunkelheit hinabsteigt, im materiellen wie auch seelischen Bereich.

Die Bandbreite der Skorpion-Persönlichkeit ist so groß, ihre enorme Möglichkeit zur Wandlung reicht vom Verbrecher bis zum Heiligen, vom selbstlosen Einsatz *für* eine Idee bis hin zu Rassismus und Fanatismus, vom Demagogen bis zum Mystiker.

Drei bekannte Skorpion-Charaktere liefern einen winzigen Einblick in das Spektrum dieses Zeichens:

Marie Curie, polnisch-französische Physikerin, erforschte zusammen mit ihrem Mann radioaktive Stoffe, was zur Entdeckung des Radiums und *Pluto*niums führte. Wir alle wissen um deren polare Anwendung (von der Atombombe bis zur Atomenergie). 1903 erhielt sie den Nobelpreis für Physik, 1911 für Chemie.

Michael Ende, der bekannte und beliebte deutsche Autor, schafft mit seinen Erzählungen eine tiefe Verbindung von Märchen, Mythen und Esoterik, die Kinder wie Erwachsene in ihren Bann ziehen. Jeder kennt die Bestseller wie »Momo«, »Jim Knopf« oder »Die Unendliche Geschichte«.

Bill Gates, Mister Microsoft, hat es von einem Zweimann-Betrieb 1968 zu einem der reichsten Männer der Welt gebracht, ein lebendes Beispiel der Schöpferkraft dieses Tierkreiszeichens Skorpion. Die heutige *Cyberworld* hat er zu einem Großteil mit erschaffen.

Die körperliche Entsprechung von Skorpion zeigt sich mit seinem Urprinzip Pluto auch in der »Unterwelt« des Menschen: unter anderem Darm, Becken und Geschlechtsorgane.

Plutonische Erkrankungen sind immer auch Erkrankungen der Tiefe (bis hin zu Krebs).

Skorpion-Persönlichkeiten können in der erlösten Form charismatische Menschen und Vorbilder für andere sein. Sie haben es geschafft, auch die »dunklen« Anteile ihrer Persönlichkeiten zu erkennen und zum Wohle aller zu transformieren. So entpuppt sich die Raupe zum Schmetterling.

Beispiele meiner unerlösten Schattenanteile beim Menschen:
Signatur der Blockaden:
Erkrankungen aus der Tiefe mit zum Teil tödlichem Verlauf (Krebs), Autoaggressionskrankheiten, Autoimmunkrankheiten.

Typische Erkrankungsformen:
Infektionen und Erkrankungen der Geschlechts-und Ausscheidungsorgane (Tripper, Syphilis, Hämorrhoiden), Darmkrankheiten.

Beispiele für Mischformen mit anderen Urprinzipien:
Leukämie: Pluto-Mars
Priapismus (Dauererektion): Pluto-Mars
Erbkrankheiten: Pluto-Saturn
Geschlechtskrankheiten: Pluto-Venus
Gesichtsnervenlähmung: Pluto-Uranus
Darmverschluss: Pluto-Merkur-Saturn
Darmpolypen: Pluto-Jupiter
Krebs: Pluto-Jupiter

Zuordnungstabelle:

Urprinzip	**MARS** ♂	**VENUS** ♀	**MERKUR** ☿	**MOND** ☽	**SONNE** ☉
Sternzeichen	**WIDDER** ♈	**STIER** **WAAGE** ♉ ♎	**ZWILLING** **JUNGFRAU** ♊ ♍	**KREBS** ♋	**LÖWE** ♌
Merkmale	Spontanität, Aktivität, Impulskraft, Eroberergeist	Sinnlichkeit, Vertrauen, Geborgenheit, Verwurzelung	Interaktion, Lernfähigkeit, Interesse, Ordnungsliebe	Nestwärme, Sensibilität, seelische Verwurzelung, Kreativität	Ausdruckskraft, Charisma, (sexuelle) Ausstrahlung, Herzenswärme
Signatur des Archetyps	MARS führt uns in Resonanz mit der Kraft des Frühlings, des Aufbruchs und des Neubeginns. MARS stärkt unsere Willenskraft und unser Durchsetzungsvermögen.	VENUS führt uns in Resonanz mit der Kraft der (Eigen-)Liebe, der Harmonie und des Genusses. VENUS stärkt unsere liebevolle Achtsamkeit und unsere Eigenverantwortung.	MERKUR führt uns in Resonanz mit der Leichtigkeit des Seins, der Kommunikation und des Austausches. MERKUR stärkt unsere soziale Kompetenz und unser vernünftiges Handeln.	MOND führt uns in Resonanz mit unserer Seele, unserem Gefühl und unserer Intuition. MOND stärkt unseren emotionalen Haushalt und unseren empfindsamen wie leicht verletzlichen Anteil.	SONNE führt uns in Resonanz mit unseren Herzensangelegenheiten, mit der Kraft des Lichtes und des prallen Lebens. SONNE stärkt unsere Vitalität und unsere Lebensfreude.
Metall	Eisen	Kupfer	Zink	Silber	Gold
Edelstein	Granat	Rosenquarz	Smaragd	Perle	Rubin
Pflanzen u.a. (äther. Öle) vorzugsweise aus biologischem Anbau	Koriander Kardamon Patchouli	Rose Minze Rosenholz	Lavendel Bergamotte Douglasie	Jasmin Lemongrass Ylang Ylang	Orange Lorbeer Weihrauch
Frequenz (Hz) empfohlene Stimmgabel	144,72	221,23	141,27	234,14 Mondknotenumlauf	126,22

Alles auf einen Blick

PLUTO	JUPITER	SATURN	URANUS	NEPTUN
☽	♃	♄	♅	♆
SKORPION	**SCHÜTZE**	**STEINBOCK**	**WASSERMANN**	**FISCHE**
♏	♐	♑	♒	♓
Schöpfergeist, Reifung, Selbsterkenntnis, Entwicklung	Weisheit, Glück, Rückbindung (religio), Glaube	Ausdauer, Struktur, Abgrenzung, Klarheit	Originalität, Idealismus, Teamfähigkeit, Humanismus	Mitgefühl, Hingabe, Sehnsucht, Demut
PLUTO führt uns in Resonanz mit der Kraft der Transformation, der Metamorphose und der Veränderung. PLUTO stärkt unseren Mut zur Wandlung und zur tiefen Selbsterkenntnis.	JUPITER führt uns in Resonanz mit der Sinnhaftigkeit unseres Lebens, den ideellen Werten und Potentialen. JUPITER stärkt unser Urvertrauen in die Schöpfung und gibt uns innere Kraft.	SATURN führt uns in Resonanz mit der Kraft, Wesentliches vom Unwesentlichen unterscheiden zu können. SATURN stärkt unsere Objektivität und unseren gesunden Menschenverstand.	URANUS führt uns in Resonanz mit der Kraft der Umpolung, des Neue-Wege-Gehens und des Entdeckerdranges. URANUS stärkt unseren Willen zur Freiheit und gegenseitigen Toleranz.	NEPTUN führt uns in Resonanz mit unserer Spiritualität und der Unendlichkeit des Kosmos. NEPTUN hilft uns beim Loslassen und beim Erleben des „Dein Wille geschehe".
Gold, Silber, Zink, Zinn, Kupfer, Eisen, Blei etc.	Zinn	Blei	Mangan	Aluminium
Achat	Saphir	Bergkristall	Obsidian	Magnesit
Zeder Vetiver Tolubalsam	Benzoe Muskatellersalbei Rosmarin	Zypresse Vetiver Kamille	Rhododendron Linaloeholz Geranie	Tonkabohne Immortelle Vanille
140,25	183,58	147,85	207,36	211,44

Aus-Schwingung

Hier endet sie nun, unsere gemeinsame Reise zu der »Schwingung der Archetypen«.

Schon deren theoretische Betrachtung kann unser Leben unendlich bereichern. Das ist auch das Ziel und der Wunsch des Autors: »Geh mit den Archetypen in Resonanz, denn sie sind ein Teil von Dir wie von allem Sein. Es gilt: *Alles ist in allem und alles ist in mir*«.

Nach fast zwei Dekaden im Management einer amerikanischen Sofortbildfirma, die sich mit Fotos und damit *äußeren* Bildern beschäftigt hat, wählte der Autor verstärkt den Weg zu den *inneren* Bildern.

Unzählige Seminare zur Persönlichkeitsentwicklung in Management-Schmieden waren hilfreich zu oberflächlichen Kurskorrekturen, die Resonanz auf die Archetypen dagegen geht in die Tiefe, sie ist *wesentlich*. Sie führt auf den Pfad der Erkenntnis. Das Wunderbare dabei ist: Es ist bereits alles in uns angelegt, von Ewigkeit zu Ewigkeit.

Und hierzu abschließend eine wunderbare symbolische Geschichte, die von Michelangelo, dem Genie der Renaissance überliefert ist:

Die Statue des Michelangelo

Eines Tages wurde Michelangelo von einer reichen Familie beauftragt, eine Statue von außergewöhnlicher Schönheit zu erschaffen.

Er suchte daraufhin nach einem Marmorblock. Nach einer ganzen Weile fand er in einer Seitenstraße einen fast vollkommen von Unkraut überwucherten Marmorstein, der dort vergessen worden war. Diesen Block ließ Michelangelo von seinen Gehilfen in sein Atelier bringen.

Dann begann er damit, die Statue des David aus dem Stein zu hauen. Dafür brauchte er zwei Jahre. Und zwei weitere Jahre dauerte es, bis er die Figur durch Schleifen und Polieren fertigstellte.

Als die Statue feierlich enthüllt wurde, waren viele Menschen gekommen, um die unvergleichliche Schönheit des David zu bewundern. Man fragte Michelangelo, wie es ihm denn möglich gewesen war, eine so wunderschöne Statue zu erschaffen.

Der Bildhauer sprach: »Der David war immer schon da gewesen. Ich musste lediglich den überflüssigen Marmor um ihn herum entfernen«. (106)

Und kein Geringerer als Johann Wolfgang von Goethe sollte dieses Buch mit einem Zitat beenden: »*Ich glaube, dass wir einen Funken jenes ewigen Lichts in uns tragen, das im Grunde des Seins leuchten muss und welches unsere schwachen Sinne nur von Ferne erahnen können.*

Diesen Funken in uns zur Flamme werden lassen und das Göttliche in uns zu verwirklichen, ist unsere höchste Pflicht.«

Machen wir das Licht an!
Die Schwingung der Archetypen hilft uns dabei.

Anhang

SATURN
NEPTUN
VENUS
MERKUR
MARS
VENUS
MERKUR
MOND
SONNE
MERKUR
WIDDER
STIER
ZWILLING
KREBS
LÖWE
JUNGFRAU

Dankeschön

Sich bei den Archetypen zu bedanken, klingt vielleicht für den einen oder anderen irgendwie kindisch. Und doch will ich es mit voller Überzeugung tun. Denn ich kann für mein eigenes Leben sagen, dass ich nicht nur Anteile von mir kennenlernte durfte, sondern durch die Erfahrung aller Archetypen meine sämtlichen Licht- *und* Schattenseiten.

Dieser bewusste Erkenntnisweg hat mein Leben unendlich bereichert. In der Klangarbeit und in der von mir konzipierten Stimmgabel-Methode nach Schwingung als Weg® wird diese Erfahrung fühlbar und erlebbar.

Ich möchte weiterhin allen danken, die mich bisher auf dieser archetypischen Klangreise begleitet haben. Allen Seminarteilnehmern, den Interessenten, den Profis, den medizinischen Fachkundigen, den Förderern und Unterstützern meiner Arbeit, aber auch den Zweiflern, die meinen Sinn für das Wesentliche schulen.

Ruediger Dahlke für sein formidables Vorwort zu diesem Buch.

David Lindner für seine hilfreichen Anregungen als Verleger und Fachmann im Bereich der Schwingungslehre sowie die beschwingten und philosophisch-kreativen Spaziergänge mit seinem Hund Socke über die Felder und Fluren von Battweiler.

Thomas Künne, Herbst 2009

Der Autor

Thomas Künne
Geboren 1958 in Geislingen/Steige.
Abgeschlossenes Studium der Germanistik und der Bildenden Kunst mit Schwerpunkt Pädagogik, Kunstpreisträger der Stadt Ludwigsburg, fast zwei Dekaden Management-Aufgabe bei amerikanischem Foto-Unternehmen (Sofortbildfotografie).
»Lebenslanges Studium« der Urprinzipien und Archetypen. Schüler von Dr. Ruediger Dahlke (»Krankheit als Weg«) in der Lehre der Urprinzipien und Archetypen. Berater in psychosomatischer Medizin (nach Dr. Ruediger Dahlke). Schüler von Randolf m. Schäfer in Astrologie.

Persönlicher Kontakt:
Thomas Künne
Fischmarkt 5
65549 Limburg
Email: t.kuenne@schwingung-als-weg.de
Tel: 06431-288768
Fax: 06431-288767

Bisherige Buchveröffentlichungen des Autors:

- Die heilende Kraft der Planetenschwingungen – Vitalität aus den Ur-Prinzipien schöpfen
- Archetypen für jeden Tag
- Anleitung zum Selbstbetrug
- Zwillingsgeschwister - Der astrologische Unterschied
- Das Pizza-Orakel

Auf der Webseite *www.schwingung-als-weg.de* befinden sich unter anderem der aktuelle Seminar- uns Ausbildungsplan zum »Schwingungstherapeut nach Thomas Künne®« sowie »All-umfassende« Informationen zum Thema Planeten-Schwingung.

www.quelle-der-kraft.de beleuchtet die astrologischen Zusammenhänge von Mikrokosmos Mensch und Makrokosmos Universum im persönlichen Beratungsgespräch oder Seminar.

Anmerkungen

1. »Lasset uns werden wie die Kinder« Bibelzitat aus Matthäus 18.3. In der ausführlicheren Variante steht geschrieben: »Wahrlich ich sage euch: Wenn ihr nicht umkehret und werdet wie die Kinder, so werdet ihr nicht ins Himmelreich kommen.«
2. Zitat aus Doreen Virtue: Wie oben – so unten - Die sieben Gesetze des Lebens. Eine neue Bearbeitung des hermetischen Klassikers »Das Kybalion«, Burgrain 2007, hier: S.69.
3. Aus Thomas Künne/Inge Schubert: Die heilende Kraft der Planetenschwingungen – Vitalität aus den Ur-Prinzipien schöpfen, Goldmann-Arkana München 2005, hier: Seite 9 /Vorwort Ruediger Dahlke.
4. Siehe 2, hier Seite 20
5. Paracelsus (1493-1541) war bekannt und berüchtigt unter etablierten Medizinern und Apothekern seiner Zeit. Unerreicht blieben seine Heilungserfolge, wie wohl auch sein Wissen und Wirken als Arzt, Alchemist, Mystiker und Philosoph.
6. Hermetik bezeichnet die Lehre des Hermes Trismegistos, des dreimal größten Hermes. Die hermetische Lehre versteht sich als eine Lehre der übergeordneten Naturgesetze mit den Gesetzen der Kausalität und Analogie.
7. Grundlegende Aussage aus der Tabula Smaragdina, dem berühmtesten Werk der Hermetik. Sie bildet die philosophische Grundlage der Hermetik.
8. Johann Wolfgang von Goethe (1749-1832) ist als Dichter, Theaterleiter, Naturwissenschaftler, Kunsttheoretiker und Staatsmann der bekannteste Vertreter der Weimarer Klassik, er gilt als bedeutendster deutscher Dichter und als herausragende Persönlichkeit der Weltliteratur.
9. Joachim-Ernst Behrendt: Nada Brahma - Die Welt ist Klang, Reinbek 1985
10. Zitat aus: http://www.veden-akademie.de/artikel/vasati/vasati-global-scaling.htm
11. Die Eulersche Zahl (nach dem Schweizer Mathematiker Leonhard Euler) e = 2,718281828459... ist eine transzendente reelle Zahl. Sie ist die Basis des natürlichen Logarithmus und der (natürlichen) Exponentialfunktion, die aufgrund dieser Beziehung zur Zahl e häufig kurz e-Funktion genannt wird. Sie bildet eine wichtige Grundlage in der Wellentheorie von Global Scaling.
12. Aus Ruediger Dahlke: Der Mensch und die Welt sind eins, München 1990.
13. Hier eine Assoziation zur Schwingung von »gut« und »böse«: Masaru Emotos Bilder von gefrorenen Wasserkristallen geben einen faszinierenden Einblick in die Welt des Mikrokosmos, die sofort reagiert, wenn man diese zum Beispiel mit »Liebe« oder »Verachtung« in Verbindung bringt: Einmal durch harmonische Strukturen, einmal mit Chaos. Vgl Masaru Emoto: Die Botschaft des Wassers, Burgrain 2002.
14. »Das also war des Pudels Kern« ist ein Zitat aus Goethes »Faust Teil I«, welches als geflügeltes Wort bis heute in aller Munde ist.
15. Fritz Riemann: Lebenshilfe Astrologie, Stuttgart 1999.
16. Siehe hierzu auch: www.quelle-der-kraft.de. In dem Credo von Thomas Künne »Wir können im Außen nur ernten, was im Innen gewachsen ist« liegt die Wahrheit des Resonanzprinzips begründet. Das ist die Grundlage im Schaffen des Autors, in Theorie und Praxis.
17. Besonders verdient gemacht hat sich um die »Archetypische Medizin« in der Gegenwart Ruediger Dahlke. Blockaden und Krankheiten des Menschen werden als verdrängte und unerlöste Schattenanteile des Menschen gedeutet, die Zuordnung der Krankheitsbilder folgt der Lehre der Archetypen.
18. Aus Thomas Künne/Inge Schubert: Die heilende Kraft der Planetenschwingungen – Vitalität aus den Ur-Prinzipien schöpfen, Goldmann-Arkana München 2005, hier: Seite 9 /Vorwort Ruediger Dahlke.
19. Ebd., S.21.
20. Leseempfehlung hierzu Thomas Künne/Christoph Herzer: Anleitung zum Selbstbetrug - Zwölf nützliche Geschichten, BoD Verlag, Norderstedt 2006.
21. Ergänzende Leseempfehlung hierzu Eckhart Schiffer: Wie Gesundheit entsteht, Weinheim und Basel 2001.
22. Ruediger Dahlke: Krankheit als Symbol, München 2007; hier: S. 7.
23. Ebd., hier: S. 622/623.
24. Wolfgang Bossinger und Raimund Eckle in der Einführung zum Grundlagenwerk »Schwingung und Gesundheit«, Traumzeit-Verlag 2008; hier: S. 17.
25. Aus Alexander Lauterwasser: Resonanz und Schöpfung – Schwingung und Gestaltung, S.49; in: Schwingung und Gesundheit, Traumzeit-Verlag 2008.
26. Rupert Sheldrake: Das schöpferische Universum, München 1983.
27. Tabelle inspiriert durch Silber/Hess/Hoeren: Klangtherapie, Battweiler 2007, S. 79 .
28. Siehe auch zum Thema: http://www.scinexx.de/index.php?cmd=suchen. Hier werden verschiedene lesenswerte Beiträge zum Thema »Innere Uhr«

angeboten.

29. Siehe auch Thomas Künne: Zwillingsgeschwister – Der astrologische Unterschied, Darmstadt 2008. Hier werden die (unterschiedlichen) Lebensgeschichten von eineiigen und zweieiigen Zwillingen, die ja nahezu dasselbe Horoskop haben beleuchtet. Bezogen auf unser Thema hier kann man sagen: identischer Ursprung, dasselbe Lebensthema, welches auf verschiedenen Bühnen »gespielt« wird.
30. Vgl. Hans Cousto: Die Kosmische Oktave – Der Weg zum universellen Einklang, Essen 1984.
31. Archetypen der Organe: Vgl. Ruediger Dahlke: Krankheit als Symbol, München 2007.
32. Zitat aus Joachim-Ernst Behrendt: Das dritte Ohr – Vom Hören der Welt, Neuauflage 2008 Battweiler, hier S. 167.
33. ebd., hier S.52-53.
34. Pars pro toto (lateinisch) heißt übersetzt: Ein Teil steht für das Ganze.
35. Vgl. Anmerkung 3., hier Zitat S.152/153.
36. siehe www.kosmoton.com: Die Klang- und Schwingungsliegen von Kosmoton – Harmonie durch Schwingungen® wurden vollkommen neu konzipiert nach den Erkenntnissen der »Heilenden Kraft der Planetenschwingungen«. Ein Besuch der Website lohnt sich, noch mehr das persönliche Erleben der wohltuenden Wirkung für Körper, Geist und Seele durch die Liege selbst.
37. Zitat aus Silber/Hess/Hoeren: Klangtherapie, Battweiler 2007, S.23-25.
38. Siehe ergänzend Hartmut Warm: Die Signatur der Sphären – Von der Ordnung im Sonnensystem, Hamburg 2001. Physikalisch gesehen, wendet Warm nichts Gravierendes gegen Cousto ein. Aus musikalischer Sicht (Seite 63) kommt er jedoch bei Venus statt auf 221,23 Hz (Cousto) auf 216 Hz (Warm), bezogen auf den (Grund-)Ton C, den er bei 129,6 Hz ansiedelt.
In der Folge findet er den Vergleich, dass Coustos »Instrument« verstimmt ist. Und damit seine Kosmische Oktave.
39. Geschichte entnommen aus Claus Riemann: Der tiefe Brunnen, München 2003, hier S. 117.
40. Eckhart Tolle: Jetzt! Die Kraft der Gegenwart, Bielefeld 2001, hier: S. 134.
41. Siehe auch Thorwald Dethlefsen und Ruediger Dahlke: Krankheit als Weg, München 1989.
42. Zitat von Ruediger Dahlke sinngemäß wiedergegeben.
43. Empfehlung des Autors Fritz Riemann: Lebenshilfe Astrologie, Stuttgart 1999. Bekannt durch seinen Klassiker: Grundformen der Angst liefert dieses Buch eine liebevolle Annäherung eines zunächst Skeptischen an die wahre Astrologie, die dem Menschen auf seinem Erkenntnisweg so hilfreich sein kann. Die Internet-Plattform www.quelle-der-kraft.de des Autors Thomas Künne zeigt sein Verständnis der klassischen Astrologie, bei dem auch Entsprechungen mit Riemann zu finden sind.
44. Zitat aus Hans Schavernoch: Die Harmonie der Sphären, Freiburg 1981, hier S. 15/16. Dieses Buch ist eine wahre Offenbarung für alle, die tiefer in das Verständnis der Sphärenharmonie eindringen wollen.
45. Die stoische Lehre und Philosophie ist eine auf Ganzheitlichkeit gerichtete Betrachtungsweise. Hinter allen Naturerscheinungen inklusive Kosmologie zeigt sich ein göttliches Prinzip, in welches sich das Individuum einordnen muss, um sein Seelenheil zu finden.
46. Siehe Anm. 44, hier S. 72.
47. Max Caspar : Johannes Kepler, Stuttgart 1958, hier Kapitel »Entstehungsgeschichte der Harmonice Mundi in Keplers Weltharmonik«.
48. Zitat aus Hartmut Warms Begleitinfo zu seinem Buch: Die Signatur der Sphären – Von der Ordnung im Sonnensystem, Hamburg 2001.
49. Siehe Anm. 44, hier S. 138. In diesem Zitat hat der Autor Hans Schavernoch selbst eine kurze Passage aus Keplers »Weltharmonik« übernommen.
50. Siehe Anm. 47, hier S. 322.
51. Siehe Anm. 44 , hier S. 54. Die Sichtweise wurde sinngemäß für dieses Buch übernommen.
52. Griechisch epikyklos bedeutet Nebenkreis beziehungsweise Kreis, dessen Mittelpunkt sich auf einem anderen Kreis bewegt.
53. Siehe Anm. 44 , hier S. 82. Die Sichtweise wurde sinngemäß für dieses Buch übernommen.
54. Aus Thomas Künne/Inge Schubert: Die heilende Kraft der Planetenschwingungen – Vitalität aus den Ur-Prinzipien schöpfen, Goldmann-Arkana, München 2005, hier: Seite 34.
55. Joachim-Ernst Berendt: Nada Brahma. Die Welt ist Klang, Reinbek 1985.
56. Die französischen Freiheitskämpfer riefen beim Sturm auf die Bastille Freiheit, Gleichheit, Brüderlichkeit. Wilhelm Herschel entdeckte 1781 den Planeten Uranus, in der Synchronizität der Ereignisse können wir sowohl die Französische Revolution als auch die Amerikanischen Unabhängigkeitskriege symbolisch gleichsetzen mit dem Wesen des Archetypus Uranus/ Tierkreiszeichen Wassermann.
57. Beethoven-Zitat aus dem Buch: Allgewalt Musik, Hrsg. H. Barth, S. 106.
58. Ebd., S. 107.
59. Übernommen aus: http://de.wikipedia.org/wiki/die_planeten. Hier finden sich auch die englischen Originalbezeichnungen der Planetenstücke.

60. Freie Übersetzung des englischen Originaltextes von Mike Oldfield auf: http://de.wikipedia.org/wiki/music_of_the_spheres.
61. William Shakespeare: Der Kaufmann von Venedig, V. Aufzug, 1. Szene.
62. Goethes Faust: Teil I der Tragödie, Verse 243-249.
63. Schiller: Band 1, Gedicht 181 (»Der Künstler«), Verse 284-287.
64. Aus Friedrich Hölderlin: Sämtliche Werke und Briefe Band I, München 1970.
65. Heinrich Heine, hier aus Seraphine, Gedicht: Graue Nacht liegt auf dem Meere.
66. Rudolf Steiner: Das Hereinwirken geistiger Wesenheiten in den Menschen (elf Vorträge, gehalten in Berlin zwischen zwischen dem 6. Jan. und 11. Juni 1908) GA, Bibl.-Nr.102.
67. Aus Albert Einstein: Die Religiosität der Forschung.
68. Aus Arnold Sommerfeld: Atombau und Spektrallinien, Braunschweig 1922.
69. Werner Karl Heisenberg (1901-1976) war einer der bedeutendsten Physiker des 20. Jahrhunderts und auch Nobelpreisträger. Er formulierte 1927 die nach ihm benannte Heisenbergsche Unschärferelation. Diese besagt, dass bestimmte Messgrößen eines Teilchens (etwa sein Ort und Impuls) nicht gleichzeitig beliebig genau bestimmt werden können.
70. Welch kuriosen und bisweilen paradoxen Blüten dieser menschliche (und auch un-menschliche) Anpassungsprozess treiben kann, davon handelt das Buch des Autors: »Anleitung zum Selbstbetrug – Ein Ratgeber für die ganze Familie« (mit Co-Autor Christoph Herzer, Norderstedt 2006).
71. Bertolt Brecht (1898-1956) gilt als einflussreichster deutscher Dramatiker und Lyriker des 20. Jahrhunderts, der internationales Ansehen genoss und ausgezeichnet wurde. Er gilt als Begründer des Epischen Theaters.
72. Vgl. Hans Sterneder: Das Kosmische Weltbild, Freiburg 1969.
73. Aus Thomas Künne/Inge Schubert: Die heilende Kraft der Planetenschwingungen – Vitalität aus den Urprinzipien schöpfen, München 2005; hier: S.45.
74. Siehe auch: Ruediger Dahlke/Nicolaus Klein: Das senkrechte Weltbild, München 1986.
75. Vgl. Ulrich Warnke: Gehirn-Magie – Der Zauber unserer Gefühlswelt, Saarbrücken 1997.
76. Aus Rupert Sheldrake: Das schöpferische Universum 1983.
77. Vgl. Ruediger Dahlke/Nicolaus Klein: Das senkrechte Weltbild, München 1986, hier: Vorwort von Thorwald Detlefsen, S.11.
78. »a prori« (lat.) heißt wörtlich übersetzt »von vornherein« und meint in unserem Zusammenhang: Bereits existent vor allem Wissen und aller Erfahrung des Menschen.
79. Sigmund Freud (1856-1939), der österreichische Arzt und Psychiater, gilt als Begründer der Psychoanalyse: Verdrängung der sexuellen Libido ins Unterbewusstsein führt zu Fehlleistungen, Neurosen, Ödipuskomplex et cetera.
80. Aus Brigitte Romankiewicz: Spielfeld der Götter – C. G. Jungs Archetypenlehre und die Astrologie, Tübingen 2002.
81. Thomas Künne: Zwillingsgeschwister – Der astrologische Unterschied, Darmstadt 2008, hier S. 16.
82. Bei der Beschreibung der einzelnen Archetypen werden diese mit einer kurzen und kompakten Darstellung der jeweiligen Sternzeichen ergänzt; diese wurden vom Autor Thomas Künne für das Internetportal der Zeitschrift Eltern gefertigt und wurden auf www.eltern.de veröffentlicht, ebenso in Thomas Künne: Archetypen für jeden Tag, Norderstedt 2007.
83. Zitat aus Reimar Banis: Durch Energieheilung zu neuem Leben, Petersberg 2004, hier S. 26.
84. Zitat aus Ruediger Dahlke: Woran krankt die Welt? München 2001, hier S. 96/97.
85. So warnt zum Beispiel die Ärztekammer 2005 aufgrund der REFLEX-Studie vor einem unkontrollierten Handy-Gebrauch durch Kinder, siehe auch Infos über aktuelle Projekte zur Auswirkung von Umwelt auf unser Leben: http://www.verum-foundation.de/
86. Beide Zitate stammen sinngemäß von Ruediger Dahlke.
87. Aus Alexander Lauterwasser: Resonanz und Schöpfung: Aus: Schwingung und Gestaltung, veröffentlicht in: Schwingung und Gesundheit, Traumzeit-Verlag 2008.
88. Aus Laura und Andrew Sherman: Das Geheimnis der Smaragdina, München und Wien 2008.
89. Hans-Peter Dürr: Unbelebte und belebte Materie: Ordnungsstrukturen immaterieller Beziehungen. Physikalische Wurzeln des Lebens, in: Elemente des Lebens, Zug 2000.
90. Der Chemiker Albert Hoffmann entdeckte vor vielen Jahren LSD, das angeführte Zitat entstammt seinem Werk »Einsichten und Ausblicke«, 2003.
91. Um die Gegenwart in ihrer spirituellen Chance hin zu mehr Bewusstheit des Menschen zu erkennen, empfiehlt sich die Lektüre von Eckhart Tolle: Jetzt! Die Kraft der Gegenwart, Bielefeld 2001.
92. Aus Ruediger Dahlke: Die Leichtigkeit des Schwebens - Beschwingte Wege zur Mitte, München 2001, hier S. 153.
93. Siehe Anm. 83, hier S. 56.
94. Zitat aus Dr. G. Schwartz/Dr. L. Russek: The

Living Energy Universe, Ausgabe 1999, S.160.
95. Gregg Braden: Im Einklang mit der göttlichen Matrix, Burgrain 2007.
96. Zitiert aus: http://www.welt.de/wissenschaft/article1938328/Die_Seele_existiert_auch_nach_dem_Tod.html
97. Grafik von A. Stein nach http://de.wikipedia.org/wiki/Synchronizität
98. Die beschriebenen Scan-Bilder wurden allesamt von einer erfahrenen Heilpraktikerin im Rahmen zur Ausbildung zum Schwingungstherapeut (nach Thomas Künne)® erstellt.
99. Zitat Goethes Faust, Vers 214 ff, Direktor.
100. Die Merkmale wurden überwiegend, mit leichten Ergänzungen, aus Thomas Künne/Inge Schubert: Die heilende Kraft der Planetenschwingungen – Vitalität aus den Ur-Prinzipien schöpfen, Goldmann-Arkana, München 2005, übernommen.
101. Diese Deutungen von Blockaden und Erkrankungsformen bei Archetypen orientieren sich an der Lehre von Ruediger Dahlke zur Archetypischen Medizin. Siehe auch: R. D. Krankheit als Symbol, München 2007.
102. siehe auch Anmerkung 98.
103. siehe Anmerkung 36.
104. Aus Alan Leo: Esoterische Astrologie, Ansata, Interlaken 1978.
105. Geschichte zitiert aus Laura und Andrew Sherman: Das Geheimnis der Smaragdina, München und Wien 2008, hier S. 41.

Klänge erleben, begreifen, erlernen: Auf Traumzeit-DVDs

DVD - Raum Klang Stimme

Obertongesang, die Kunst, mit der menschlichen Stimme zwei oder mehrere Töne gleichzeitig zu singen, berührt und bewegt uns in der Tiefe unserer Seele.

Doch wie entstehen Obertöne? Und warum wirken sie so intensiv auf uns?

Der Filmemacher Minghao Xu geht in seiner DVD-Dokumentation mit dem Who-is-who der internationalen Obertonszene auf eine ebenso poetisch gefilmte wie wissenschaftlich inspirierende Reise - auf der Suche nach dem Ursprung der Obertöne. Herausgekommen ist dabei eine stimmungsvolle und informative Exkursion in das Herz der Klänge, die nicht nur Klangfreunde begeistern dürfte.

ISBN 978-3-933825-81-0

DVD - Obertonsingen lernen mit dem Meister

Wolfgang Saus gehört international zu den renommiertesten Obertonsängern und Klangforschern.

Sein Bestseller „Obertonsingen - Das Geheimnis einer magischen Stimmkunst" schlüsselte erstmals das Geheimnis von der Entstehung der Obertöne in der menschlichen Stimme auf.

Mit seiner Lern-DVD können Sie Obertongesang nun nach der erstaunlich effizienten Drei-Stufen-Methode von Saus lernen.

Sein Motto: *Wenn Sie sprechen können, können Sie auch Obertöne singen!*

ISBN 978-3933825-82-7

Traumzeit - Verlag der Neuen Klangkultur

www.traumzeit-verlag.de